W0060703

Bischoff-Luithlen,
Der Schwabe und die Obrigkeit

Angelika Bischoff-Luithlen

Der Schwabe
und die Obrigkeit

Nicht nur Gemütvolles
aus alten Akten
und schwäbischen Dorfarchiven

Mit einer Einführung von
Hermann Bausinger

Konrad Theiss Verlag Stuttgart und Aalen

Für sachkundige Mitwirkung bei Auswahl und Endredak-
tion der Texte ist die Autorin Frau Heidi-Barbara Kloos
zu Dank verpflichtet.
Die Zeichnungen hat die Autorin aus dem Nachlaß von
Eugen Bischoff dem Verlag freundlicherweise zum
Abdruck zur Verfügung gestellt.

Gedruckt mit Unterstützung der Stiftung zur Förderung der
geistigen und künstlerischen Arbeit, errichtet durch die
Württembergische Hypothekenbank.

2., unveränderte Auflage 1979
© Konrad Theiss Verlag GmbH, Stuttgart 1978
Alle Rechte vorbehalten
Printed in Germany
Gesamtherstellung: Ebner Ulm
ISBN 3 8062 0195 1

Inhalt

5

Von ehrsamen Handwerkern und von Fahrensleuten

Von den Stationen im Leben und im Jahresablauf

Einführung

Wer in alten Urkunden vom »gemeynen Volck« liest, fühlt sich freundlich angesprochen. Die altertümliche Schreibung schafft merkwürdigerweise nicht Distanz, sondern Nähe: Die Wendung scheint nicht nur weg von der unmittelbaren Gegenwart, sondern überhaupt ins Zeitlose zu führen. Das gemeine Volk, die einfachen Leute, der kleine Mann – all das sind Formeln für jene breite Schicht, die Geschichte nicht macht, sondern erduldet, und von der man oft annimmt, daß sie sich kaum je verändert hat, daß sie zumindest jahrhundertelang dem gleichen natürlichen Rhythmus verpflichtet war: harter, aber zufriedenstellender Arbeit, kargen und strengen Sitten, freundlichen und farbigen Bräuchen. Gewiß, da gibt es auch dunkle Flekken, die mörderischen Kriege etwa, die ganze Landstriche entvölkerten, oder den tödlichen Hexenglauben. Aber die Kriegswirren erscheinen wie Naturkatastrophen, und durch die negativen Züge des Aberglaubens schimmert etwas durch von höherer Magie, zu der man bewundernd aufblickt: im ganzen bleibt das Bild positiv und habhaft, Abglanz eines volleren Lebens, dem wir nachtrauern.

In den letzten Jahren ist es üblich geworden, an diesem Bild zu kratzen, es in Frage zu stellen. Es sei eine sentimentale Lüge, hieß es, ein gefühliger Mythos, begründet nicht in den Tatsachen der Vergangenheit, sondern in den Bedürfnissen der Gegenwart. Der Mythos sei bezeichnenderweise in den Bildungsschichten entstanden: Sie versuchten, mit dieser Vorstellung einer allgemeinen Zufriedenheit und zeitlosen Harmonie die vorhandenen und noch drohenden sozialen Konflikte zu überdecken. Einzelne Schlaglichter auf die geschichtliche Wirklichkeit zeigten, daß diese Kritik berechtigt war; aber im ganzen blieb die Kritik abstrakt – an die Stelle des alten rückte kein neues Bild.

Dieses neue Bild formt sich erst allmählich heraus. Es braucht mehr dazu als eine kritische Grundhaltung; es fordert die Anstrengung historischer Kleinarbeit und die Fähigkeit, aus kargen Notizen lebendige Wirklichkeit zu rekonstruieren. Angelika Bischoff-Luithlen verfügt über diese Fähigkeit, und sie hat die Mühe archivalischer Forschung auf sich genommen. Im Umkreis ihrer engeren Heimat auf der Schwäbischen Alb hat sie Dutzende von Gemeindearchiven geordnet, hat in Hunderten von dikken Folianten geblättert, hat entziffert, was Schreiber und Schultheißen vor Jahrhunderten für notierenswert hielten, und hat sich in ihre Sprachwelt versetzt. Man muß ja erst einmal wissen, was beispielsweise ein »Kleemeister« oder eine »Leichensägerin« ist, um mit den alten Niederschriften etwas anfangen zu können; man muß sich die Arbeiten und Funktionen im früheren Dorf vergegenwärtigen, um den Stellenwert der verstreuten und spärlichen archivalischen Belege bestimmen zu können.

Angelika Bischoff-Luithlen hat die Niederschriften nicht nur übertragen und in eine für uns verständliche Sprache übersetzt; sie hat aus den im allgemeinen sehr kargen Notizen lebendige Szenen geformt. Sie zählt nicht nur auf, sondern sie erzählt, bringt die dürftigen Zeugnisse zum Sprechen, zeigt Zusammenhänge. Der Leser, der sich in die kleinen Essays über die dörfliche Vergangenheit vertieft, hat es nicht mit irgendwelchen abstrakten »Ahnen«

zu tun, sondern mit seinen Urgroßeltern, in deren Welt er hineingeführt wird: So also haben sie gelebt in ihrer für uns Heutige unglaublichen Armut, das also waren ihre Nöte, und das ihre dürftigen Freuden.

Daß auch mit dieser neuen Heimatkunde die Gefahr falscher Romantisierung verbunden ist, soll nicht verschwiegen werden. Es gibt ja eine Art Elendsromantik, ein Behagen, das sich am »einfachen Leben« der Vergangenheit berauscht, an der Enge und Überschaubarkeit nachbarlicher Kommunikation, an dem vielleicht monotonen, aber auch verläßlichen Alltag, an der Kargheit der dörflichen Lebensweise. Aber die Darstellung von Angelika Bischoff-Luithlen baut hier vor. Sie schöpft ihre Quellen vollständig aus, unterschlägt nicht die wenig humanen Züge, die eben auch aufscheinen. Vor allem zeigt sie, daß jene Dorfwelt von einst gerade *nicht* der ungestörte, organische Zusammenhalt war, den man oft hineininterpretierte, daß das Stichwort »Dorfgemeinschaft« mehr verdeckt als erklärt. Man hat für unsere Zeit, für unsere hochindustrialisierte, städtische Zivilisation die Kennmarke von der »verwalteten Welt« geprägt. Zu den wichtigsten Erkenntnissen aus den historischen Schilderungen von Angelika Bischoff-Luithlen gehört es, daß auch schon jene alte Dorfwelt in einem Ausmaß verwaltet war, das spontane Freundschaft und Kooperation wohl weithin verhindert hat. Das mag in dieser extremen Form eine schwäbische, ja altwürttembergische Besonderheit gewesen sein; im Prinzip trifft es aber wohl die dörfliche Vergangenheit insgesamt, der man zuviel Freiheit, zuviel Selbständigkeit und zuviel Harmonie beigemessen hat.

Die Gemeinwesen, die in dem Buch von Angelika Bischoff-Luithlen in einzelnen Beispielen sichtbar werden, stellen sich dar als ein System sich durchkreuzender und überlagernder Kontrollen. Die soziale Schichtung spielte eine wesentliche Rolle; Bauer war nicht gleich Bauer – zwischen den großen Pferdebauern, die manchmal auch noch das dörfliche Gasthaus besaßen und das Schultheißenamt dazu, den mittleren Ochsenbauern und den kleinen Seldnern klafften riesige Unterschiede. Die Gemeinden waren durchsetzt von Amtspersonen, und wenn man auch annehmen darf, daß nicht alles so heiß gegessen wurde, wie es in den herzoglichen Erlassen gekocht war – es gab doch genug Leute, deren Hauptaufgabe es war, »vorlaufende Exzesse beim Amt treulich anzuzeigen«; und viele Verordnungen, aber auch die in den Akten dokumentierten Rechtsfälle lassen auf Denunziantenstimmung, auf ein Klima des Mißtrauens und des existentiellen Neides schließen. Die Dorfbewohner, das wird aus den Studien von Angelika Bischoff-Luithlen deutlich, waren zuerst einmal Untertanen, denen selbst ihre Freuden, ihre spärlichen Vergnügen, ihr untertänigster Jubel zu Ehren des Herrschers befohlen und verordnet wurden. Selbst der Glaube war keine private, persönliche Angelegenheit; die Herren waren es ja doch, die bestimmten, ob man päpstlich oder lutherisch zu sein hatte, und die Kirchenzucht war fast militärisch streng und unerbittlich. Noch die Hoch-Zeiten des Lebens, die wenigen Feste, waren reglementiert: es war vorgeschrieben, wie man sich zu kleiden hatte, wieviel Besucher eingeladen und wieviel Gänge aufgetragen werden durften.

Auch Zeugnisse einer scheinbar freien und harmonischen Dorfgemeinschaft erweisen sich als Ergebnis bürokratischer Vorschriften – wie die Dorfbackhäuser etwa, die man heute hie und da als Reste einer uralten Tradition zu retten versucht, deren Ursprung Angelika Bischoff-Luithlen dagegen in der Feuerpolizeiordnung von 1785 verankert: Zunächst waren die Leute von den neumodischen Backhäusern keineswegs begeistert, die sie selbst zur

Winterszeit aus ihren Stuben und Küchen vertrieben. Das schließt freilich, um bei diesem Beispiel zu bleiben, nicht aus, daß die aufklärerische Verordnung von oben eine neue Form des dörflichen Verkehrs bewirkte, daß sie zur Entstehung von kleinen örtlichen Kulturzentren führte. Auch diese andere Seite bleibt in den Abhandlungen dieses Buches nicht im toten Winkel. Der realistischere, an Akten und Fakten geschulte Blick in die Vergangenheit zerstört das herkömmliche, etwas süßlich geratene Bild der heilen Welt; aber er führt nicht zwangsläufig zum Bild einer schlechterdings heillosen Welt. Angelika Bischoff-Luithlen sucht möglichst viel vom Kopf auf die Beine zu stellen; aber das ist kein rein mechanischer Umkehrprozeß. Sie legt auch jenen wahren Kern frei, der schon in den früheren Mythen steckte; er wird sichtbar in einer von den Umständen geforderten Zähigkeit und List der kleinen Leute, in der klugen Nutzung der eng begrenzten Möglichkeiten und im gelegentlichen Widerstand gegen die Obrigkeit. Dieses Buch entwirft kein glorreiches Gemälde, das die Geschichte der Werktätigen bejubelt, und es verführt auch nicht zum romantischen Ahnenkult; gleichwohl – es vermittelt Respekt vor den Menschen, die ihre kleine Existenz äußerst schwierigen Verhältnissen abringen mußten.

In der Geschichte der Volkskunde spielt das Wort von der »Andacht zum Unbedeutenden« eine wechselnde und wichtige Rolle. Zunächst war es tadelnd gemeint, von oben herab: Beschäftigung mit Lappalien, mit unbedeutenden Kleinigkeiten. Aber die Brüder Grimm münzten das Wort auf ihre eigene Arbeit, ihre unermüdliche Suche in vorher unbeachtetem Gelände. »Andacht zum Unbedeutenden« – das wurde nun zum Ehrentitel, wurde freilich auch bald zur Ausrede all derjenigen, die sich tatsächlich mit der Sammlung nichtssagender Kleinigkeiten be-

11

faßten. Heute, so wird man sagen dürfen, ist Andacht zum Unbedeutenden wieder gefordert. Nur die Arbeit am Detail, die Erschließung von Einzelheiten der Geschichte kann ein neues, lebendiges Bild heimatlicher Vergangenheit entstehen lassen. Angelika Bischoff-Luithlen arbeitet an diesem Bild, auch wenn sich ihr Buch anspruchslos anekdotisch gibt.

Hermann Bausinger

Von der hohen und niederen Obrigkeit

Die lieben Landeskinder

Karl Eugen, von seinen Württembergern auch »Karl Herzog« genannt, der eigensüchtigste und verschwenderischste, gewalttätigste und beliebteste Herzog auf dem württembergischen Thron, hat wie in vielen Orten Württembergs auch in Münsingen und in seinen Trabantendörfern mehr Spuren hinterlassen als andere Fürsten. Wohl drei Viertel aller Ofenplatten im Münsinger Museum stammen aus seiner Zeit, der tänzerischen, rocaillenverzierten Ära, ebenso wie die Möbel in der bürgerlichen Stube dort.

Auch im Privatbesitz gibt es noch Gebrauchsgüter, Vasen, Porzellane von damals, in Inschriften begegnet er uns und in alten Büchern wie dem verschollenen Roman »Grafeneck«, der seine Romanze mit der Amtmannstochter schildert. Sie soll ihm, der Sage nach, den Aufenthalt in seinem »Neuen Schloß« Grafeneck, das rasch und gewaltsam aus dem Boden gestampft wurde, bald vergällt haben, so daß er sein Interesse an ihm bald verlor. Sei es, wie es wolle, so rasch, wie es aufgebaut worden war, wurde das Alladinschloß mit seinen Nebengebäuden auch wieder abgerissen, und die Verkaufsanzeigen im Intelligenzblatt gaben den Münsingern Gelegenheit, ein Andenken an »Karl Herzog« zu erwerben.

Manche von den Leuten endlich, die beim Bau beteiligt gewesen waren, Zimmerleute, Maurer, Stukkateure von überallher, schnell verschrieben und schnell auch wieder entlassen, blieben in der Gegend sitzen, verheirateten sich und ärgerten ihre braven Dorfnachbarn durch ein Verhalten, das deren Vorstellungen keineswegs entsprach.

Natürlich vermitteln auch die örtlichen Archive, soweit sie in Karls Regentenzeit zurückreichen, ein äußerst lebendiges Bild. Da gibt es ein altes Auinger Fronbuch von 1759–1766; 1762–1772 wurde das Schloß erbaut, und die Auinger scheinen in der Fron ein gut Teil dazu beigetragen zu haben. Man könnte fast weinen, wenn man liest, wie wenig dem Herzog doch damals das Leben und das Fortkommen der Leute bedeutete, die er als seine »lieben« Untertanen und Landeskinder bezeichnete.

Mitten in der Heuernte 20 rüstige Bauern requirieren, um ihm einen Springbrunnen zu machen oder Jagdschirme aufzustellen, war an der Tagesordnung. Aber auch beim Schloßbau, beim Anlegen der Straßen, beim Holen der Steine auf Hohenurach halfen die Auinger; sie mußten Betten stellen und abliefern, wenn der Herzog mit seiner Hofgesellschaft kam, sie mußten aufwarten, Botengänge tun, die Pferde pflegen, Treiberdienste verrichten. »Alle Tag 17 Mann auf Grafeneck« bemerkt der Schultes lakonisch; sie fronten 10 bis 12 Stunden, den Hin- und Herweg mußten sie zu Fuß gehen, und um die Verpflegung kümmerte man sich in Grafeneck nicht.

Natürlich, Leben gab es plötzlich auf der stillen Alb! Man kann sich vorstellen, wie die Münsinger die Augen aufrissen, wenn der Herzog mit 600 Menschen, darunter Tänzern, Sängern, Artisten, Musikern aller Arten und Rassen, mit Pferden und Kutschen durch das Städtchen zog. Kein Herzog vor ihm war so aufgetreten, keiner auch hatte von den Stadtvätern die Aufstellung einer Stadtgarde verlangt, die zu präsentieren hatte, wenn er durchfuhr. Keiner hatte die Münsinger Handwerker plötzlich zu Hofbecken und Hofmetzgern ernannt, keiner brauchte mehr Lebensmittel, Wein, Kerzen, Futter für die Pferde wie er, keiner machte auch soviel Schulden wie er – Karl Eugen, eben immer wieder. Er, der gnädigste Fürst, Herr und Landesvater, dem das Wohl seiner Landeskinder so am Herzen lag.

Keiner allerdings auch veranstaltete regelmäßige Audienztage, an denen die Armen wie die Reichen ihm ihre Sorgen unterbreiten durften. Keiner auch hat so viele Gesetze, Reskripte, Befehle, Ausschreiben und Anreden an seine Landeskinder erlassen wie eben er. Alle paar Tage hatte er eine neue Idee, was er wieder verordnen könnte; er war eigentlich im ständigen Gespräch mit seinen Untertanen – wenn man das etwas einseitige Verfahren so nennen will. Die Schultheißen auf den Rathäusern schrieben sich die Finger wund, denn alle diese Erlasse mußten, schön mit der Gänsefeder, abgeschrieben und in ein »Befehlbuch« eingetragen werden. So ein Text, mit seinen barocken Floskeln von Untertänigkeit und Hochfürstlichem Herzog und Herrn, seinen eingestreuten französischen und lateinischen Wendungen, muß ihnen, mindestens zur Hälfte, völlig unverständlich gewesen sein. Fremdsprachen konnten sie nicht, wo sollten sie sie auch gelernt haben – und Hochdeutsch beherrschten sie ebensowenig! Gesetzgeber und Untertan haben also aneinander vorbeigeredet – wie das auch heute noch manchmal geschieht. Stichworte kann der Abschreiber damals vielleicht begriffen haben, Stichworte hat er vermutlich auch seinen Dorfleuten wieder weitergegeben – mehr nicht. Denn die Texte, die er schreibt, sind uns Heutigen fast nicht zugänglich. Mühsam genug quält sich der Kopist durch das Gestrüpp, schreibt fast jedes Wort falsch, macht weder Punkt noch Komma, verwechselt Groß- und Kleinschreibung und bringt einen Großteil der Wörter dazuhin noch in der Mundart. Schwäbische Filserbriefe – man bricht manchmal in helles Lachen aus, wenn man zu übersetzen versucht, was zumeist eine Sisyphusarbeit bedeutet, denn auch die Handschrift des Ortsgewaltigen ist oft sehr schwer leserlich im Unterschied zu der der amtlichen Schreiber, die bei Rechnungslegungen und Erbschaftsauseinandersetzungen eingesetzt wurden.

Bei einfachen Verordnungen über Handel und Wandel, Tabakeinfuhr, Pferdeaufkaufen liest sich das noch lustig. Makaber wird es, wenn es sich um die schrecklichen Erlasse über Aushebungen, Rekruten, Deserteure etc. handelt, die sich Karl Eugen, der so gerne Krieg spielte, ausdachte, um dem geängstigten Land Soldaten und immer wieder Soldaten zu entreißen. Was der Schultes wohl gesagt haben mag, wenn er zum dutzendsten Mal einen Befehl erhielt, demzufolge er schon wieder soundsoviel ledige Männer, zwischen 18 und 35 Jahren, 5 Fuß und 8 Zoll groß, für den Kriegsdienst ausheben und mit ihnen am Freitag, morgens um 7 Uhr, auf der Oberamtei erscheinen mußte? Wer wollte denn Soldat werden? Wer wollte es unter Karl Eugen werden, wo man nicht wußte, ob man je wiederkam – oder ob man nicht verkauft werden würde wie das Kapregiment? Hier gab es offenen Aufruhr, das ließ sich nicht in Ruhe erledigen, die doch sonst des Bürgers erste Pflicht war.

Und der Herzog und seine Werber wandten drakonische Methoden an, die jungen Leute wurden regelrecht gefangen, übertölpelt, in den Wirtschaften betrunken gemacht, aus den Betten geholt – bis sie unterschrieben. Kein Wunder, daß sie nach allen Richtungen davonliefen. Und so hagelte es Deserteur-Erlasse, es wird mit Wegnahme von Hab und Gut, mit Verlust des Bürgerrechts gedroht, ja mit Erschießen. Nicht genug, auch der Ortsvorsteher, der einen »durchläßt«, soll bestraft werden. Natürlich halfen die Landleute auf der Alb den armen Kerlen gar zu gern, versteckten sie im Stroh und gaben ihnen zu essen.

Aber das wurde immer gefährlicher. Manch einer ist 30, 40 Jahre Deserteur geblieben, hat sich den großen Gaunerbanden zugesellt, die später die Wälder unsicher machten, und ist nie wieder heimgekehrt. Fast jede Familie führt damals einen Vater oder Sohn, der als Soldat verschollen ist.

Höchstdero Wildsäue haben meine alleruntertänigsten Kartoffeln gefressen

Manchmal sollte man mittels eines Guckkastens in frühere Jahrhunderte hineinblicken dürfen – und wenn es nur für ein paar Minuten wäre. Wie mögen unsre heimatlichen Wälder wohl damals ausgesehen haben, als sich das Wild darin beinahe auf die Füße trat? Man kann es sich heute nicht mehr vorstellen. »Da sie bei Tausenden gehen« – der Pfarrer und Chronist Jeremias Höslin verwendet 1790 tatsächlich dieses biblische Bild. Er versichert, er übertreibe gewiß nicht, aber damals sei das Rot- und das Schwarzwild tatsächlich in unermeßlichen Mengen in den Albwäldern anzutreffen gewesen.

An sich war diese Zeit eine gute Zeit für die Bauern, da-

17

mals waren die Kornpreise hoch und die Ernten ausgiebig. Das einzige, worüber die Landleute klagten, war der fürchterliche Wildschaden und die Jagdfronen. Die damaligen Herzöge, Karl Eugen vor allem und später der sogenannte »dicke« Friedrich, waren so leidenschaftliche Jäger, daß sie die Klagen ihrer Untertanen immer wieder überhörten. Und diese waren berechtigt. Das viele Wild blieb nicht in den Wäldern, sondern hielt sich oft genug auf den Feldern und Wiesen schadlos; das Schwarzwild hatte es besonders auf die neueingeführten Kartoffeln abgesehen und durchwühlte ganze Äcker. Da das Wild Eigentum des Fürstenhauses war, durften es die Bauern nicht abschießen. Was blieb ihnen also übrig, als ihre Grundstücke zur Erntezeit Tag und Nacht zu bewachen? Man zündete Feuer an, beschaffte Klappern und sonstige Lärminstrumente, stellte Feldschützen rund um die Uhr auf – aber man wurde nie ganz mit der Landplage fertig. Kleinere Wildschäden wurden vom Herzog überhaupt nicht ersetzt, größere auch nicht immer. Man machte zwar Eingaben, aber ohne viel Hoffnung wie jener Pfarrer, der dem Herzog schrieb: »Höchstdero Wildsäue haben meine alleruntertänigsten Kartoffeln gefressen.«

Die Leute waren wirklich nicht zu beneiden. Bucheckern und Eicheln sowie Wildobst mußten liegengelassen werden, Schafe und Geißen durften nicht in die Wälder getrieben werden, Besenreis durfte man nicht holen, auch kein Laub zur Streu für das Vieh.

Am schlimmsten waren indessen die Jagdfronen. Nicht genug, daß jedes Dorf eine bestimmte Menge Jagdhunde aufzuziehen und zu halten hatte. Wenn der Herzog mit seiner Hofgesellschaft zum Jagen kam, wurden die Bauern requiriert, weg von Weib und Kind, weg von der Feldarbeit: Hunderte von ihnen wurden in einer Art Schlachtordnung aufgestellt und mit militärischer Strenge angeführt. Nicht nur einige Tage, sondern wochenlang mußten sie das Wild zusammentreiben und bewachen. Manche Froner mußten 2 bis 3 Tage reisen, um an den Bestimmungsort zu kommen. Wenn sie nicht laufen wollten, wurden sie geschlagen. Erschöpft vor Kälte, oft mit erfrorenen Gliedern, kehrten sie heim. Eines der kleinen Oberämter früherer Größenordnung hatte einmal in einem Jahr 21584 Mann und 3237 Pferde zu einer Jagd zu stellen. Das Oberamt Heidenheim mußte gar einmal 5298 Morgen Land brachliegen lassen als Jagdgelände – und die Steuern für diese Ländereien mußten trotzdem bezahlt werden! Damals ging das böse Wort um, daß dem Herzog ein Stück Wild lieber sei als das Leben eines seiner Bauern.

Jagden in unserem heutigen Sinn waren das nicht. Heute verfolgt ein Jäger ein bestimmtes Stück oder sitzt im Hochsitz an; damals wurden Tausende von Stücken zusammengetrieben, und die Hofleute ballerten einfach hinein. Zu großen Gelegenheiten, Hochzeiten, Jubiläen wurden sogenannte »Festin-Jagden« veranstaltet. Ein großes Gelände wurde dafür ausersehen, oft wurde in dessen Mitte ein künstlicher See angelegt, um den Galerien und Podien angeordnet waren. Hier nahmen die Gäste, bis zu 15000 an der Zahl, Platz. Dann wurden Tausende von Hirschen und Rehen, die man vorher eingefangen hatte, von den Treibern ins Wasser gejagt. Es begann eine allgemeine Knallerei auf das eng zusammengepferchte Wild, das vor Angst nicht aus und ein wußte, ein reines Blutvergießen, das mit waidgerechter Pirsch nicht das geringste mehr zu tun hatte.

Man kann nicht sagen, daß der Dorfschultheiß gerade glücklich gewesen ist, wenn er die Meldung erhielt, daß der Herzog zur Jagd kommt. Denn die vorhandenen Möglichkeiten, Dorfgaststätten, Rathäuser, alles, was als

Unterkunft in Frage kam, genügten den Ansprüchen des Serenissimus keinesfalls. Aber im Improvisieren war man damals sehr geübt – wir wissen, daß auch ganze Schlösser, Opernhäuser, Ballsäle und Orchesteremporen sozusagen aus dem Boden gestampft wurden, aus Holz und mit viel Gips und Farbe, keinesfalls für die Ewigkeit gebaut; die Grafenecker Bauten beweisen es. Und so bekam der Herzog sein seidenes Himmelbett, auch dort, wo sonst der Ochsenwirt mit seiner Marie schlief. Die Küche, die sogenannte Gartküche, wurde meist im Hof oder im Garten, also unter freiem Himmel, aufgeschlagen; die Hofköche machten ein riesiges Feuer und brieten die Jagdtrophäen am Spieß. Die Pferde mußten kuriert und gesalbt, die Hunde gefüttert und die Flinten vom Dorfschmied repariert werden, das Jagdpersonal wurde in die Häuser gelegt, wer ein Bett frei machen konnte, bekam einen fürstlichen Hofjäger ins Quartier.

Bezahlt wurde für all diesen Aufwand kaum etwas, mindestens nicht vom Herzog direkt. Und der Ortsvorsteher machte ein langes Gesicht, wenn der Spuk wieder vorüber war: Denn nun kamen die Rechnungen. Nun setzte der Ochsenwirt seine Zahlenreihen untereinander, nicht nur für das, was gegessen und getrunken worden war, sondern für viele hundert Kerzen, die verbrannt, für viele Möbelstücke, die zerstört, Obstbäume, die verbrannt, Gras und Gemüse, das zertrampelt war. Der Rosenwirt hatte Salbe für die Pferde aus Butter, Wein und Öl bereiten und der Bäcker Kuchen und Weißbrot backen müssen. Der Schaden ging in die Tausende, der Schultes mußte die Leute bezahlen, den Betrag an die Hofkasse in Stuttgart weitermelden und um untertänigste Bezahlung bitten. Selten bekam er alles, manchmal auch gar nichts ersetzt, und dann endete die Jahresrechnung der Gemeinde mit einem gewaltigen Defizit.

1816 endlich kam Wilhelm I. auf den Thron, ein Fürst, der seinem Volk verbunden war und dem unerträglichen Zustand ein Ende machte. Nun wurden Communschützen eingeführt, die schießen und den Wildbestand auf ein erträgliches Maß zurückführen durften. Und niemand hat den alten Zeiten nachgetrauert, am wenigsten die jungen Mädchen, die neun Monate nach einer Parforcejagd mit einem lebendigen Andenken gesegnet waren. Auch für sie bezahlte niemand.

Ein Vivat dem Kurfürst

Man kann sich eines Lächelns nicht erwehren, wenn man in den Dorfregistraturen nachliest, auf welche Weise die großen Ereignisse der Weltgeschichte früher, als man weder Fernsehen noch Rundfunk noch Tageszeitung kannte, in den kleinen schwäbischen Flecken ankamen. Wohl kaum jemand, auch der Pfarrer oder der Schulmeister nicht, hatte die Möglichkeit, sich mit dem Zeitgeschehen vertraut zu machen, die Zusammenhänge zu überblicken, mitzudenken und eine eigene Meinung zu bilden. Politik erlebten die Dorfleute nur dann etwa, wenn ihnen die Söhne und Väter weggeholt wurden in irgendwelche Kriege, von deren Zustandekommen sie kaum etwas wußten; der Grund dafür, daß im Jahr 1803 der württembergische Herzog Friedrich plötzlich die Kurwürde bekam, ist ihnen wohl auch erst wesentlich später aufgegangen, das Zusammenspiel ihres Herrschers mit Napoleon überblickten sie keineswegs.

Am 2. Mai 1803 abends um halb sechs lief die Nachricht von der Erhebung des Herzogs zum Kurfürsten in Urach bei dem dortigen Oberamtmann Röslin ein. Man muß das damalige Postwesen bewundern: Am 29. April war die Bestätigung am Wiener Kaiserhof erst fixiert worden. Der Oberamtmann hat wohl keinen gemütlichen Abend erlebt, denn er setzte sofort Befehle für seine Dorfschultheißen auf, die anderntags befördert werden mußten.

»Geliebte Schultheißen« beginnt der Schriftsatz, der im ersten Absatz von dem »Höchst erfreulichen Höchsten Rescript« spricht, wodurch »unserem gnädigsten Herzog und Herrn« in Verbindung mit dem Lunéviller Frieden und dem Reichsdeputationshauptschluß die Kurwürde verliehen worden sei. Man holte damals zum raschen Abschreiben solcher Befehle den Schulmeister aufs Rathaus, der gute und schnelle Abschriften fertigte. Trotzdem bereiteten ihm Wörter wie »Lunéville« Schwierigkeiten, er schreibt »Linniville«, kaiserliche »Rattifikation« und »Regament« statt Regiment, macht aus dem Landesvater einen »Landesvatter«, spricht vom »Vatterland« und vom »Römmischen Reich« und bewirkt so, daß der Leser von heute die Wichtigkeit des Dekretes nicht ganz ernst nehmen kann.

Es folgen die Anordnungen zur Begehung des feierlichen Ereignisses. Der 6. Mai, ein schlichter Freitag, wird zum Feiertag mit Arbeitsverbot erklärt; in sämtlichen Dörfern muß ab 7 Uhr morgens eine Stunde lang mit allen Glocken geläutet werden. Der Oberamtmann setzt dazu in Klammern: »versteht sich mit gehörigem Absetzen!« Dem Mesner sollte wohl nicht der »Schnaufer« ausgehen bei dem allerhöchst wichtigen Glockenläuten.

Danach hatte sich die gesamte Bürgerschaft, Schultheiß, Magistrat, Schulmeister, Pfarrer vor dem Rathaus zu versammeln. »Ihr, die Schultheißen aber sollet den Bürgerschaften das Manifest feuerlich bekannt machen.« »Es wird keiner Erinnerung bedörfen« heißt es weiter, daß nach der Verlesung »ein herrliches Vivat auf unseren neuen durchlauchtigsten Churfürsten Friederich« zum Himmel brausen solle. Ob sie es getan haben? Ob die »b'häben« Schwaben da wirklich in einen spontanen Jubel ausgebrochen sind?

Leider wissen wir es nicht, aber es läßt sich annehmen, daß der Schultheiß die Begeisterung schon ein wenig anfachen mußte. Nach dem Vivat auf den neuen Kurfürsten kam noch eines auf die »durchläuchtigste Frau Churfürstin Königliche Hoheit«, den Kurprinzen Wilhelm, Prinz Paul und Prinzessin Katharina (die später Jerome Bonaparte, dem jüngsten Bruder Napoleons angetraut wurde). Nach all diesem Volksjubel zog man geschlossen in die Kirche. »Unter Ihrem, lieber Schultheiß, und Eurem, des Magistrats, Vortritt ist sodann ein solenner Kirchgang zu dem feuerlichen Gottesdienst, welcher unter Absingung des Lieds ›Herr Gott Dich loben wir‹ abgehalten werden wird.« Ein Predigttext ist nicht angeführt, wie dies früher manchmal bei ähnlichen Anlässen geschah; vielleicht im Hinblick darauf, daß nun ja auch die katholischen Dörfer zu Württemberg gehörten.

»Das Oberamt zweifelt nicht«, so geht der Schriftsatz weiter, »die landesvätterliche huldtreueste Äußerungen in dem Churfürstlichen Mannifest werden jeden Diener und Unterthanen zu einer ungeheuchelten Freude an diesem Tag stimmen«. Und wenn die Untertanen genügend gejubelt haben (man fragt sich heut, was sie eigentlich davon hatten), dann sollen sie auch etwas dafür bekommen; der Schultheiß wird aufgefordert, »keiner ehrbaren Lustbarkeit etwas in den Weg zu legen«. Vermutlich gab es keine Polizeistunde an jenem Freitag, und sie durften das große Ereignis wenigstens ordentlich begießen, soweit sie das berappen konnten; freigehalten wurden sie nicht vom neuen Kurfürsten.

Sobald wie möglich mußten die Schultheißen dem Oberamtmann berichten, wie der Tag verlaufen sei. »Das Oberamt erwartet in möglichster Bälde den gehörigen Bericht von der Befolgung« und fügt noch bei, daß künftig in allen Schriftlichkeiten das Wort »herzoglich« durch »churfürstlich« zu ersetzen sei.

Mit seinem Siegel und dem Datum vom 2. Mai 1803 schließt der Oberamtmann Hofrat Röslin zu Urach seinen Erlaß an die Dorfschultheißen.

Die Mannschaft ist gehörig zu verpflegen

Vor der Gründung des Truppenübungsplatzes, der Kasernen und des Alten Lagers war die Gemeinde Auingen bei Münsingen ein reines Bauerndorf, ohne Industrie, mit wenigen Handwerkern, aber mehreren bäuerlichen Großbetrieben. Dies hatte zur Folge, daß verhältnismäßig gute und viele Pferde am Ort waren, ebenso wie Leute, die reiten konnten, Wägen besaßen und sich in der Pferdepflege auskannten. Zur Zeit der absolutistischen Fürsten hatte das seine Nachteile. Wenn Pferdefronen, Jagdbeihilfen, Streifen, Kurierritte, Einquartierungen, Ablieferungen von Materialien, Vorspanndienste und ähnliches zu vergeben waren, scheint sich der Münsinger Oberamtmann am ehesten seiner pferdebesitzenden Auinger erinnert zu haben.

Was der Ort Auingen zum Beispiel in der Zeit zwischen 1785 und 1816, in der Zeit der Koalitions- und Napoleonischen Kriege auszustehen hatte, ist so ungeheuerlich, daß man sich heute an den Kopf greift. Wie haben die einstigen Auinger das überhaupt geschafft? Am Ende der Kriegswirren hatte die Gemeindekasse eine riesige Schuldenlast, die sich nur langsam tilgen ließ. Dabei mußte man noch »untertänigst« beim Kurfürsten anfragen, ob man Geld aufnehmen dürfe, um die Lasten abzutragen, die einem dieser »untertänigst« aufgebürdet hatte. Und nicht nur die Gemeindekasse war aufs äußerste erschöpft; die Steuern für die vielen Kriege und sonstigen Dummheiten, etwa Parforcejagden der Herrscher, waren so angeschwollen, daß der größte Auinger Bauer jährlich 800 Gulden zu bezahlen hatte. Damals kostete ein Pfund Fleisch 8 Kreuzer, ein Gulden waren 60 Kreuzer – so kann man sich ungefähr ausrechnen, um was für Belastungen es sich handelte.

»Dem Schultheißenamt Auingen wird zu wissen gemacht, daß heute gegen Mittag vom Cavallerieregiment Jäger 5 zwei Herrn Offiziere und 60 Gemeine mit etwa 70 Pferden zu Auingen einrücken und daselbst Nachtquartier halten werden, weswegen das Schultheißenamt ungesäumt die nötige Bestellung zu machen und für Quartier und Fourage zu sorgen hat. Sollte nicht genug Haber in dem Ort sein, so können sogleich hier vier Scheffel vom Herrschaftl. Fruchtkasten abgeholt werden.

Münsingen, 12. August 1814   Oberamtmann Abel «

So sahen die Befehle aus, die damals in großer Anzahl nach Auingen aufs Rathaus kamen – Schultheiß zu sein, war bestimmt nicht einfach. Man kann sich denken, wie sehr er sich freute, wenn solche Auflagen kamen, und mit welch schwerem Herzen er im Dorf herumging und Quartier machte.

»Bis morgenden Donnerstag den 18. dieses Monats rückt von dem kaiserl. österreichischen Cürassierregiment Erzherzog Franz in Euren Ort eine halbe Escadron ins Nacht-

quartier ein. Die Mannschaft ist gehörig zu verpflegen und um Quittung zu bitten. Im höchsten Notfall kann die Fourage im hiesigen Magazin abgeholt werden.
Münsingen, 17. Mai 1815   Oberamtmann Erhardt«

»Bis morgenden Dienstag den 13. dieses Monats rückt in Euren Ort von dem k.k. Österreichischen Infanterieregiment Kaiser Alexander eine Compagnie Fuhrwesen bestehend aus 1 Offizier, 84 Gemeinen und 99 Pferden ins Nachtquartier ein. Wenn auch schon andres Quartier im Ort ist (!), so habt Ihr doch dieses Quartier zu übernehmen und die gehörigen Quittungen beizubringen. Worauf sich verläßt
Münsingen, 12. Juni 1815   Oberamtmann Erhardt«

»Zu einem Transport königlicher Jagdhunde hat das Schultheißenamt Auingen sofort nach Empfang dieses Schreibens 17 Bürger oder erwachsene ledige Burschen hierher zu stellen, welche einen Teil der Hunde bis nach Seeburg zu führen haben.
Münsingen, 21. April 1814   Oberamtmann Erhardt«

»Gestern abend um 8 Uhr sind im Haard zwei französische Spionen gesehen worden, welche mit halbrunden Hüten und grauen Röcken bekleidet gewesen sind, Metzger-Stöcke gehabt und überhaupt wie badensische Metzger ausgesehen haben. Angesichts dieses sind diejenigen Häuser, in welchen Fremde einkehren, zu umstellen, sodann muß mit einiger Mannschaft das Haard durchstreift werden.
Münsingen, 1. Juni 1815   Oberamtmann Erhardt«

»An der dem hiesigen Oberamt eingesetzten Mehl-Lieferung trifft den Ort Auingen: Kochmehl 2 Centner 30

Pfund, Backmehl 6 Centner 90 Pfund. Das Kochmehl muß aus lauteren Kernen, das Backmehl aus zwei Dritteln Kernen und einem Drittel Roggenmehl sein. Die Lieferung ist bis zum nächsten Montag den 5. Juni unfehlbar und gut zu präsentieren, worauf sich verläßt

Münsingen, 29. Mai 1815 Oberamtmann Erhardt«

So sieht nur eine ganz kleine Auswahl der Befehle aus, die die Auinger in diesen Jahren trafen. Übrigens mußten die einzelnen Bürger nicht alle Quartiere umsonst geben, die Rechnung wurde an die Gemeinde weitergeleitet und von dieser an die Kriegskasse – nur gab diese in vielen Fällen gar keine Antwort, und so blieb der schwarze Peter bei der Gemeinde.

Das Schlimmste, was dem Ort zugemutet wurde, war eine fast vierteljährige Einquartierung kranker russischer Soldaten. Sie schleppten Seuchen ein, die ansteckend waren, und auch einige Auinger Einwohner, die die Soldaten pflegen mußten, starben daran. Eine Eingabe des Gemeinderats von damals lautet folgendermaßen: »Da nach einem königlichen Oberamtlichen Ausschreiben allergnädigst verlangt worden, die Unkosten, die das kaiserlich russische Militär verursachte bis daher zu melden: in unserem Ort hatten wir einen Arzt, einen Chirurgen, auch Unteroffiziere und Gemeine 109 Mann. Unter diesen befanden sich 80 Kranke, welche in besonderen Zimmern untergebracht werden mußten, in der Nacht mußten sie Medizin einnehmen, eine halbe Stunde nach diesem mußte dann denen, die am kränksten waren, guter Wein angeschafft werden, welchen die Wächter von den Wirtschaften herbeischaffen mußten, auf Befehl des Arztes. 150 Mann mußte je ein Schoppen Branntwein gegeben werden zu 10 Kreuzer 15 Gulden. Zu diesen Kranken, die in Zimmern im Ort herum lagen, wurden zwei Wächter erfordert, die die ganze Nacht wachen mußten; weil ein böser und übler Geruch bei den Kranken war, so wurde ihnen erlaubt, für 36 Kreuzer Wein und Branntwein zu verzehren. Wegen diesem Wein gab uns der Arzt keine Quittung, er machte die Bemerkung, wir ›könntens ja doch nicht lesen‹. Daß dies die Wahrheit ist, bezeugen Schultheißenamtsverweser und Gemeinderäte Ruopp, Brändle, Hermann und Hauser.«

Es gäbe, wie gesagt, noch viele Belege aus dieser entsetzlichen Zeit. Hinzugefügt werden muß noch, daß die einquartierten Soldaten, soweit sie kräftig genug waren, hausten wie die Vandalen. Nach ihrem Abzug waren Maurer und Zimmerleute oft wochenlang beschäftigt, Rathaus, Schule, Back- und Waschhaus auch nur einigermaßen wieder herzurichten. Wenn dann die Schreiner Fenster und Türen wieder eingesetzt hatten, kam die nächste Einquartierung.

Der Dorfschultes

Seit die Verwaltung der ländlichen Gemeinden mehr und mehr in die Hände junger, ortsfremder Fachleute übergeht, wird er legendär: der alte Bauernschultes, der, als Laie aus dem Kreis der Dörfler aufgestiegen, von ihnen gewählt und »herrlich erhöht« auf dem ländlichen Rathaussessel sein Zepter schwang. Das Wort Zepter ist sicher nicht falsch gewählt, denn seine Herrschaft war in vielen Fällen absolutistisch orientiert, er war eine Art von König, er regierte und die andern gehorchten. Natürlich hatte er Gesetze, Verordnungen, »Anleitungen« von oben zu befolgen, auch das Auge der Geistlichkeit, des Ortspfarrers, hatte über ihn zu wachen und zu berichten –

indes gab es doch weiten Spielraum für Originale. Stuttgart war für viele Dörfer weit fort, und eine persönliche Auslegung des Gesetzes wurde, wenn überhaupt, dann höchsten nach Monaten entdeckt; bis dahin hatte man Zeit, eine Ausrede zu finden. Jener Ortsvorsteher, der einst eine auszufüllende Liste über Einwohnerzahlen, Feuerstellen, Häuser usw. kurzerhand auf die prägnante Formel Aschlöcher = Seelenzahl brachte, war vermutlich keine Einzelerscheinung.

Man hat manchmal darüber raisonniert, daß nur reiche Männer auf diesen Posten gewählt wurden; dem war auch so, Schultheiß und Magistrat gehörten durchweg den vermögendsten Schichten des Dorfes an, während Hirten, Schützen, Büttel, Nachtwächter, die unteren Gemeindeämter, von der armen Bevölkerung besetzt waren. Die niederen Ämtlein waren vielfach an entlassene Soldaten und Invaliden vergeben, denen man anstandshalber noch ein kleines Gnadenbrot geben mußte. Die Oberen hatten alles und die Unteren gar nichts – so kraß waren die sozialen Gegensätze auf den Rathäusern.

Dazu muß man allerdings bedenken, daß der Schultheiß und die Gemeinderäte eine Kaution zu stellen hatten. Sie mußte in Bargeld bei der Gemeindekasse deponiert werden; Zinsen wurden bezahlt, das Vermögen aber erst bei Ausscheiden oder Tod an die Erben zurückgegeben, wenn der Nachfolger seine Kaution bezahlt hatte. Die Gemeinde hatte eine Einlage, mit der sie arbeiten konnte, und der Schultheiß war sozusagen Teilhaber. Daß er so auch persönlich am Gedeih und Verderb dieses Unternehmens interessiert war, ist klar; sein Verhältnis zum Dorf war enger, hautnaher als das eines bloßen Angestellten. Die Höhe der Einlage errechnete sich, 1813 z.B., zu zwanzig Gulden pro hundert Einwohner, dividiert durch die Zahl der Gemeinderäte; bei tausend Einwohnern also

200 Gulden, geteilt durch vier oder sechs. Die Zahl erscheint niedrig, war aber vordem höher; außerdem wechselte die Kaufkraft der Gulden – eine Erscheinung, die es gab und gibt, seit das Geld erfunden wurde. Jedenfalls mußte des öfteren für ein Gemeindeamt ein Grundstück, Häusle oder Scheuerle verpfändet werden. Im 16. und 17. Jahrhundert wählte man gerne den Wirt zum Ortsvorsteher – er hatte Bargeld, außerdem Räumlichkeiten für Amtsgeschäfte und Versammlungen, solange es noch keine Rathäuser gab. Auch das ergab wieder persönliche Bindungen: Die Ortsverwaltung wurde im eigenen Haus getätigt. Außerdem rutschten Vesper, Übernachtungen, Viertele gleich in die rechte Tasche. Im 18. Jahrhundert wurde diese Personalunion dann verboten. Mit der Befolgung des Verbots beeilte man sich nicht, man war es so gewöhnt, und die Schwaben schießen bekanntlich nicht so schnell wie die Preußen. Viele Jahre und Jahrzehnte hindurch mußten die Pfarrer deshalb weiterhin nach Stuttgart berichten, ob der Schultheiß nicht zugleich Wirt sei.

Hatte das neugewählte Ortsoberhaupt den schwer erkämpften Rathaussessel eingenommen, dann interessierte der Verdienst, der nun ins Haus stand. Lange bestand die Bezahlung nur aus Stundenlöhnen, die einzeln abgerechnet wurden. Zu Anfang des 19. Jahrhunderts gab es viereinhalb Kreuzer pro Einwohner. Die Mär, daß die Schultheißen die Sittlichkeit in ihren Dörfern nicht so heftig gefördert hätten, wie die Geistlichkeit das gern gesehen hätte, hat hier ihre Gründe. Jeder neue Einwohner, ob ehelich oder nicht, war eine kleine Geldquelle. Epidemien mußten bekämpft werden, denn sie konnten dem Schultheißengeldbeutel schon etwas weh tun.

Bei besonderen Gelegenheiten, Ruggerichten, Amtsversammlungen, Visitationen gab es Tag-, Essens-, Schlaf-

und Pferdegelder, Spesen würde man heute sagen und nachfragen, ob sie nicht das ortsvorsteherliche Salär etwas aufgeschönt hätten. Indessen hatten die Gewaltigen von damals einen unvorstellbaren Appetit, sie wußten nichts von Diät und vervesperten ihre Taggelder, falls die Kathrine oder Aplone daheim nicht ein Rauchfleisch eingewickelt hatte. Alljährlich bekam der Gemeinderechner die Quittung. Ob alle Viertele zugestanden wurden? Damals ist der Name »Trinkgeld« entstanden. Mehr als eine gewisse Summe wurde nicht ersetzt, »passierte« nicht, wie es in der Amtssprache hieß. Bei Visitationen ging es oft feuchtfröhlich und verfressen zu; es galt, die gestrengen Herrn zu versöhnen und ihnen den scharfen Blick zu vernebeln. Die Leute von damals konnten sich die Portion einer Woche gleich einer Boa constrictor offenbar auf einmal einverleiben und rückwirkend davon zehren – aber manche streikten auch. Ein Superintendent bat einmal, man solle »die voriges Jahr gehabte Bemühung und Unkosten in der Küche, welche Ihnen zum Schaden und mir nicht zustatten kommen, unterlassen«. Vielleicht hatte er Magenbeschwerden. Solche hohen Herrn hatte man nicht gern.

Indessen war dem Schultheißen eine ganz hübsche Arbeitslast aufgebürdet. Er sollte sein Leben »exemplarisch« verbringen, den Einwohnern ein Beispiel sein, ein gottgefälliges Ehe- und Familienleben führen, alle Gottesdienste besuchen und dem regierenden Hause treu ergeben sein. Sein Dorf durfte er nicht länger verlassen als 24 Stunden, von Ferien redete niemand. Überall sollte und mußte er zugegen sein, ob es sich nun um Raupenbefall, Maulwürfe, Händel mit dem Postillion, Münzenfunde, Mäuse, Lumpensammler, Hundsmusterungen – ob bissig oder nicht – oder Hebammenwahlen handelte. Er mußte besichtigen, berichten und sein »Ambts-Sigill beydrücken«.

Auch sonntags durfte er die Hände nicht in den Schoß legen. Nach dem Morgengottesdienst hatte er seine Bürger auf dem Rathaus oder an einem andern »schicklichen« Ort zu versammeln und ihnen die neuesten Gesetze laut vorzulesen. Kein Einwohner durfte fehlen, keiner sich mit Unwissenheit entschuldigen, er hatte gehört zu haben. Erst als man sicher sein konnte, daß alle Dörfler lesen konnten, wurde diese Veranstaltung gestrichen.

Nicht alle Ortsvorsteher haben selber geschrieben; es gab Amtsschreiber aus der Stadt oder Protokollführer im Dorf, die man einstellen konnte; der immer hungrige Schulmeister half hier gern. War indessen der Schultes sein eigener Schreiber, so »passierte« jährlich ein erklecklicher Mehrbetrag; dafür kratzte mancher seine Seiten voll und lieferte die Schreibfeder gratis. Überhaupt gab es manches Nebenamt auf dem Rathaus, das sich mitnehmen ließ: Roß-, Fleisch-, Brot- oder Feuerschauer zu sein, brachte auch noch ein paar Gulden. Auch der Posten des Weinschätzers war gut dotiert und brachte manch fröhlichen Abend. Auf der Alb hat sich einmal einer in Ausübung dieses Amtes auf der Wirtshaustafel zu Tod gefallen; er wurde mit hohen Ehren zu Grab getragen.

Die schwersten Kämpfe hatte der Schultes mit seinen eigenen Bauern zu bestehen; da prallte Dickschädel auf Dickschädel. Der »Prophet im Vaterlande«, der bekanntlich nichts gilt, mußte mit Vettern, Basen, Doten und Schulkameraden Kaufverträge, Erbteilungen, Gerichtsverhandlungen durchfechten; unter zwei Gulden Streitwert durfte er die Delinquenten ins Zuchthäusle sperren, was er nicht immer nur gern tat, auch wenn es in manchem Dorf mit Matratze und Eimer ausgestattet war. Da ging es laut zu auf dem Rathaus, und manch ein Zuchthäusles-Anwärter lief in der Wut die Rathausstiege wieder hinunter, weil er lieber zu Hause nächtigen wollte. Für solche Gelegenheiten hatte der Schultes dann seinen Büttel. Wer aber, trotz aller Schwierigkeiten, durch die Jahrzehnte den Kopf oben behielt, war ein gemachter Mann. Ein wachsendes Vermögen und eine Kokarde am Rock waren der verdiente Lohn, die Äcker mehrten sich und die Töchter wurden gute Partien. Vielleicht maulte die Eheliebste etwas, weil der Gemahl bei wichtigen Familienangelegenheiten viel mit Abwesenheit glänzte; aber Geld und Ehre besänftigt letzten Endes auch manche Frau.

Gegen Ende des 19. Jahrhunderts änderte sich vieles. Kautionen mußten nicht mehr gegeben werden; nun konnte auch der kleine Mann, falls beliebt und tüchtig, Schultheiß werden. Außerdem rückten Fachleute nach, da die Verwaltung komplizierter wurde. Der Schultes alter Provenienz wehrte sich zäh, er ließ sich nicht leicht verdrängen. Zumindest auf den Brettern der Vereinstheater lebte er noch lange weiter. Dort feierte er fröhliche Urstände – er war so sehr zur festumrissenen Figur geworden, daß man ohne ihn nicht sein konnte, und wenn sich der Vorhang im Lamm oder im Ochsen hob, dann saß er wieder da wie eh und je, hinter seinem Schreibtisch, mit roter Nase, Schnauzbart und Dienstbuch. Dann ertönte es auch wieder, das große Wort, vor dem man einst gezittert hatte: »Büttel, tu en hentre!«

Allhie am Orte befinden sich nur zwei Rosse, nämlich Schultheiß und Bürgermeister, dieweil die ganze übrige Gemeinde aus Ochsen bestehet.

Ein elendes kontraktes Mensch

Es gibt ein französisch geschriebenes Büchlein aus dem 18. Jahrhundert, das von einem »Professeur de l'Histoire«, Lektor und Bibliothekar des regierenden Herzogs verfaßt wurde und worin er sich gedrängt fühlt, seiner Begeisterung über das herrliche Land Württemberg in mehreren ausführlichen Kapiteln Ausdruck zu verleihen. Dieser Monsieur Uriot verbreitet sich in der deutlichen Absicht, seinem hohen Brotgeber zu gefallen, über alles Vorteilhafte, was er im Lande Württemberg gefunden hat; Produktion, Handel, Industrie, Landwirtschaft, Wissenschaften, Künste, Bevölkerung und die Klugheit der Herrscher beflügelten seine Schreibkunst, und besonders angetan ist er von der besonderen Geburtenfreudigkeit des Ländles. Der größte Mangel eines Landes sei der an Menschen, meint er, und er führt als eines unter zahlreichen Beispielen die Familie des Schultheißen Girr aus Gerhausen bei Blaubeuren an, der es gelungen sei, in siebzigjähriger Ehe von sechs Söhnen und zwei Töchtern 95 Enkel, 137 Urenkel und vier Ururenkel zu erhalten, bis der Mann mit 92 Jahren das Zeitliche segnete.

Auf diese fruchtbare Schulzenfamilie stößt man noch öfters in der württembergischen Literatur, sie ist sogar in einem Lexikon erwähnt und scheint damals in aller Munde gewesen zu sein. Der Name Girr kommt auch auf der Münsinger Alb vor. 1638, mitten im Dreißigjährigen Krieg, heiratete die Enkelin des Feldstetter Schultheißen Griesinger, Margaretha, einen Hans Girr in Gerhausen und hatte zwei Kinder, Martin und Margaretha, als der Mann starb, wohl irgendwie vom Krieg »gefressen«, wie das damals hieß. Sie kehrte nach Feldstetten zurück und heiratete schon 1644 wieder, einen Hans Pfaumann aus

Laichingen, der einen verwaisten Hof erwarb und dort mit der Girr'schen Witwe hauste, recht gut offenbar, denn sie bekam nacheinander vier Kinder und brachte alle durch, obwohl man damals von Rinden und Gras lebte. Da der Vorbesitzer des Hofes ein Mann namens Zwiebelpeter gewesen war, hieß sie bald die Zwiebelgreth und erscheint unter diesem Namen öfters in den Pfarrakten, allerdings erst später, denn zur Zeit ihrer zweiten Heirat soll es in Feldstetten weder Schultheiß noch Pfarrer, noch sonst einen Menschen gegeben haben.

Die Zwiebelgreth aber war da, sie ließ ihre Kinder in Gerhausen und Laichingen taufen, sie bandelte mit durchziehendem Kriegsvolk an und tauschte ihre offenbar nicht unbedeutenden weiblichen Reize wohl auch gegen Lebensmittel und Geld; einige Andeutungen lassen darauf schließen. Sie hat sich jedenfalls mit Ausdauer und weiblichen Waffen durch den großen Krieg hindurchgeboxt und auch ihre Töchter beizeiten gelehrt, ihre Reize ins Feld zu führen.

Sie heiratete auch noch ein drittes Mal, einen alten, reichen Feldstetter namens Mack, der ihr einen halben Widumhof zubrachte und ihre Schulden an Tuchmacher, Bortenwirker, Schuhmacher und Krämer bezahlte. Damals wird sie schon als »böses Weib« apostrophiert, des Pfarrers Feder spritzt ein wenig, wenn er die betuchte Widumbäuerin späterhin oft als Patin eintragen mußte. Aber sie gehörte, da sie reich war, zu den Honoratioren des Dorfes.

Was aber der Gemeinde jahrzehntelang zum Ärger wurde, das waren ihre Kinder aus der Girr'schen Ehe, die ja nun auf ihrem Hof lebten und ein lustiges Leben führten. Getreu ihrem Girr'schen Blut vermehrten sie sich schnell, aber nicht immer auf legale Weise. 1664, im selben Jahr wie seine Mutter, heiratete Martin; seine Frau trieb mit dem Schulmeister Ehebruch, kam in den Kirchenbann und saß 8 Wochen im Gefängnis, indes der Pädagoge, »ein loßer Vogel«, das Weite suchte. Die Gemeinde hat sie später, als sie alt, krank und verdienstlos darniederlag, fast verhungern lassen; es gibt ein Almosenprotokoll, auf dem der Name Girr immer wieder mit fester Hand durchgestrichen ist. Erst nachdem die Tochter sich auf dem Oberamt beklagte, bekam sie ein paar Groschen.

Die Töchter indes waren auch nicht besser. Ursula Girr bekam 1694 eine uneheliche Tochter und gab einen Feldstetter Bürgerssohn als Vater an. »Ein elendes kontraktes Mensch!« schreibt der Pfarrer wütend ins Taufbuch. Maria Girr hatte 1694 ebenfalls eine ledige Tochter, der Vater soll ein durchreisender Soldat gewesen sein, und Barbara Girr, die dritte, gebar 1704 einen unehelichen Sohn Jakob. »Gibt als Vater einen französischen Reiter an, findet aber im Dorf keinen Glauben« steht im Protokoll; es soll sich, wie der Pfarrer hinzusetzt, um einen »maritus«, einen verheirateten Mann gehandelt haben.

Glücklicherweise brachten die Girrs viele Mädchen zur Welt – sonst müßte heute halb Feldstetten aus Girrs bestehen. Von den durchschnittlich fünfzehn unehelichen Geburten, die der Pfarrer damals melden mußte, wurde ungefähr die Hälfte von Girrs und auch von Pfaumanns bestritten, ihren Stiefgeschwistern. Man muß nicht unbedingt Schlachten schlagen oder Sinfonien schreiben, um berühmt zu werden – es genügt offenbar, als Frau ein wenig schön, ein wenig gerissen und ein wenig lebenslustig zu sein, um aktenkundig zu werden. Ein Hoch auf die Familie der Girrs und alle Kinder der Zwiebelgreth – sie haben mitgeholfen, die nach dem Dreißigjährigen Krieg klaffenden Bevölkerungslücken auf der Alb zu schließen.

Ein jeder Herr Pfarrer
hat einen Eber zu halten

Während das Berufsleben heutzutage so spezialisiert ist, daß man mehrere Berufe schlechterdings nicht miteinander, höchstens nacheinander ausüben kann, waren unsere Vorfahren wesentlich vielseitiger. Wenn man in alten Akten liest, daß einer Nachtwächter, Feldschütz und Landwirt gewesen ist, dann überlegt man sich mühsam, wann der gute Mann in seinem Leben eigentlich geschlafen hat – ganz ohne Bettzipfel werden's auch die Alten nicht gekonnt haben. Bei näherer Betrachtung stellt sich dann heraus, daß er das Nachtwächteramt im Winter und den Feldschützenjob im Sommer ausgeübt hat oder daß es zwei Nachtwächter gegeben hat, die einander abwechselten.

Eine Landwirtschaft hatte auf dem Dorf jeder, ob er nun Pfarrer, Lehrer, Chirurgus, Schultheiß war – das war die Existenzgrundlage. Die Bezahlung für solche gehobenen Posten erfolgte auch zum größten Teil in Naturalien, ein geistlicher Herr bekam Dinkel, Gerste, Hafer, Kartoffeln, Rüben ins Haus, außerdem waren seiner Pfarrstelle Grundstücke beigeordnet, die er zu bewirtschaften hatte. Er brauchte Ställe und Scheuern wie jeder Bauer, und wenn er nicht reich genug war, um sich einen Knecht zu halten, dann mußte er wohl auch selbst einmal mit der Geißel auf den Wagen klettern und sein Heu oder Getreide einfahren - falls ihm nicht die Bauern den Gefallen taten.

Schon vom Mittelalter her war jeder Pfarrstelle ein Gut beigegeben, das den Unterhalt für den Pfarrer lieferte. Besoldung in Geld kam erst im 19. Jahrhundert auf. Ursprünglich waren die Pfarrer sogar gehalten, den Farrenstall auf ihrem Hof zu haben. »Ein jeder Herr Pfarr ist schuldig, zween taugliche Wucherstier, auch ein Eber zu halten«, sagt eine alte Dorfordnung. Sie konnten dieses Amt auch weiterverleihen. Das war ein Weg, der oft gewählt wurde in der Vorstellung, daß das Amt des Seelenhirten mit dem des Farrenhalters doch nicht gut zusammenpasse. Später nahm dann die Obrigkeit den Geistlichen diese Auflage als »unwürdig« ab.

In Gegenden, wo viel Wein wuchs, bekam der Pfarrer ordnungsgemäß den zehnten Teil; ging die Menge über seinen Hausbedarf hinaus, so mußte er ausschenken, eine Art Gastwirtschaft aufmachen, mindestens vorübergehend. Das führte dazu, daß der Wirtsberuf sehr an Ansehen gewann und manche Pfarrerstochter wieder in einen Beherbergungsbetrieb einheiratete. – Auf den Fildern, wo es bekanntlich Kraut gibt, bekamen die Pfarrer in manchen Jahren soviel Krautköpfe, daß sie damit auf den Markt fuhren; die Einnahme dabei war nicht schlecht und die »Krautpfarreien« auch recht beliebt.

Auf der Alb hat einmal ein Pfarrer sein Salär damit aufgebessert, daß er für die Bauern jene biedermeierlichen Paten-, Konfirmanden- und Liebesbriefe verfertigte, die man heute manchmal in Heimatmuseen sehen kann. In Faltschnitt, bunt beschrieben und angemalt, erfreuten sich solche Dinge eine Zeitlang großer Beliebtheit.

Lebenswichtig war die Landwirtschaft auch für den Schulmeister. Sein Amt, ursprünglich lediglich dem des Mesners angehängt, war so schlecht dotiert, daß er jeden Halm umdrehen und oft noch Ährenlesen mußte. Indes war er mit den Berufen Mesner, Landwirt und Lehrer noch längst nicht ausgefüllt. Totengräber, Rathausschreiber, Kirchenreiniger, Organist, Kuhhirt, Feldschütz, Weber, Spielmann bei Tanzveranstaltungen, waren Berufe, die er mit seinem Lehramt vereinigen sollte. Selbst wenn man weiß, daß einst sommers oft ganz schulfrei war, weil die Kinder zum Arbeiten gebraucht wurden, ist die Liste noch lang genug. Eines der vielen Ämter hat ja wohl auch darunter leiden müssen. Es findet sich manche Beschwerde, daß der Schulmeister zuviel aufs Feld gehe und Frau und Kinder beauftrage, die Klassen indes »still zu beschäftigen«, wie das heute heißt. Wenn er Pech hatte, durfte er für den Pfarrer, dem er damals direkt unterstellt war, noch Holz spalten oder Beete umgraben.

Dagegen übernahm der Schultheiß, oft ein großer Bauer, mit Vorliebe Fuhren für die dörflichen Bauvorhaben, holte Kalk, Lehm, Bretter und Dielen und ließ sich den Fuhrlohn und ein gutes Vesper verbuchen; er legte auch mit Hand an, sicherte Hülen ab, pitschierte Brunnen aus und meldete dem Gemeinderechner seine Stunden. Manche Schultheißen waren aber auch gleichzeitig Barbierer und Chirurgus. Das Handwerk des Chirurgen lernte man damals zusammen mit dem des Friseurs.

Diese dörflichen Wundärzte konnten aderlassen, purgieren, schröpfen und einfache Geburtshilfe leisten. Einer von ihnen hatte sein Handwerk schon 20 Jahre ausgeübt, als er zum Schultheiß gewählt wurde, er wollte dann diese segensreiche Tätigkeit nicht aufgeben und auch die Gemeinde vermißte sie ungern. So ließ er weiterhin zur Ader, verband Wunden und rasierte, bis sein ältester Sohn den Beruf weiterführen konnte. Zu der Ehre, durch einen Ortsvorsteher rasiert und »balbiert« zu werden, kann man heutzutage nur sehr selten kommen.

... daß das hiesige Flecken-Gericht ein wahres Vetterlens-Gericht seye, indes entweder der Schultheiß mit den Richtern (Gemeinderäten) oder die Richter selbsten untereinander verwandt seyen ...

Der Heimbürge -
ein wichtiges Gemeindeamt

Das Wort »Heimbürge« ist heute nahezu unbekannt. Gelegentlich kann man es noch auf alten Grabsteinen, in Kircheninschriften oder auf Flurnamenkarten lesen, manche Gemeinden haben ein Gewann mit dem Namen Heimbürgen. Aber aus dem allgemeinen Sprachgebrauch ist es völlig verschwunden, obwohl gerade die Heimbürgen früher sehr wesentlich zum Gedeih und Verderb der bäuerlichen Gemeinden beitrugen.

Der Heimbürge hatte einstens auf den Rathäusern eine ähnliche Funktion, wie sie heute der Gemeindepfleger hat. Bis zum Anfang des 19. Jahrhunderts gab es deren zwei, einen rechnenden und einen »gemeinen« Heimbürgen. Der rechnende hatte die Kasse und das Rechnungsbuch zu führen und, wenn etwas nicht stimmte, mit seinem Vermögen zu haften; der »gemeine« hatte das Bauwesen der Gemeinde unter sich, das Hirtenwesen, die landwirtschaftlichen Grundstücke, Waldungen, Straßen und Brunnen. Deshalb hieß er auch in manchen Gemeinden der fronende Heimbürge.

In der Mitte des 18. Jahrhunderts kam man von der Bezeichnung »Heimbürge« ab; nun wurde der Gemeinderechner zum Bürgermeister, im Volksmund »Burgermeister« genannt. Dieser Bürgermeister war früher allerdings keinesfalls der Ortsvorsteher, dieser hieß »Schultheiß« und hat erst in allerneuester Zeit die Amtsbezeichnung »Bürgermeister« übernommen. Und seit der Schultheiß nicht mehr Schultheiß, sondern Bürgermeister heißt, heißt der Bürgermeister nicht mehr Bürgermeister, sondern Gemeindepfleger.

Die Heimbürgen haben viel zum Aufbau der schwäbischen Dörfer beigetragen, sie waren fast so etwas wie die linke und die rechte Hand des Schultheißen. Der rechnungsführende Heimbürge hatte eine große Verantwortung. Ohne jede Vorbildung mußte er ein ganzes Jahr lang die Gemeinderechnungen führen. Er bekam dazu ein leeres Buch mit Schweinslederrücken und ein Rechnungsmuster, das bei allen württembergischen Gemeinden auflag und wonach er sein Rechnungsbuch zu rubrizieren hatte; jede württembergische Gemeinderechnung ist bis zur Mitte des 19. Jahrhunderts nach demselben Modus geführt. Alle Arten von Einnahmen machen die erste Hälfte des Buches aus, alle Arten von Ausgaben die zweite. In jedem dritten Jahr wird ein Gemeinde-Inventar angefügt; dort ist von der Geldkassette bis zur Schelle des Büttels das gesamte Gemeindeeigentum verzeichnet.

Das Rechnungsbuch des ersten Heimbürgen galt jedoch nur als Konzept, als sogenanntes »Rapiat«; die eigentliche Rechnung, die dem Vogt zur Prüfung vorgelegt werden mußte, schrieb der Amtsschreiber ins Reine. Manchmal hat sich sogar der rechnende Heimbürge noch ein eigenes, zweites Konzept zu seinem Rapiat angelegt!

Der zweite Heimbürge hatte eine wesentlich weniger »sitzende« Tätigkeit. Er muß eigentlich ständig unterwegs gewesen sein, immer gab es für die Gemeinde etwas zu laufen. Besonders im Frühjahr, wenn die Hirten gedungen wurden, war er »im G'schind«; zuerst war er dabei, wenn sie sich vorstellten, dann mußte er mit ihnen zur Beeidigung aufs Forstamt fahren. Hierauf mußte er die Weideplätze für Pferde, Ochsen, Kühe, Rinder, Schweine, Geißen und Gänse einteilen und abgrenzen; alle diese Tiere hatten einen gesonderten Platz. Übertretungen wurden durch den Heimbürgen abgestraft.

Pferde und Zugochsen bekamen einen guten Platz in Dorfnähe; Schweine mußten auf einer gesonderten, »zu

Vieh- oder Schafweiden nicht taugenlichen Egart« geweidet werden. Geißen konnten mit den Schweinen marschieren oder sie mußten »auf das ohnnützliche Allmand-Gesträuch« getrieben werden. Gänse gehörten auf einen »gemeinen Wasen«. Insgesamt durfte es nicht zuviel Vieh sein. »Mehr als die Weid erträgt, darf der Hirt nicht unter die Herde nehmen«, heißt die Vorschrift, nach der der zweite Heimbürge sich zu richten hatte. Den Kühen mußten die Hörner gestutzt werden, damit sie auf der Weide nicht allzuviel Schaden anrichteten; auch dies geschah unter Aufsicht der Gemeinde. Eine Art Seuchenvorsorge bestand darin, daß der zweite Heimbürge zu Beginn der Frühjahrsweide Safran beschaffte, einen Trank daraus braute und diesen »durch ein Trächterlein dem Vieh in die Nasenlöcher einschüttete«.

Fragt man nach dem Lohn der beiden Heimbürgen, so findet man kaum einmal ein jährliches oder gar monatliches Salär, dagegen eine große Menge kleiner Posten. Sie wurden für jede Handreichung einzeln bezahlt, der erste Heimbürge für die einzelnen Seiten seiner Rechnung, der zweite für die Stunden, in denen er – zum Beispiel – das Kuhhornstutzen beaufsichtigte. Oft war auch noch ein Vesper dabei, immer dann, wenn man eine Verrichtung außerhalb des Dorfes hatte; ohne Einkehr auf Kosten der Gemeinde ging das nicht ab.

In manchen Dörfern hatten die Heimbürgen auch Pachtgrundstücke zur Bewirtschaftung inne; daher stammen die Flurnamen.

Im Jahre 1812 wurden beide Ämter in einer Hand vereinigt, ab dato gab es nur noch einen Heimbürgen.

Neben der Bettlade des Amtsschreibers

Das Rathaus, in den Städten als Verwaltungs- und Repräsentationsgebäude schon seit dem Mittelalter wohl bekannt und beliebt, fehlt in unseren Dörfern im 17. und 18. Jahrhundert noch völlig. Sicher hätte mancher Schultes gern so ein schmuckes Gebäude mit der Aufschrift »Rathaus« in der Mitte seines Fleckens stehen gehabt, vielleicht hätte auch ein ordentlicher Kahlhieb in den Gemeindewäldern die Mittel dazu geliefert, aber der Besitz eines Rathauses war damals weitgehend von der Verleihung der Stadtrechte abhängig. Wer sich nicht »Stadt« nennen durfte, bekam auch kein Rathaus.

In den Dörfern, in denen die Verwaltung damals ja auch noch »nah beieinander war«, behalf man sich mit den »oberen Stuben« in den Gastwirtschaften, die noch bis ins 18. Jahrhundert hinein als Ratsstuben eingerichtet waren. Dort standen die Regale mit den Gänsekielen und den Streusandbüchsen friedlich neben dem Gastbett, in dem der Substitut aus der Amtsstadt schlief, wenn er zu öffentlichen Geschäften im Dorfe »weilte«.

Man war damals noch nicht heikel mit der Trennung von Wohn- und Schlafräumen, und so fand mancher wichtige amtliche Akt sozusagen neben dem Bett des Beamten statt. Dies war damals allerdings meist eine Himmelsbettstatt und konnte mit gewürfelten Gardinen vor neugierigen Blicken ordentlich verwahrt werden.

Die Verbindung Rathaus – Gasthaus stammt aus jener Zeit, in der der Dorfschultheiß auch zugleich Gastwirt war. Wir finden damals auch die städtischen Rathäuser als »Mehrzweckbauten« – bewirtschaftet, mit Bierkellern, Trinkstuben, Tanzsälen versehen; einen »Ratskeller« gibt es vielfach heute noch im Untergeschoß der Amtsgebäude. Einst wurden sogar Hochzeiten »auf dem Rathaus« gefeiert.

Auf dem Dorf behalf man sich weiterhin. Große Rechtsvorgänge, wie etwa die alljährlich wiederkehrenden Ruggerichte, fanden noch lange unter freiem Himmel, bei der Dorflinde oder im Friedhof statt.

Im Laufe des 18. Jahrhunderts erleichterte das Gesetz die Erbauung von dörflichen Rathäusern. Man ging etwas zögernd daran und versuchte, mit eingefleischter schwäbischer Sparsamkeit möglichst viele Fliegen mit einem Schlag zu fangen, indem man Schulhaus, Lehrerwohnung, Spritzenhaus, Farrenstall mit dem Rathaus unter einem Dach vereinigte. Die Folge war, daß die eigentlichen Rathausräume oft zu klein gerieten.

Das Haus Württemberg, das innerhalb seines Herrschaftsgebietes die Genehmigung zu allen öffentlichen Bauten geben mußte, drang auf großzügigere Planungen, aber die Gemeinderäte gingen sparsam mit den Gulden um. Als einmal in einem Albflecken die Genehmigung auf sich warten ließ – Gottes Mühlen mahlten damals sehr langsam –, beschlossen die Bauern, auf eigene Faust und ohne Erlaubnis ihr Rathaus »zwischen Heuet und Ähret« noch unter Dach zu bringen. Sie hatten schon aufgerichtet und das Richtfest gehalten, als das Dekret aus Stuttgart endlich ankam. Es enthielt aber nicht die erwartete Zusage zum bestehenden Plan, sondern die Auflage, es müsse im neuen Rathaus ein Saal vorhanden sein, der sämtliche männlichen Einwohner des Fleckens fasse und an Gerichtstagen benutzt werden könne. Da die etwas vorschnellen Erbauer einen solchen Raum keineswegs vorgesehen hatten, blieb ihnen nichts anderes übrig, als das bereits bäumchengeschmückte Dach wieder abzumontieren und das ganze Gebäude um ein Stockwerk anzuheben.

Das war ein großes Unternehmen; denn zwei- oder gar dreistockig baute man auf dem Lande damals nicht; die mehrstockige Bauweise war ebenfalls ein Privileg der Stadt und ursprünglich durften auf dem Dorf nur Pfarr- oder Gasthäuser noch eine oder mehr Etagen aufsetzen. Am Dachraum zu sparen, wie man es heute tut, konnte man sich damals nicht leisten. Man brauchte die »Bühnen« der Rathäuser als Vorratsräume für Getreide, denn die Gemeinden selbst waren ehedem auch kleine Bauernbetriebe, hatten eigene Grundstücke unter dem Pflug und bezahlten manche kleinere Schuldigkeit mit Frucht. In mäusereichen Jahren mußten die Gemeinden sogar Katzen halten, damit die auf den Bodenräumen gelagerten Körner nicht allzusehr dezimiert würden! Außerdem mußte man Dachplatten, Ziegelsteine, Kalk und Geräte aufbewahren können, da viele Reparaturen an dorfeigenen Gebäuden in eigener Regie ausgeführt wurden.

Wenn wir uns vor Augen halten, wie glücklich, modern und zweckmäßig das Problem des Rathausbaus in einer Reihe von Gemeinden unserer Tage gelöst worden ist, dann wird uns erst die Wegstrecke klar, deren holprige Passagen wir in der Zwischenzeit zurückgelegt haben.

1767 (Vorspruch zu einer Realteilung):
»An Martini vorigen Jahres rufte die Stimme des großen Gebieters Himmels und der Erden obiger Anna Maria das Wort »komme«, und Sie folgte dieser Stimme, nach erfolgter Trennung Leibes und der Seele, wie wir hoffen vor den Thron des Herrn, allwo Sie dasjenige sehen wird, was Sie hier geglaubet hat.« (Späterer Zusatz eines Schreiberkollegen: »Paule, du rasest!«)

Der Schwörstab

In Dorfrechnungen vergangener Jahrhunderte kann man es manchmal lesen: Der Schwörstab sei vom Schreiner neu vergoldet worden und man habe ihm 20 Kreuzer dafür bezahlen müssen. Oder es war die Anschaffung einer ganz neuen Schwurhand notwendig geworden, sie kostete die Gemeinde ganze 40 Kreuzer. Diese Investition konnte nötig werden, wenn der Schultes mit diesem Zeichen seiner Macht etwas heftig zur Ordnung rief und den ominösen Stecken an der Rathausschranne oder am Buckel eines Widerspenstigen zerschellte.

Worum handelt es sich? Der ganze Apparat bestand aus einem hölzernen, meist gedrehten Stab, an dem oben, mehr oder minder naturgetreu nachgebildet, eine ebenfalls holzgeschnitzte Hand steckte. Die drei Eidfinger waren emporgestreckt und bei vermöglichen Gemeinden vergoldet, wahrscheinlich bronziert. Im Laufe des 18. Jahrhunderts hat sich fast jede Gemeinde ein solches Requisit angeschafft, teils aus Prestigegründen, da kein Rathaus hinter dem andern zurückstehen wollte, teils auch aus einer gewissen Vorsicht heraus.

Der Stab, der bei Eidesleistungen hochgehalten wurde, galt als Schwurhand und stellvertretend für die Finger dessen, der zu vereidigen war. Manches Schlitzohr hatte einstens versucht, den Eid zu umgehen, indem es die Geste veränderte, nur zwei Finger zeigte oder gar heimlich die entsprechenden Finger der linken Hand in Richtung Boden hielt, was in der Art eines Blitzableiters den Eid zwar oben hinein, aber unten auch wieder hinausleiten und die Zeremonie ungültig machen sollte. Da der Meineid schon immer als schwere Sünde galt, glaubte man, diesen durch solche Manipulationen, im wahrsten Sinne des Wortes, umgehen zu können.

Der hölzerne Stab mit der Hand machte dies unmöglich, er hob seine immer gleichen drei Finger goldblitzend in die Luft, wurde vom Eidesleister lediglich berührt, und das Versprochene mußte eingehalten werden.

Aber auch dann, wenn nichts geschworen werden mußte, lag der Eidstab vor dem Ortsoberhaupt auf dem Tisch – bei Gemeinderatssitzungen, Besuchen des Amtmanns und sonstigen bedeutenderen Amtshandlungen. Manchmal rief, wie schon erwähnt, der Schultheiß auch einen Widersacher zur Ordnung, indem er zuschlug. Das war mehr eine symbolische Handlung, schwere Verletzungen fügte die hölzerne Hand nicht zu; aber der Stab machte sich auf diese Weise als Zeichen der Macht fühlbar.

Die Benützung des Schwurstabes bei der Eidesleistung war eine sehr ernste Angelegenheit. Die drei nach oben gereckten Finger bedeuteten die heilige Dreieinigkeit, Vater, Sohn und heiliger Geist sind dabei angesprochen; Daumen, Zeige- und Mittelfinger symbolisieren dazuhin den lateinischen Segen.

Man fragt sich, wann es auf den schwäbischen Rathäusern Gelegenheit zu Eidesleistungen gab. Es wurde dort meist nur die niedere Gerichtsbarkeit ausgeübt, Fälle von über 2 bis 3 Gulden Streitwert mußten ans Oberamtsgericht weitergeleitet werden; da gab es nicht viele Möglichkeiten für einen Eid. Aber, und das kam oft vor, die Gemeindebediensteten wurden unter Eid genommen, wenn sie ihre Stelle antraten. Von der Hebamme bis zum Nachtwächter, vom Büttel bis zum Gemeinderat wurde alles vereidigt, auch Träger von Nebenämtlein wie Roß- oder Feuerschauer mußten den Diensteid leisten.

Indessen mußte auch der Ortsvorsteher selbst die Hand an den Stab legen, wenn er in sein Amt eingesetzt wurde. Die Einsetzungsworte sind uns 1772 in einem sogenannten Eidformularbuch überliefert: »Ihr werdet geloben und schwören, daß Ihr dem gemeinen Flecken NN getreu und hold sein wollet, dessen Schaden mit möglichstem Fleiß warnen und wenden, seinen Nutzen schaffen und fördern werdet, die Untertanen und Amtsangehörigen, den Reichen wie den Armen, den Einheimischen wie den Fremden ohne Ansehen der Person rechtmäßigen, ehrbaren und unparteiischen Bescheid geben wollet. Ferner habt Ihr als ein gutgesinnter, tugendhafter und eifriger Schultheiß, der von Gott in seinem Wort so teuer anbefohlenen Witwen und Waisen, Verlassenen und Hülflosen Euch unverzüglich anzunehmen, auch insgemein zu des Fleckens Wohlfart und unter Euren Mitbürgern die möglichste Glückseligkeit zu verbreiten!«

Der Nachtwächter

Der warm verpackte Mann, der einstmals zu nächtlicher Stunde mit Hellebarde und Feuerhorn durch die Dorfgassen zog und die Stunden »anschrie«, ist heute zum Symbol der guten alten Zeit, der heilen dörflichen Welt geworden und setzt bereits die Patina des Vergessenwerdens an. Auf Bildern von Spitzweg und Ludwig Richter marschiert er einher, im Heimatkalender darf er nicht fehlen, laternenschwingend, blasend und fledermausumflogen; lustige Geschichten gehen über ihn um und auf der Dorfbühne wird ihm oftmals die Rolle des deus ex machina zugedacht.

Sachliches hört man selten über diesen nebulosen und allerorts schon belächelten Beruf. Daß es einst, im späten Mittelalter, die blanke Not war, die die Menschen auf den Dörfern und in den kleinen Städten zwang, für eine

Nachtwache zu sorgen, stellt man sich kaum vor. Die Dörfer insbesondere, die nicht ummauert waren und daher für Einfälle von kriegerischem Gesindel jeder Art offen dalagen, brauchten einen Wächter, der Alarm schlug, wenn sich etwas regte. Ursprünglich war das Nachtwächteramt nicht in der Hand eines einzelnen Mannes, sondern jeder Bauernhof mußte abwechselnd einen Mann zur Nacht als Wächter stellen, eine Art Fronauflage.

Der, der an der Reihe war, mußte abends den Spieß auf dem Rathaus abholen und ihn morgens mit der Meldung wieder abliefern, daß alles ruhig gewesen sei. Waren die Zeiten friedlich, dann ließ die Begeisterung für dieses Amt gelegentlich nach und ein Schlendrian gewann Platz, den die Dorfordnungen in ihren Statuten zu bekämpfen hatten. In Oberbalzheim bei Laupheim heißt es 1700: Jeder Familienvater solle die Wache selbst versehen und nicht Söhne, Knechte oder unnütze Buben schicken, die dann nur 2–3 Stunden auf der Gassen herumgingen und »nachhero zu ihren unzüchtigen medchen einsteigen«.

Für diesen Fall war eine Strafe angedroht, aber die Oberbalzheimer wollten sich nicht belehren lassen. Sie erklärten ihrem Ortsoberhaupt, sie müßten im Sommer schon nachts bei ihren Äckern Wache halten und das schädliche Wild daraus vertreiben, sie könnten nicht auch noch im Dorf herumgehen. Die Gemeinde griff dann tief in den Beutel und stellte einen zweiten Flurschützen an, der das Wild verjagen mußte, worauf die Bauern keine Ausrede mehr hatten und ihren Nachtdienst in den Dorfgassen ableisteten.

Später wurde dann auch dieser Dienst von Gemeindeangestellten übernommen. Es war kein Beruf für solche, die rasch reich werden wollten; der Nachtwächterberuf trug jährlich nur ein paar kümmerliche Gulden ein und wurde auch meist an arme Leute vergeben.

Die Hausecken, an denen er zu »schreien« hatte, waren genau festgelegt; es gab Nachtwächter, die sich in der Mitte zwischen zwei solchen Ecken aufstellten und nur einmal »schrien«, was aber als Betrug galt und geahndet wurde, wenn es zufällig ein Nichtschläfer merkte. Manchmal überschlugen sie gleich ein paar Gassen und riefen nur in der Nähe des Pfarrhauses und der Schultheißenwohnung regelmäßig; die als dumm verkannten Nachtwächter konnten also auch raffiniert sein.

War kein äußerer Feind in Sicht, dann hatten sie mit inneren Ruhestörern zu kämpfen und auf die aufzupassen. »Wann die nachtwächter einige unnütze lose pursch, so auf der straßen herumschwermen, antreffen, so sollen sie dieselbe bey amt namhaft machen«. Meistens aber konnten die Burschen besser laufen als der Nachtwächter, und so war ihre Namhaftmachung mit Schwierigkeiten verknüpft. Es gehen auch Gerüchte um, die Hüter des Gesetzes seien mit einem kräftigen Schnaps zu erweichen gewesen und hätten ein Auge zugedrückt – obwohl ein württembergischer Nachtwächter einen Diensteid zu leisten und darin zu geloben hatte, daß er »Fried bieten und ·Ruhe schaffen, vorlaufende Exzesse beim Amt treulich anzeigen, hierunter niemand verschonen, auch sich weder mit Geld noch andern Benutzungen bestechen lassen wolle«.

Die Verse, die er jeweils zur vollen Stunde singen mußte, sind örtlich und zeitlich verschieden; es gibt ganze Sammlungen mit Nachtwächterversen. Es gab auch heimliche Poeten bei dieser Zunft, die ihre vorgeschriebenen Verse abwandelten und die neuesten Dorfgeschehnisse in dichterischer Form hören ließen, nicht immer zur Freude ihrer Mitbewohner.

Alte Leute, die den Nachtwächter noch gehört haben, berichten uns die letztüberlieferten Texte. Danach hat, in den evangelischen Dörfern, der Pietismus die Verse bestimmt und mit biblischen Geschehnissen unterlegt, er hatte eine Vorliebe für die vorgezeichnete Form und mag auch hier gern anhand der Stundenzahlen didaktisch gewirkt haben. »Zwölf Tor hat die güldne Stadt – Eins ist not, Herr Jesu Christ« lauten die jeweiligen Zahlenzeilen. Typisch ist die Erwähnung des breiten Weges: »Zwei Weg hat der Mensch vor sich, Herr, den schmalen führe mich.« Und wenn der Nachtwächter, nun schon etwas heiser, die vierte Stunde rief mit der Zeile: »Vierfach ist das Ackerfeld« – dann war für den Bauern die Nacht vorbei, alles regte sich im Dorf und ging den ersten Arbeiten nach. Höchstens der Nachtwächter legte sich nieder.

Jedem Flecken sein Zuchthäusle

Es gibt gar nicht wenige Schwaben, deren Großeltern einmal im Zuchthaus gesessen haben. Wer kennt nicht die kleinen, romantischen Arreststuben, die Ortsgefängnisse, die es früher in jedem Dorf gab? Ein kleines, vergittertes Fenster in der Nähe des Rathauses weist manchmal noch darauf hin; wenn die Lausbuben an einem Leiterle hinaufstiegen und hineinguckten, konnten sie das Mobiliar wahrnehmen: eine Pritsche mit Strohsack und Kopfpolster, ein Stuhl oder Schemel, ein Eimer, ein Wasserkrug und, wenn es hoch kam, ein kleiner Tisch machten die Einrichtung aus.
Die Möglichkeiten, dort einmal hineinzukommen und »hinter der viereckigen Aussicht« zu sitzen, waren einstens sehr vielfältig. Man brauchte bloß im Frühjahr, wenn das Futter knapp war, einmal irgendwo zu »kräu-

tern«, also Grünfutter zu holen, um den Kühen und Geißen im Stall zu einer guten Mahlzeit zu verhelfen, dann
war man schon mit dem Gesetz in Konflikt gekommen.
Immer im Mai und Juni häufen sich in den Rathausproto-
kollen die Anzeigen der Feldschützen, daß diese oder jene
»Frauensperson« im verbotenen Ösch gekräutert habe.
Das gab dann eine Verhandlung und kostete einen Gulden oder auch zwei; da aber die betreffenden Sünderin-
nen nur in seltenen Fällen überhaupt Bargeld besaßen, so
mußten sie eben einen Tag oder zwei »hentre«. »Hentre«
war der kürzeste und einprägsamste Ausdruck, den der
Schultes für diese Prozedur hatte.
»Tu en hentre« sagte er auch bei durchreisenden Hand-
werksburschen, die dieses Quartier gelegentlich als
Übernachtungsmöglichkeit benutzten; der »Büttel« oder
Amtsdiener, wie man heute sagt, fühlte sich durch diesen
Befehl in seiner ureigensten Position angesprochen und
waltete seines Amtes. Sehr freundlich ging man mit den
Handwerksburschen nicht um; aber sie hatten ja auch
meist sowieso schon etwas ausgefressen, wenn sie so von
Ort zu Ort tippelten.
Ins Zuchthäusle kommen konnte man auch wegen eines
Deliktes, das heute noch »in den besten Familien« vor-
kommt. Kam nämlich fünf oder sechs Monate nach der
Trauung bei einem jungen Paar schon Nachwuchs an,
dann war die Sache faul, besonders dann, wenn die
Hochzeitsleute dem Pfarrer vorher nichts davon gesagt
hatten, wenn sie also »in allen Ehren« getraut worden wa-
ren, wenn die Braut einen Kranz getragen und bei der
Hochzeit Spielleute zum Tanz aufgespielt hatten. Das
wurde sozusagen als Betrug geahndet und kostete Strafe.
Solche Paare durften nur mittwochs und still nach der
Betstunde zusammengegeben werden.
Aber auch Fluchen, Schimpfen, Lästern, Bedrohen eines

Ortsgewaltigen konnte einen ins Zuchthäusle bringen; eheliche Streitigkeiten, wenn sie zu Tätlichkeiten führten, ebenfalls. Das Übertreten der Polizeistunde wie das Singen und Lärmen in den nächtlichen Gassen, das Holz- und Reisigholen im Wald wie das Arbeiten an Sonntagen belebte das Ortsgefängnis; einst sprach man auch von »Turmstrafe«, obwohl es sich meist nicht um einen Turm handelte; der Ausdruck betrifft städtische Verhältnisse oder leitet sich von Burgverliesen her.

Kurzum, die Gemeinden hatten einst die Möglichkeit, kleinere Delikte, etwa bis zu zwei Gulden Strafwert, selbst abzustrafen und einzuziehen. Was darüber hinausging, wurde »ans hochwohllöbliche Oberamt« weiterverwiesen. Vermögende Leute bezahlten ihre Strafe in bar, das war für die Gemeindekasse auch zuträglicher; mit dem Zuchthäusle machte sie keinen Gewinn, im Gegenteil, da kam höchstens einmal eine Gesundheitsbehörde aus der Stadt und beanstandete faules Stroh auf der Lagerstatt oder ein Loch im Kopfpolster.

Man muß es leider sagen: Das Zuchthäusle war für die armen Leute da, die nicht zahlen konnten. Oder auch nur für die, die an sich wohlhabend waren, aber gerade nichts flüssig hatten, wie es ja in bäuerlichen Haushalten öfters einmal vorkam. Borgen und anschreiben war einstens an der Tagesordnung, jeder Handwerksmann wußte das, die Bauern zahlten, wenn sie gerade Geld hatten. Aber der Schultes auf dem Rathaus borgte nichts, und so mußte man seine Strafe eben absitzen, und wenn sie noch so harmlos war.

Zum Glück gab es damals noch kein Vorstrafenregister, und es wurde nicht aktenkundig, daß man einmal hinter Schloß und Riegel gesessen war. »Schloß und Riegel« ist beim Ortszuchthäusle ganz und gar wörtlich zu nehmen; riesige »Maderschlösser« sorgten dafür, daß der Delinquent nicht das Weite suchte. Dies wurde auch kaum einmal versucht. Einheimische Insassen mindestens ließen sich gottergeben auf dem Strohsack nieder und lebten eben einen oder zwei Tage lang von Wasser und Brot; anspruchsvoll war man sowieso nicht. Aber wenn der Büttel mit dem Schlüssel kam, waren sie doch recht froh.

Was ist eine Mausfalle wert?

Wer im alten Württemberg zur Zeit der Herzöge auf unseren Dörfern ein Privatleben führen wollte, der hatte es schwer. Die Obrigkeit hatte ein ganz abgefeimtes System erdacht, keinen durch die Maschen schlüpfen zu lassen: den Inventurzwang bei Heiraten und Todesfällen.

Hatte sich so ein junges verliebtes Paar endlich vor dem Pfarrer des Jawort gegeben, hatten Väter und Schwiegerväter das Ihrige beigetragen, sich Äcker und Wiesen und eine Brautkuh vom Herzen gerissen, damit die Jungen einen Start hatten – dann war damit keinesfalls alles erledigt. Nein, einige Wochen danach kam der Herr Amtsschreiber mit dem Pferd angeritten, bezog Posten in der Oberstube eines Gasthauses oder später im Rathaus und »beschied« die Hochzeitsleute durch den Büttel zu sich. Nun mußten sie Farbe bekennen. Was hatten beide mit in die Ehe gebracht? Wieviele Hausanteile, Äcker, Wiesen, Krautgärten, Vieh, Gerätschaften? Wieviel Bargeld, Bücher, Kleider, Bettwäsche, Haus- und Küchengeschirr? Alles mußten sie angeben, jedes Leintuch, Stopf-Ei, Rattensieb, jeden Knöpfleslöffel und Straubentrichter, jede Kuhglocke und Mausfalle wurde notiert und – ob alt oder neu – zum damaligen Geldwert angeschlagen.

Auf diese Weise ergab sich das Vermögen, das »Beibringen« von Mann und Frau; für jedes »Ehgemächt« kam eine bestimmte Summe heraus, die von dem Brautpaar samt Eltern und Schwiegereltern unterschrieben werden mußte.

Man hatte seine Gründe, hier so genau zu sein. Die Inventur war nämlich die Grundlage für die Erbteilung. Kam in der Familie ein Todesfall vor (bei der damaligen Wochenbettsterblichkeit ging das oft schnell), dann wurde die Prozedur sogleich wiederholt, wieder wurde das ganze Vermögen bis zum letzten Fingerhut aufgeschrieben und angeschlagen. Hatte man alles beisammen, wurde die einstige Heiratsinventur zum Vergleich herangezogen. Die nun aufgestellte Rechnung war verblüffend einfach. Beide Posten wurden verglichen. Entweder ergab sich gegenüber der Heiratsinventur ein Plus oder ein Minus.

In ersterem Fall hatten die Eheleute sich verbessert, ihre Habe vergrößert und vorangeschafft; im zweiten Fall hatten sie, sei es durch Unglück oder Liederlichkeit, rückwärts gewirtschaftet und Einbußen erlitten. Beides wurde durch den Schreiber addiert, den einzelnen Ehegatten wieder zugeschlagen und den Erben aufgerechnet. Eine Geldentwertung – die es auch damals schon gab – war nicht einkalkuliert, auch keinerlei Schwankung im Anschlag. Was eine Mausfalle wert ist, wenn sie Neuwert hat, läßt sich leicht feststellen. Was aber gilt sie nach einigen Jahren?

Natürlich spielten im Erbvorgang die Aktiv- und Passivschulden eine große Rolle. Waren die letzteren zu hoch, mußte unter Umständen das Haus zwangsversteigert werden, um die Erben auszuzahlen. Dann mußte der übriggebliebene Eheteil sehen, wo er nachher noch wohnen durfte.

Wieder einmal lag das ganze Privatleben auf dem Tisch.

Bei der großen Sterblichkeit damals heiratete ein Witwer manchmal drei- bis viermal, eine Witwe mit Kindern nicht ganz so häufig, aber sie war auch froh, wenn sie wieder irgendwo Unterschlupf finden konnte. Familien mit verschiedenen Stiefkindern und Halbgeschwistern waren häufig, der Amtsschreiber hatte da manchmal einen ganzen Urwald von Verwandtschaft vor sich, durch den er sich hindurchwinden mußte.

Aber seine Gänsefeder erwischte alles. Gleich nach dem Eintritt des Todes kam der Schultheiß mit dem Büttel ins Haus und versiegelte die Habe. Es kostete Mühe, noch soviel an Nahrungsmitteln, Kleidern und Futtermitteln in der Hand zu behalten, daß man bis zur Inventur und Ankunft des Schreibers weiterwirtschaften konnte. War der Amtsschreiber da, wurden die Listen verfertigt und die Erben bestellt. Eingeteilt wurde die bäuerliche Habe in einzelne Rubriken nach stets gleichbleibender Reihenfolge: Häuser und Liegenschaften, Bargeld, Bücher, Kleider, Bettzeug, Geräte aus Zinn, Silber, Kupfer, Eisen, Blech, Holz und Ton, Waffen, »Fuhr- und Bauerngeschirr«, Vieh, Frucht und Vorräte. Bei Handwerkern kam noch das Handwerkszeug dazu. Die peinliche Genauigkeit, mit der die Schreiber verfuhren, gerät uns Heutigen zum Segen; wir können anhand der Inventurakten eines Albdorfes aus der Zeit von 1650 bis 1850 über zwei Jahrhunderte hinweg den Bauernbesitz erfassen.

Man fragt sich dabei natürlich, ob nicht ein paar Schlauberger doch noch schnell etwas verschwinden ließen, ehe der Schultheiß zum Versiegeln kam. Das mag sicherlich auch manchmal der Fall gewesen sein. Aber wenn es größere Dinge oder Beträge waren, schnitt man sich ins eigene Fleisch. Gut wirtschaften und bei der Inventur groß dastehen wollte eigentlich jeder, natürlich kam es nun auch unter die Leute, wie man »gehaust« hatte. Da war es nicht sehr sinnvoll, die Substanz zu schwächen. Waren ein paar Kreuzer irgendwo, dann bezahlte man vielleicht schnell noch ein paar Saufschulden, damit sie nicht ans Tageslicht kamen.

Oft fanden die Erben auch das Bargeld gar nicht, die Seligen hatten es so gut versteckt, daß es erst bei der Inventur zum Vorschein kam, bei der man jeden Strohhalm umdrehte. Im Bettstroh wurde das meiste Bargeld gefunden, aber auch in Laden, Kästen, Kommodenschubladen, Siedeln, Karren, Hosensäcken, Strümpfen; der Fundplatz ist oft in den Akten vermerkt. Einmal hatte einer auch sein Geld in einer Kassette im Garten vergraben; das war allerdings ein Sonderfall. Der Mann hatte eine Kriegskasse gefunden oder sonstwie an sich gebracht, sie enthielt fast 2000 Gulden in Gold und Silber – ein Riesenbetrag für die damalige Zeit. Der Amtsschreiber beschreibt, wie er habe warten müssen, bis ihm einige Männer die Kiste ausgegraben hätten. Die Erben, vermerkt er, waren im wahrsten Sinne des Wortes die Lachenden. Aber der Fall stand vereinzelt da; die Durchschnittsdörfler waren keine reichen Leute. Man wundert sich oft beim Lesen der Inventur-Akten, wie die Familien mit zwei Geißen, drei Hennen und einem Achtelshäusle haben überhaupt leben können.

Aber keine Regel ohne Ausnahmen, und so weisen die Inventur-Listen natürlich auch reiche Bauern aus. Der erste Hof im Dorf war von jeher der Maierhof. Auf ihm saßen die Maier, die »Dorfregenten«, Inhaber vieler Rechte und Pflichten. Diese Höfe bildeten sozusagen die Eckpfeiler der Wohlhabenheit im Dorf. Die Familiennamen jener ehemaligen Maier gibt es auch heute noch, sie wohnen teilweise noch an derselben Stelle, wo sie ehemals saßen; sie stellten und stellen heute noch Schultheißen, Bürgermeister, Gemeinderäte, »Gerichtsverwandte«, wie es damals hieß, als es noch ein Dorfgericht gab.

Dieser Schicht vermögender Bauern, die ehemals offenbar sehr exklusiv dachte und sich nur ungern mit der ärmeren Bevölkerung einließ, folgte noch eine gute Mittelschicht vermögender Handwerkerbauern. Kenntlich ist diese Schicht dadurch, daß die Viehlisten keine Pferde, dafür aber Ochsen als Arbeitstiere aufweisen. Zu ihnen gehörten auch vermöglichere Weber, die vielleicht einen Leinwandhandel betrieben, oder die Schmiede, die die Pferde der Durchreisenden beschlugen. Man unterschied diese »Kasten« früher streng: Pferdebauern, Ochsenbauern und Seldner. Aus einem Dorf wird berichtet, es habe einst sogar extra Gastwirtschaften für diese drei Stände gegeben, und ein Ochsenbauer habe sich nicht ohne besonderen Grund zu den Pferdebauern hin verirrt und umgekehrt – von den Seldnern, den kleinen Leuten im Dorf, ganz zu schweigen.

Ein Sechstelshaus
und eine halbe Lederhose

Man macht sich selten klar, wie sehr die Gepflogenheiten der Erbteilung vergangener Jahrhunderte prägend auf die bäuerlichen Verhältnisse, die industrielle Entwicklung, ja die Landschaftsgestaltung bis in unsere Tage herein gewirkt haben. Während in ehemals klösterlichen Gebieten und in denen der Reichsstädte das Anerbenrecht praktiziert wurde, nach welchem nur ein Erbe, der älteste oder auch der jüngste Sohn, den elterlichen Hof geschlossen übernahm und die übrigen Geschwister entweder leer ausgingen oder mit kleinen Geldbeträgen abgespeist wurden, herrschte in Württemberg der demokratische Zwang zur Realteilung.

Die Realteilung stellte alle Geschwister und sonstigen Erben gleich, die Hinterlassenschaft eines Verstorbenen wurde ohne Rücksicht auf das Bestehen des Hofes in so viele Teile zerpflückt, als Erben da waren. Der überlebende Elternteil, die Witwe oder der Witwer, hatten darüber hinaus lediglich ihr einstiges Heiratsbeibringen zu beanspruchen. War dies bedeutend, konnte der Hof weiterexistieren; meistens war das aber nicht der Fall.

So kam es, daß die wenigen großen Bauerngüter, die einst den Bestand unserer Dörfer bildeten, in immer kleinere Anteile zerfielen. Dies ging um so schneller, je mehr Kinder vorhanden waren. Schließlich entstanden Miniaturhöfchen, die ihre Leute nicht mehr ernähren konnten; nun war man zur Nebenarbeit gezwungen. Der Typ des Kleinbauern, der winters und in Regenzeiten einer anderen Arbeit nachgeht, ist echt württembergisch.

In Realteilungsgebieten hat sich deshalb die Industrie schon früh entwickelt. Die Leinenweberei um Laichingen, die Trikotstrickereien um Balingen, die Schwenninger Uhrenwerke sind solche Beispiele.

Große Höfe im Altwürttembergischen haben nur dann ihren Bestand erhalten können, wenn reichliche Nebeneinnahmen (Gastwirtschaften, Handwerksbetriebe) es dem übernehmenden Hoferben ermöglichten, die Miterben in Geld zu vollem Anteil auszubezahlen. In einzelnen Fällen einigte man sich auch gütlich und überließ dem Hoferben freiwillig soviel, daß er weitermachen konnte. Gelang dies nicht, wurden die Höfe rücksichtslos auseinandergerissen, der Viehbestand verteilt und die Fahrnis zerstückelt. Dabei war es noch gut, wenn der Hof wenigstens so viele Grundstücke enthielt, als Erben da waren. War ihre Zahl kleiner als die der Erben, dann ging es ans Aufteilen der einzelnen Parzellen. Wenn sieben Kinder miteinander einen Acker erbten, besaß eben nachher jedes ein Siebtel davon. Daß dabei kein Erbe viel Nutzen hatte, läßt sich ausrechnen.

Wenig Nutzen, aber viel Streit entstand bei solchen Teilungen. Oft bemerkt der Schreiber, der auf dem Rathaus die Rechnung führte, er habe einige Stunden warten müssen, bis die Erben ausgestritten hatten. Natürlich mußten sie diese Leerlaufstunden des Beamten nachher bezahlen.

Die absolute Gerechtigkeit, die Gleichstellung aller Erben, sicher aus edlen Vorstellungen entstanden, führte letzten Endes eben doch nicht nur zum Guten. Im alten Württemberg herrschte etwas wie eine Manie zum Dividieren; König war der Bruchstrich.

Die Erbakten unserer Dörfer zeigen diese Entwicklung deutlich. Nach dem großen Bevölkerungsaderlaß des Dreißigjährigen Krieges gab es zuerst noch große Höfe in den Gemeinden, es war mehr Land da als Leute, die es unter den Pflug nahmen. Mit dem Anwachsen der Bevölkerung aber ändert sich das rasch. Schon um 1700 zeigen die Besitzstände der Familien halbe, Drittels-, Viertels-Häuser und Grundstücke. Aus einem Drittelshaus wird beim nächsten Erbgang ein Sechstelshaus, und so geht es weiter.

Die Realteilung zeigt um diese Zeit ihren Pferdefuß schon ganz gewaltig, absurde Besitzverhältnisse tauchen auf. Daß einer die Hälfte eines halben Hauses besitzt, ist fast noch normal und der Betreffende ist reich zu nennen. Drei Fünftel an einem doppelten Haus, ein Zehntel an einem halben, fünf Sechstel an einem Drittel ist schon schwieriger. Man stelle sich einmal vor, wie die Leute lebten. Wo fing das eine Sechstel von vieren an und wo hörte es auf? Wo lagen die übrigen zwei? Wenn das ohne Streit abgegangen wäre, müßten die Dörfler Engel gewesen sein. Was sind, praktisch gesehen, anderthalb Fünfteile einer dreifachen Behausung? Wer kennt sich da noch aus? Im praktischen Leben sah das eben so aus, daß drei oder vier Familien zusammen in den kleinen Strohdachhäuschen wohnten und die einzelnen Fünftel oder Viertel gar nicht abgegrenzt waren. Wo wäre man damit auch hingekommen! »Wenn mei' Mutter Küchla bacht, no guckt dr Pfannastiel zur Haustür raus«, hat einmal ein Älbler gesagt. Das ist gar nicht übertrieben. Die Küchen lagen damals im Hausgang, die Familien, meistens kinderreich, mußten dort zusammen oder nacheinander ihre Mahlzeiten bereiten.

Bei den Nebengebäuden lagen die Verhältnisse ähnlich. Es ist ganz selten, daß jemand eine ganze Scheuer besaß, man hatte Achtels-, Sechstels-, Viertelsstädel, man hatte ein Drittel von einer Hofreite, ein Achtelsbackhaus, ein Zehntel von einem Brunnen, ein Drittel von einem Platz zu einer Holzlege! Auch hier konnte eine eigentliche Grenze nicht gelegt werden, man mußte sich gütlich einigen.

Draußen auf der Markung aber konnte man wirklich teilen, da gab es die berühmten Handtuchäcker, die Bodenschnipfel, die für die württembergische Landschaft bis zur Flurbereinigung unserer Tage so typisch waren. Die Hälfte von einem Viertel an zwei Morgen, zweieinhalb Vierteln und drei Ruten – man muß die Rechenkunst der Substituten damals aufrichtig bewundern. Sie haben es tatsächlich fertiggebracht, die Habe eines Verstorbenen bis zum letzten Fingerhut aufzuschreiben, anzuschlagen, zusammenzuzählen und wieder in gleiche Teile zu zerreißen. Davon verfertigten sie sogenannte Teilzettel und verlosten sie unter die Erben.

Wenn es möglich war, wurden auch einzelne Fahrnisstücke noch zerteilt. Das hatte geradezu absurde Folgen. Bibeln wurden auseinandergenommen, halbiert und sogar gedrittelt. Von einer Stande Sauerkraut bekam jeder Erbe eine Schüssel voll mit nach Hause. Drei Erben bekamen miteinander einen Strohschneidstuhl, jeder erbte ein Drittel davon. Zwei entnahmen der Erbschaft ein Regendach, jeder die Hälfte; sie konnten also, genau genommen, bei Regen nur selbzweit ausgehen. Zinngeschirr wurde gewogen und nach Gewicht verteilt, irdenes Küchengerät ebenso. Eine Lederhose soll einmal zerschnitten und unter zwei männliche Erben verteilt worden sein, pro Erbe ein Beinling. Aber das ist nur mündlich überliefert und kann auch eine Sage sein!

Kaufvertrag
beim brennenden Liechtlein

In den alten Inventarlisten der Rathäuser kann man gelegentlich folgende Eintragung lesen: »Eine mößen büx zur Aufstockung des Lichts«, also eine Büchse, wohl eine Art Leuchter aus Messing, um das Licht daraufzustecken. Es ist nicht ohne weiteres klar, was das bedeuten soll; auf alle Fälle handelte es sich nicht um eine Beleuchtung für das Rathaus. Nimmt man dann Kaufverträge aus dem 18. und 19. Jahrhundert zu Hilfe, dann stößt man auf Anmerkungen wie »bei brennendem Licht« verkauft oder »bei brennendem Liechtlin« versteigert. Das Licht, es handelte sich um eine Kerze, brannte nur während des Verkaufsvorgangs. Es waren öffentliche Verkäufe, meist Versteigerungen, bei denen diese Zeremonie stattfand; bei einem Privatverkauf wurde das Licht nicht gebraucht.

War eine Versteigerung ausgeschrieben und die Liebhaber, Amtspersonen und der Verkäufer in der Rathausstube versammelt, so nahm der Büttel zu Beginn des eigentlichen Bietens einen Kerzenstumpen von genau vorgeschriebener Länge, befestigte ihn auf der messingnen Büchse und zündete ihn an. Das Licht wurde an sichtbarer Stelle aufgepflanzt. Es durfte nur so lange geboten werden, bis die Kerze herabgebrannt war. Der letzte Bieter vor dem Erlöschen war der zukünftige Besitzer.

Die Einrichtung war mit Bedacht eingeführt worden. Die Zeit für eine Versteigerung richtete sich genau nach der Länge der Kerze und sinnlosen Überbietereien war gesteuert. Man kann sich vorstellen, daß die Kerze zuerst ruhig und behaglich brannte und Kaufliebhaber sich wohlweislich zurückhielten. Neigte sich dann aber der Stummel seinem Ende zu, dann wurde es lebhaft, Gebot folgte auf Gebot, wie gebannt starrte alles das Kerzlein an, womöglich mußte der Büttel die »Büx« fest in die Hand nehmen und vor Übergriffen schützen. Es läßt sich denken, daß die Redensart: »Ich will dir ein Licht aufstecken!« etwas mit dieser Gepflogenheit zu tun hat. –

War dann der Kauf abgeschlossen, so wurde der Vertrag aufgesetzt und alle Bedingungen schriftlich fixiert, wie das auch heute noch geschieht. Nur eine kleine Bemerkung steht heute nicht mehr im Vertrag: »Den Weinkauf zahlt der Käufer«.

Dieser Weinkauf gehörte zu den festen Unkosten des Kaufes, es handelte sich dabei um eine sehr alte und ehrwürdige Sitte, die schon bei den Römern und Germanen üblich war. Der Kauf war erst in dem Augenblick rechtskräftig, in dem beide Parteien ein Glas Wein »darauf« getrunken hatten; war das noch nicht der Fall, hatte der Käufer noch das »Reurecht«, das heißt, er konnte vom Kauf zurücktreten. Man sprach auch vom Leutkauf, Leihkauf oder Haftpfennig und übte ähnliche Bräuche auch bei anderen Verträgen; etwa die Verlobung von angehenden Eheleuten wurde mit einem Trunk, mancherorts »Verspruchsbier« genannt, besiegelt.

Damit die Sitte des Weinkaufs nicht ausartete, hatte der Herzog von Württemberg in seiner Gemeindeordnung von 1756 die Prozentsätze festgelegt; bei einer Kaufsumme von 50 Gulden durften 45 Kreuzer zum Weinkauf verwendet werden, von 100 bis 400 Gulden pro Hundert 30 Kreuzer. Der Betrag für den Weinkauf war in den Vertrag mit aufgenommen, er durfte nicht überschritten werden. Was darüber ging, wurde bestraft; ein solcher Bekräftigungstrunk war ein ernster Vollzug und es sollte keine solenne Sauferei daraus entstehen.

Wer die Kosten übernahm, wurde ebenfalls im Vertrag festgelegt; meistens zeigte sich, wie gesagt, der Käufer als der Großzügige, manchmal bezahlte aber auch der Verkäufer oder beide zusammen. Fast überall wird der Brauch auch heute noch ausgeübt, Käufer und Verkäufer trinken miteinander ein Viertele, wenn sie vom Rathaus kommen. Die Rechtskraft allerdings tritt in unseren Tagen schon mit der Unterschrift ein, nicht erst mit dem Trunk.

Zu vielen wichtigen Abschnitten unseres Lebens gehört auch heute noch unabdingbar der Genuß eines Glases Wein. Wir können uns also, wenn wir gemütlich davorsitzen, in alte Zeiten zurückversetzen, wo dies Trinken nicht aus Genußfreude oder wegen großem Durst geschah, sondern eine rechtliche Verpflichtung darstellte!

Unter Herzog Karl wurden Unteramtleute zwischen Oberamtleute und Schultheißen eingeschoben.

S Alter hätt' er

Vor Jahrzehnten glaubte man noch, daß alles, was sich unter abergläubischen Bräuchen, seltsamen und geheimnisvollen Sitten und merkwürdigen Gepflogenheiten einreihen läßt, seinen Ursprung im Volk, beim Bauern und kleinen Mann habe, weitergegeben von Mund zu Mund. Die moderne Volkskunde steht diesem nebulosen »Urgrund des Volkes« kritischer gegenüber. Gründliche historische Forschungen, hauptsächlich Untersuchungen von Rechtsverordnungen aus früheren Jahrhunderten, führen zu anderen Ergebnissen. Es läßt sich feststellen, daß ein nicht geringer Prozentsatz der Volksbräuche, ja der abergläubischen Sitten auf ehemalige Gesetze zurückzuführen ist, die von der Obrigkeit erlassen wurden. Dorfordnungen, also Gesetze, die den Bauern und den dörflichen Handwerker betreffen, kennen wir schon aus dem 15. Jahrhundert. In Oberschwaben gibt es eine Ordnung für Mietingen vom Jahre 1492, das ist das Jahr der Entdeckung Amerikas, und eine für Ummendorf von 1494. Diese Ordnungen wurden ständig verbessert, ergänzt, neu formuliert und den veränderten Lebensbedingungen angepaßt; sie haben sehr viel Ähnlichkeit untereinander, es ist nicht einschneidend, ob ein Landesherr, Klostervogt oder reichsstädtischer Bürgermeister federführend war. Auch die Konfession ergibt keinen gravierenderen Unterschied als den, daß die eine Herrschaft ihre Leute nicht »ins Luthertum« ziehen lassen will und die andere nicht »ins Papsttum«. Untertanen wollte niemand verlieren, und so erschwerte man das Abziehen oft nur um einige Kilometer Entfernung in den nächsten Herrschaftsbereich bestmöglich.
Eine Durchsicht dieser Rechtsverordnungen läßt viele

gängige und heute noch bekannte Volksbräuche im Ansatz als ehemalige Gesetze erkennen. Ersonnen von der Obrigkeit, wurden sie einst gegen den Widerstand der Untertanen durchgesetzt; das besagen die vielfach angedrohten Strafen bei Zuwiderhandlung. Dem »Volk« müssen diese Verhaltensformen also neu gewesen sein, sonst hätte es sich nicht dagegen gewehrt. Aber da die kleinen Leute von damals keine andere Wahl hatten, nahmen sie die Gesetze an, verhielten sich danach, gewöhnten sich an sie und lebten linientreu auch dann noch, wenn die Verordnungen längst ungültig waren.

Wir wissen schon von Karl dem Großen, daß er seinen Deutschen die Haus- und Dachwurz gegen Blitzschlag gesetzlich gebot. In mehreren Holzordnungen des 17. Jahrhunderts wird befohlen, das Bauholz nur bei zunehmendem Mond zu schlagen »nach gemeiner Regel zween oder drey Tag vor oder nach dem Newen bey kleinem Mon«. Das Waschen und Aufhängen der Wäsche in den Tagen zwischen Weihnachten und Dreikönig soll nach einem auch heute noch verbreiteten Aberglauben Unglück bringen. Dazu etwa die Dietenheimer ordinatio von 1588: »Item an den gebannen und geboten feirtagen soll niemandts nichts weschen oder uffhencken bei straff zween Gulden.« Soll man das Volk für einen Aberglauben verantwortlich machen, der ihm einstens unter Strafandrohung von oben her befohlen wurde?

Solche Beispiele lassen sich in großer Zahl finden. Noch bis in unsere Zeit hinein besprachen sich die Bauern eines Dorfes mit den in der Landwirtschaft führenden Leuten kurz vor der Heu- oder Getreideernte, ob man anfangen oder lieber noch einige Tage warten solle. Es kam so gut wie nie vor, daß einer im Alleingang sich ans Schneiden machte. Man folgte damit, zuletzt natürlich unbewußt, den Verordnungen, die fast jedes Territorium im heutigen

Württemberg erlassen hatte; das Württemberger Landrecht, das Vogtbuch des Klosters Zwiefalten, die Dorfordnung von 1527 aus dem heutigen Kreis Biberach, Gebot und Verbot des Klosters Marchtal, Pflicht und Schuldigkeit der Untertanen von Warthausen von 1765 sind nur
einige Sammlungen, die Bestimmungen darüber enthalten: »Es solle niemand anfahen zue schneiden bis die
früchten vom schuldtheißen, amtmann oder magistrat be-
sichtigt.«

Auch in ganz private Sphären mischte sich die Gesetzge-
bung, ob kirchlich oder weltlich. Württemberg verordnete
das Heiratsalter, eine Frau durfte nicht vor 22 Jahren, ein
Mann nicht vor 25 heiraten. »S Alter hätt' er«, sagen die
Leute in den altwürttembergischen Dörfern heute noch,
wenn einer über 25 heiratet. Das Hochzeitsfest selbst
wurde erst recht mit Gesetzen bedacht. Der Dienstag war
teilweise noch bis nach dem Zweiten Weltkrieg der beliebteste Termin für eine bäuerliche Hochzeit. 1668 verordnete Württemberg, und nicht zum erstenmal, folgendes:
»Anlangend die Copulation newer Eheleute, so wollen
und verordnen Wir, daß dieselbe überall nicht am Montag, weil man sonst den Sonntag mit werktäglichen Geschäften prophanieren muß, auch nicht am Donnerstag
wegen des folgenden Bettags, noch am Samstag, sondern
ordinari am Dienstag oder Mittwoch, nach jeden Orths
Gepflogenheit, geschehen sollen.«

Da der Mittwoch 1762 für »unehrliche« Hochzeiten eingeführt wurde, also für Hochzeiten von Brautleuten, bei denen sich der Nachwuchs schon angemeldet hatte, blieb
für die rechte und ordentliche Hochzeit überhaupt nur der
Dienstag übrig.

Die Wöchnerin soll, auch diese Sitte ist noch heute bekannt, ihren ersten Ausgang nach der Geburt in die Kirche tun; es bringt Unheil, wenn es nicht geschieht. In ei-

ner Albgemeinde bei Urach berührten diese Frauen wenigstens die Kirchentür, wenn sie dringend aufs Feld mußten und ein regelrechter Kirchgang noch nicht möglich gewesen war. Dazu lesen wir in einer Heiligenrechnung von 1656, daß man 20 Kreuzer von zwei Weibern »erstraft« habe, die sich zu frühe und profane Ausgänge hatten zuschulden kommen lassen. Ein anderes Beispiel: Der Täufling sollte nicht mehr als drei Gevattern haben, der Gevattersmann soll das Kind »unter die Tauf halten und nachher das Kind der Gevatterin auf den Arm geben« – das wird heute noch eingehalten.

Auch Tod und Begräbnis waren in die Gesetze eingeschlossen. Es war genau geregelt, wer den Sarg zu tragen hatte, und selbst das Tragen der Trauerkleider war nicht ins Ermessen des einzelnen gestellt. Herzog Eberhard Ludwig hat 1720 eine Trauerordnung erlassen, in der seitenlange Vorschriften über Farbe, Tuchart und die Dauer des Tragens in bezug zum Verwandtschaftsgrad stehen. Württemberg war vielleicht am penibelsten, was das Gesetzemachen betraf. Nicht einmal richtig faulenzen durfte der württembergische Untertan! Die Landordnung von 1621 belehrte ihn, daß er, nach vorangegangener Warnung, für Müßiggang sogar in den Turm gesperrt werden konnte. Es wundert einen nicht mehr, daß die Schwaben so »schaffig« sind – sie hatten keine andere Wahl.

1757: Freiwillige Regrutten werden gesucht, Alter 17–35 Jahre, wenn ein Regrutt noch gut aussieht, allenfalls bis 40 Jahre. Es därfen auch Nationalfrancosen oder Italiäner genommen werden, wenn Sie schön wohlgewachsen und 6 Fuß 4 Zoll groß sind.

Nicht nur Bibel und Gesangbuch

Es gibt eine landläufige Ansicht, das Medium »Buch« vertrage sich mit der Umwelt eines Bauernhauses nicht. Außer einer sorgsam gepflegten Goldschnitt-Bibel und einem Gesangbuch daneben finde sich allenfalls noch ein zerfledderter Heimatkalender auf dem geschnitzten Wandregal einer Bauernstube. Nicht nur für die Gegenwart, in der sich Buchgemeinschaften und Leseringe die fernsten ländlichen Absatzmärkte erschließen, hat diese Vorstellung an Halt verloren, sondern auch für die Zeit ländlicher Isolierung früherer Jahrhunderte entbehrt die Meinung vom lesefremden Bauern jeglicher Grundlage.

Am Beispiel des Dorfes Feldstetten bei Münsingen hat das Tübinger Ludwig-Uhland-Institut für Volkskunde diesen Tatbestand in einem Forschungsauftrag nachgewiesen. Sämtliche Hinterlassenschaftsakten (damals Inventur- und Teilungsprotokolle genannt) wurden einer exakten Durchsicht unterzogen, die sich speziell mit dem Bücherbesitz der früheren Albbauern befaßt. Die statistische Erfassung war insofern möglich, als die Hinterlassenschaftsakten in Feldstetten lückenlos von 1650 bis 1850 vorhanden sind und die Aufzeichnungen der Standesbeamten damaliger Zeit genau die Anzahl, Titel, Erscheinungsjahre und andere bibliographische Angaben enthalten.

Am auffallendsten ist die Tatsache, daß die Zahl der Familien, in deren Besitz sich nur eine Bibel und ein Gesangbuch fanden, verschwindend gering ist. Der Durchschnitt pro Familie beträgt 10 bis 15 Bände, eine bescheidene Bibliothek zwar, mißt man sie an heutigen Verhältnissen. Aber in der Zeit vom Dreißigjährigen Krieg bis hin zu den Hungersnöten des frühen 19. Jahrhunderts und der katastrophalen Agrarstruktur um 1850 kommt dieser Tatsache in mancher Hinsicht eine besondere Bedeutung zu.

Einmal zeigt der Bücherbesitz dieser Zeiten, daß es mit der vielzitierten Armut der Albbauern nicht ganz so weit her gewesen sein muß. Bücher waren und sind für den Landwirt ein Luxus, eine Freizeitbeschäftigung, die keine pekuniären Früchte trägt. Wenn Standesbeamte des 18. Jahrhunderts für manche Werke einen Wert von über einem Gulden festsetzten, so rangiert dieses Vermögen teilweise in den Größenordnungen eines Pfluges oder gar einer Kuh.

Den weitaus größten Teil der Titel macht in einem altwürttembergischen, stark pietistisch geprägten Albdorf natürlich die Andachtsliteratur aus. Arndts »Wahres Christentum« und Starks »Gebetbuch« sind am häufigsten vertreten, daneben »Paradiesgärtlein«, »Himmelsleitern« und »Schatzkästlein« verschiedener Verfasser. Ein »Krankentrost«, entweder von Wudrian oder von Habermann, war fast in jedem Haus vorhanden, später auch »Habermanns Gebetbuch«, das berühmte »Habermändle«, das auch in einem Schubartschen Gedicht vorkommt. Bilhuber, Brastberger, Bengel, Storr, Schmolck, Scriver, Hedinger, Hofacker, Jäger, Spener, Lavater, Hahn, Müller, Oetinger, Rieger, Quirsfeld, Roos, Selneccer, Spangenberger, Steinhofer hießen außerdem die meistgelesenen Autoren zu der damaligen Zeit.

So beherrschend der Pietismus damals gewesen zu sein scheint, so erscheinen doch gelegentlich auch aufklärerische Werke wie die »Stunden der Andacht« von Heinrich Zschokke, Sturms »Unterhaltungen mit Gott in der Morgenstunde« und »Baurs Gebetbuch«. Wir verzeichnen das um so lieber, als uns gewisse pietistische Titel ein Lächeln entlocken, weil sie immer auch mit der genauen Wertangabe bezeichnet sind. »1 musikalisches Blumen-Gebüsch, drei Kreuzer; 1 Dr. Müllers Liebes-Kuß, zehn Kreuzer; 1 seufzende Sulamith, sechs Kreuzer, 1 unerkannte Sünden, beschädigt, fünf Kreuzer; 1 Steegmanns erneuerte Herzens-Seufzer, sechszehn Kreuzer; 1 viel vermehrte geistliche Wasserquelle, vierundzwanzig Kreuzer; 1 leydender Christ, alt, zwei Kreuzer; 1 Wittwen-Buß-und-Bet-Altar, drei Kreuzer«.

Sehr viele Familien im alten Württemberg besaßen ein »Wetterbüchlein«. Bei den meisten dieser Büchlein zeichnet M. Bonifatius Stöltzlin als Verfasser. Er wurde 1603 in Giengen an der Brenz geboren und war als evangelischer Pfarrer in der Gegend um Ulm tätig. Er studierte in Straßburg, lebte in Weiler ob Helfenstein, Bollingen, Holzheim und Steinheim bei Neu-Ulm und hielt im Laufe seines bewegten Lebens 5803 Predigten. 1677 starb er in Kuchen. Das »Geistliche Donner- und Wetterbüchlein« hat ihn berühmt gemacht. Es erschien 1660 in Ulm und erlebte zahllose Neuauflagen. Noch 1743 wurde es neu gedruckt. Es ist interessant, ein Exemplar zu studieren. Was sofort auffällt, ist eine gewisse nüchterne Nutzanwendung für alle Wetterlagen. »Wann es sich zu einem gefährlichen Wetter ansehen läßt«, »bey währendem Donnerwetter«, »Wie man die Donnerwetter recht betrachten solle«, »wenn das Wetter lange anhält«, »Gebet und Seuffzerlein wider den Hagel«, »Dancksagung bey glücklich abgewendetem Wetter«, »Gebet und Gesang, wenn das Wetter Schaden nahm«, »um Abwendung schädlicher Kälte«, »wann starcke Sturmwinde gehen«, »wann ein Erdbeben gehet«, »bey Finsternussen und Cometen« – so lauten die Überschriften der Rubriken.

Zur Abschreckung ist eine Reihe von Exempeln beigefügt, wie es solchen Menschen ergangen ist, die bei Gewittern geflucht, gebuhlt, gestohlen oder Gott gelästert haben. In einem Register kann man finden, wer bei Gewittern schon gestraft und »vom Donner erschlagen« wurde: »Hatto, der Meineidige, vom Donner erschlagen«, »Spielleut, drey, wurden erschlagen«, »Täntzer, 24, so im Wetter tantzten, wurden vom Donner erschlagen«. Wie Kalenderfabeln lesen sich einzelne Absätze: »Von dem Storcken (Storch) saget man, wann ein Ungewitter vorhanden, so stehe er auf beyden Beinen, mitten in dem Nest, dann sonsten pfleget er nur auf einem zu stehen, er schaudere mit seinen Federn, verberge seinen Schnabel unter die Brust, und den Kopff an den Ort, von welchem das Wetter kommen soll: Wir sollen auch stehen vor dem HERRN in kindlicher Furcht . . .«

Was sich darüber hinaus an profaner Literatur auf die Alb verirrte, ist höchst interessant. Als erstes profanes Werk findet sich das Wein-Rechenbuch eines Wirtes. Ziemlich früh schon besitzt aber auch der Dorfbader anatomische und chirurgische Literatur, der Schulmeister Hochzeits- und Leichenreden und vor allem Briefsteller, denn er mußte für die Bevölkerung den Briefwechsel erledigen. Später nennt er dann eine »Vaterlandsgeschichte«, eine Grammatik und ein »Mehrrohr« sein eigen, außerdem Werke über Kirchenmusik und einmal ein französisches Wörterbuch

1760 besitzt der Lammwirt plötzlich Gedichte von Horaz. Das wundert uns mehr als die Kochbücher der Hirschwirtin, die um 1820 das erstemal genannt sind. Die Stundenhalter und Laienprediger erkennen wir daran, daß sie ein Lehrbuch für Laienredner ihr eigen nannten. Gegen 1800 kommen württembergische Chroniken auf, eine »Emigrationsgeschichte der Salzburger«, ein »Türkenbüchle«, eine »Allgemeine Weltgeschichte«, Naturgeschichten und Landkarten. Hauffs Werke tauchen gesammelt auf, dann Shakespeare, Schiller, Hebel und Hofmannswaldau. Nicht zu vergessen die historischen Gesetzestexte, die im Nachlaß von Bürgermeistern oder Gemeindepflegern genannt werden: für Altwürttemberg das württembergische Landrecht, die Communordnungen, die Forst-, Mühl- und Zehent-Ordnungen, Bücher über Baupolizei und Erbrecht.

Lebendige Kirchenbücher

Jeder, der ein Gefühl für Ausdruckskraft und Bildhaftigkeit der Sprache hat, blättert mit Begeisterung in jenen Kirchenbüchern, die nach den Wirren des Dreißigjährigen Krieges auf den Pfarrämtern neu begonnen wurden. Tauf-, Ehe- und Sterbeverzeichnisse bedeuten in jenen Jahren um 1650, 1660 keineswegs nur listenmäßige Eintragungen. Sie sind ergänzt und übersät mit Zusätzen, persönlichen Bemerkungen, kleinen Schilderungen, ja Zeichnungen der Geistlichen und geben so ein lebendiges, scharf umrissenes Bild jener Nachkriegszeit, der Stunde Null, in der aus zusammengelaufenen Überlebenden und verbrannten Häusern wieder geordnete Gemeinden gemacht werden sollten. Da es wenig Quellenmaterial gibt, das das Leben des kleinen Mannes der damaligen Zeit echt und plastisch schildert, sind diese Kirchenbücher unschätzbar, besonders auch deshalb, weil die Lebendigkeit der Eintragungen nach zwei Jahrzehnten schon nachläßt. Offenbar hatte eine Verordnung von oben den Geistlichen ihre kreative Geschwätzigkeit untersagt – zum großen Schaden späterer, wißbegieriger Generationen, die mit dürren Daten und Namen nicht viel anfangen können.

Was zunächst auffällt, ist die Fülle von Übernamen. Wohl die meisten Menschen in kleinen Gemeinden trugen damals einen solchen, nicht nur zum Spaß, sondern einfach zur Unterscheidung. Man muß sich vorstellen, wie die Leute aus allen Richtungen zusammengekommen waren, sich kaum kannten, kaum miteinander reden und selten überhaupt lesen und schreiben, auch ihre Familiennamen oft nicht angeben konnten: Da bildete sich dann im täglichen Gebrauch ein Benennungsjargon heraus, den auch der Pfarrer annehmen mußte. Die Dörfler riefen sich, wie es gerade kam, nach der vermutlichen Herkunft, nach körperlichen Merkmalen, nach den Berufen und Tätigkeiten: der Pollack, der Schwarzhauser, Venediger, Kopenhager, Mochentaler, Gleißenburger, Franzos, Pfuolermändle, der Dickhans, die Rote, der schielende Michel, der Knapperhansjörg (knappen = hinken), die schwarze Liese, der Schafpeter, Schnitzjockel, Beckleshans, Kühchriste, Geigerpeter usf. Der Pfarrer trug diese Namen ein, so wenig ernst sie auch klingen mögen: Hans Schneider vulgo Beckenschneider, heißt es dann.

Nicht nur diese Zunamen geben den Büchern von damals ihr Leben, sondern auch kleine Begebenheiten, die sich in Verbindung mit Tauf-, Hochzeits- und Sterbefällen zugetragen haben. »Als er auf dem Tübinger Markt war – weilen der Vater nach Ulm gefahren – dieses ist der siebente Sohn, den die ›Rote‹ nacheinander geboren, und kein Töchterlein dazwischen – es war ein gescheftiges Mensch, ausgenommen, daß sie ein böß Maul hatte – war ein böser Mann, den ich nie konnt in die Kirchen bringen – der bey anderthalb Jahren mein Todfeind gewesen und Mir alles zuleid getan – sein grundböses Weib hat ihm viel Herzeleid zugefügt – weil meine Liebste, die Frau Pastorissin, im Angesicht hochverschwollen war, konnte sie nicht selbst Pate stehen – weilen das Heu-Geschäft so groß war, hatten sie keine Spielleut, nur die nechste Befreundtin haben ein Mittagsmahl miteinander gegessen« usf. Auch über sein »herzliebstes Söhnlein«, das im Säuglingsalter an den »Durchschlechten« (Ruhr) starb, berichtet der geistliche Herr traurig und ausführlich. Damals wuchsen kaum zehn Prozent der neugeborenen Kinder auf, alle anderen starben wieder; ein Pfarrer hatte sich angewöhnt, kleine Gräblein mit Blumen und Kreuzen in die Rubriken zu malen, damit man auf den ersten Blick erkennen konnte, welcher der Säuglinge mit dem Leben davongekommen war.

Tod und Lust, Bosheit und Jammer waren nah beieinander in jener Zeit, aber auch ein leidenschaftliches Bemühen um den Neuanfang, um das Werden ersprießlicher Zustände.

Silberne Miederhaken
und ein Gesangbuch

»Sie hatte viele Bekümmernisse« – diese Bemerkung setzt der Feldstetter Pfarrer, damals M. Johann Michael Schlotterbeck, unter die Eintragung über den Tod der Witwe seines Vorgängers. »Am 17. November ist nach einem zehnwöchigen Krankenlager an der Wassersucht gestorben Frau Anna Margareta Rößlerin, weyland Herrn Pfarrers Antonii Laurentii Rößlers, ehemalig vieljährigen Pfarrers allhier hinterlassene Wittib, und ist am 20. darauf bey volkreicher Versammlung begraben worden.« So lautet der Text, der der Bemerkung vorausgeht, und wir Heutigen wissen zunächst nicht, was sie bedeutet haben mag. Aber wir fühlen uns veranlaßt, dem Leben der mit 69 Jahren verschiedenen Pfarrerin ein wenig nachzugehen, soweit das anhand dürrer Daten aus alten Büchern noch geht. Was für Bekümmernisse mögen es gewesen sein?

Antonius Laurentius war von 1701 bis 1732 Pfarrer in Feldstetten, auf der sogenannten Rauhen Alb zwischen Laichingen und Urach. Er kam mit seiner Gattin Anna Margareta aus Mundingen und brachte fünf Kinder mit; acht weitere kamen in Feldstetten dazu. Teilweise sind sie allerdings jung gestorben, beim Tod der Mutter sind noch sieben Geschwister am Leben.

Die Pfarrerin hatte in einer »kleinen Behausung unten im Dorf« gewohnt. Der Lage nach muß dies eine nicht allzu sonnige Wohnung gewesen sein, die mit 170 Gulden angeschlagen war.

Die Rößlerschen Pfarrleute scheinen nicht ganz arm gewesen zu sein, jedenfalls besaßen sie einige Äcker und Wiesen zu eigen, die Anna Margareta noch hat und vererbt, als sie stirbt. »In jedem Ösch« hatte sie einen Acker oder auch zwei, außerdem »Mähder« und ein Gärtlein »zu 1200 Sezling«. Die Größe eines Gartengrundstücks wurde damals mit der Zahl der Setzpflanzen angegeben, die er ungefähr faßte. Die Liegenschaft samt dem Haus hatte den Wert von zusammen 400 Gulden. Das ist verhältnismäßig viel, wenn man bedenkt, daß ein größerer Acker damals 20 Gulden wert war; kleinere Stücke auch nur 12 oder 7 Gulden.

Finanzielle »Bekümmernisse« kann die Pfarrerin wohl nicht gehabt haben, denn außer ihren Liegenschaften ist eine reiche »Vahrnis«, eine vielfältige bewegliche Habe, in ihrem Inventar aufgeführt. Schon über ihr hinterlassenes Bargeld staunen wir; nicht allein um der Summe an sich willen, sondern wegen der vielerlei Arten von Geld und Wertstücken, die hier aufgeführt sind.

»An lauter Groschen« besaß Anna Margareta 48 Gulden und 47 Kreuzer, das scheint so etwas wie ihre Haushaltskasse gewesen zu sein. Dann geht es weiter: »1 goldener Anhänger« zu 40 Gulden, ein ähnlicher zu 20 Gulden;

»ein Dukat« zu vier Gulden 15 Kreuzer, eine »Wiener Silbermünz« zu zwei Gulden 30 Kreuzern, eine Ulmer Münz, ein Hirschgulden, »Rißwickisch Denkgeld« zu zwei Gulden, ein »klein Denkgeldtlin« (wohl eine Art Gedenkmünze) und zum Schluß »allerhand Currentgeld«. Wir müssen uns da an die Kleinstaaterei erinnern, die damals herrschte, an die vielerlei kleinen Herrschaften und Gebiete, die es gab, und wo überall eigenes Geld gemacht wurde. Kein Wunder, daß sich ganze Münzsammlungen fanden, wenn bei einem Erbfall alles zusammengesucht wurde – und es war alles gültiges Geld. Beim Dorfschmied an der großen Durchgangsstraße, wo die Reisenden aus aller Herren Länder vorbeikamen und ihre Rosse beschlagen ließen, fanden sich oft bis zu 50 Münzsorten – nicht einfach für die, die den Wert berechnen mußten.

Unsere Anna Margareta Rößlerin aber besaß außer Bargeld auch Silberzeug, und sie war damit wohl die einzige Frau im Dorf, die so etwas überhaupt ihr eigen nannte. Seltsame Dinge finden wir aufgeführt: »Ein silbern verguldtes Trinck-Schifflen« – wie das wohl ausgesehen haben mag? Und wohin es verschwunden ist? Unserer Phantasie sind keine Grenzen gesetzt: Vielleicht wurde das Schifflein an Taufen, Hochzeiten, Konfirmationen in der Familie des Pfarrers als »gutes Stück« in Umlauf gesetzt? Silberlöffel sind aufgeführt, Messer und Gabeln »mit silbernem Heft«. Zum ganz persönlichen Besitz gehörten »18 silberne Miederhaken« – sie trug also das, was später die Bauernfrauen auch noch trugen: ein Schnürmieder, das vorn mit einer Schnur oder einem schmalen gewebten Band über Silberhaken verschlossen wurde.

Anna Margareta besaß auch noch Ringe, einen »Rubinenen Kugelring« und einen »Granaten Nuster, von 3 Thaylen, mit drei Ducaten«. Auch damit ist wieder ein Stück aufgeführt, das wir aus der Bauerntracht kennen und das vor einigen Jahrzehnten noch getragen wurde: das Granatnuster. Es war dreireihig und hatte an jeder Kette eine Münze hängen. Münzen als Frauenschmuck sind ja auch heute wieder modern. Den Beschluß ihres »Silberwercks« bildet ein »silbern Balsam Büxlen«. Auch darunter könnten wir uns nichts vorstellen, wenn wir nicht die alten Albfrauen gesehen hätten, wie sie vor 30 oder 40 Jahren noch in die Kirche gingen: An den Buchzeichenbändchen ihrer Gesangbücher baumelten kleine Büchslein. Man konnte sie aufschrauben, innen war ein winziges Schwämmchen, das mit einer starkriechenden Flüssigkeit getränkt war. »Wenns oim schlecht werd en dr Kirch« erklärten die alten Frauen diese Gepflogenheit. »Nachbarin, Euer Fläschchen!« ruft Gretchen in Goethes Faust, als sie beim Gottesdienst umsinkt – auch dies mag wohl etwas Ähnliches gewesen sein.

Natürlich besitzt die Pfarrerin Bücher, Bibel und Gesangbuch, Stöltzlens geistliche Tischzucht, Ottonis Krankentrost, Allgaiers Himmels-Waag, das Morgen- und Abendsegenbuch, Olearys »Witwentrost« und Habermanns Gebetbuch.

Als weitere Sparte in dem dicken Nachlaßbuch der Gemeinde sind der »Frau Defuncta Klayder« verzeichnet. Eine »schwarzsamtene Zughaube mit goldenem Spitz« steht allem voran, 8 Hauben besaß sie insgesamt. Ein »flohren Kirchenhalßtuch, alt« muß sie wohl häufig beim Kirchgang getragen haben, die »Mieder mit Fischbein« erwähnten wir schon. »Hembder«, Strümpfe, Schürzen sind aufgezeichnet, »1 Cottunener Schlafrock« mag auch eine Seltenheit im Dorf gewesen sein. »Schuhe mit samt den Schnallen« gehörten zu ihrer Habe, und vom Herrn Pfarrer waren noch ein graues »Beltz-Käpplin« und eine »alte Nebel-Kapp« vorhanden.

Es folgen spaltenlang vielerlei Sorten von Bettwäsche, »Leinlacher« und »Handzwehlen«, auch Servietten und ein »Taufftuch«. Das Zinngeschirr besteht aus Kannen, Tellern, Maßfläschchen, Bettflaschen, Platten, Schüsseln und Büchsen; auch das Nachtgeschirr ist mit verzeichnet. Kupfer-, Eisen- und Holzgeschirr gibt es in Menge, eine »gehimmelte« Bettlade samt »Umhäng« und »drei Stänglein« besaß sie und eine »beschlagene Raiß-Truch«, wenn sie auf Reisen ging. Ein »Frauensattel mit einer Trennß« gehörte ebenfalls dazu und im Stall stand eine 10jährige, weißfalbe Kuh und lieferte die Milch zum Kaffee – der aber wohl auch nur sonntags auf dem Tisch stand. All diese »Vahrnus« ist zusammen zu 316 Gulden und 24 Kreuzern angeschlagen.

Not gelitten kann sie also nicht haben, die Anna Margareta. Das ist ein wohlbestellter, ja für damalige Verhältnisse reicher Haushalt, der sich da vor unseren Augen ausbreitet. Ihre »Bekümmernisse« sind nicht aufgezeichnet – sie hat sie mit ins Grab genommen. Das, was die Spalten füllt, hat sie jedenfalls nicht glücklich gemacht.

Gestern päpstlich, heute lutherisch

Über die Einführung des lutherischen Bekenntnisses in Süddeutschland, zuerst in den Reichsstädten und dann, nominell 1534, im alten Württemberg, geben uns die Geschichtsbücher umfassende Auskunft. Ein kompliziertes Zeitbild wird uns vor Augen geführt: Bauernkrieg, Auftreten Luthers, politisches Machtstreben, zwielichtige Fürstenpersönlichkeiten wie die Herzog Ulrichs, theologische Dispute werden mehr oder weniger plastisch beschrieben, und jedes Schulkind in unserem Land weiß wenigstens einige Namen und Daten zu nennen.

Fragt man aber einmal danach, wie eigentlich das Volk die Sache aufgenommen und verarbeitet hat, dann erfährt man äußerst wenig. Wie war dem kleinen Mann zumute, der eines schönen Tages aufwachte und plötzlich evangelisch statt katholisch, lutherisch statt päpstlich war, wie man damals sagte? Der Wille des Regenten hatte ja über ihn bestimmt, er war nicht gefragt worden. Man macht sich das oft heute noch gar nicht so recht klar: Die Entscheidung, ob evangelisch oder katholisch, lag ja nicht in der Hand des einzelnen. Nur ganz wenige, wirtschaftlich starke und persönlich profilierte Persönlichkeiten konnten ihren Aufenthalt wechseln, wenn ihnen das vom Landesvater befohlene Bekenntnis nicht paßte; dem einfachen Mann war es versagt. Auswanderungen aus Glaubensgründen hat es zwar gegeben, aber erst später, als sich die Gegensätze schon verfestigt hatten.

Damals, 1534, waren 90 Prozent der Württemberger Bauern. Sie konnten nicht lesen und schreiben, denn die allgemeine Schulpflicht gab es damals noch nicht. Was verstanden sie vom Sinn der Reformation? Wer informierte sie darüber? In einigen Herrschaften wurden Einführungspredigten verordnet, aber erst ganz kurz vor dem Termin des Wechsels. Von der Entwicklung der neuen Lehre konnten sie nicht viel erfahren haben. Geschwätz auf Märkten und in Wirtshäusern hatten sie vielleicht gehört, daß man die Heiligen abschaffen und die »Pfaffen« heiraten lassen wolle; viel mehr kann es nicht gewesen sein, viel mehr wußten nicht einmal die Geistlichen! Als man in der Reichsstadt Ulm reformierte, wurden die Pfarrer aus der Stadt und aus den Landgemeinden zusammengerufen und ihnen die Lehre Luthers in 18 Artikeln vorgestellt. Anschließend wurden sie befragt, was sie darüber dächten und ob sie sich damit befreunden könnten. Es war der Theologe Sam, der diese »Anrede an die Priesterschaft« in der Ratsstube zu Ulm am 7. Juni 1531 vor etwa 100 Pfarrern, Kaplanen, Frühmessern und Vikaren hielt. Man staunt über die Antworten dieser doch gelehrten Herren. Etwa ein Drittel von ihnen antwortete, es sei schwer verständlich, was die neue Lehre wolle. Die Artikel seien ihnen »zu hoch, über ihre Vernunft«, sie hätten »nicht den Verstand dafür, hätten zu wenig studiert, seien zu alt, zu klein, zu schlecht, um zu urteilen.« Vielleicht waren das Ausreden, womöglich wollten sie sich nicht festlegen, aber man fragt sich doch: Wenn schon ein Teil der Pfarrerschaft sich mit Nichtbegreifen entschuldigte, wie hätte dann der kleine Mann, Bauer und Bäuerin begreifen sollen, um was es eigentlich ging?

Es ist falsch, sich vorzustellen, das Volk sei überall »wie ein Mann« hinter Luther gestanden – dies Wort ist zwar in der Geschichte schon mehrmals und an anderen Stellen aufgetaucht, aber kaum einmal wirklich wahr gewesen. Vor allem die Plötzlichkeit widerspricht dem Wesen des einfachen Mannes, vor allem auch des Württembergers, der an der Tradition und an den Gebräuchen seiner Voreltern hängt. »Da hot mei Vatter g'miggt, ond da migg' i au, ond wenns da Berg nauf goht« ist eine Redensart, die den Schwaben trefflich charakterisiert. »So schnell schießet d'Preußa net, se ladet au vor«, so oder ähnlich werden sie vermutlich gedacht haben, als ihr Landesherr den Übertritt proklamierte.

Es wurde indessen Gehorsam verlangt. Am Montag nach Pfingsten, am 8. Mai 1536, wurden auf dem Markt zu Stuttgart im Namen des Hofpredigers Caspar Gräter folgende 5 Punkte öffentlich ausgerufen:

1. Niemand widersetze sich den evangelischen Predigten.
2. An allen Sonn-, Feier- und Festtägen soll ein jeder in die

Predigt gehen und auch sein Haus-Gesind wenigstens des Tags einmal dorthin schicken. Wer es unterläßt, wird anfänglich um einen, später um zwei Gulden gestraft, der Arme aber mit Turm bei Wasser und Brot.

3. Niemand laufe anderstwohin, Messen zu hören, bei gleicher Strafe.

4. Unter den Predigten soll niemand spielen, tanzen, zechen, auf einem öffentlichen Platz sitzen.

5. Die Bilder, welche man anbetet, sollen mit Vorwissen der Obrigkeit und des Predigtamtes weggetan, die unärgerlichen aber geduldet werden.

Die Wahl war also nicht freigestellt, es handelte sich um Gesetze, und die Nichtbeachtung hatte Strafe zur Folge, Geldbußen und sogar Gefängnis. Die Kirchen wurden umgestaltet, Heiligen- und Marienbilder verbrannt ober übermalt, Männeremporen eingebaut; späterhin wurden auch die Feldkapellen vernichtet, man tat alles, um die Erinnerung an die alte Lehre auszurotten. Der kleine Mann fügte sich, er konnte ja nicht anders, er nahm auch auf, was ihm angeboten wurde und wandelte sich; vermutlich vollzog sich das aber erst eine oder zwei Generationen später umfassend, und der »Mann der ersten Stunde« tat es mehr nach außen hin so, wie man es von ihm verlangte. Natürlich sind Berichte über einen »Kryptokatholizismus« wenig nach außen gedrungen. Die Gemeinden wurden regelmäßig visitiert und Reformatoren wie Martin Butzer in Ulm unterzogen sich selbst dieser Mühe; von seiner Hand sind Aufzeichnungen über das Verhalten der Landleute nach der Reformation vorhanden.

Da gibt es viel zu monieren und nicht allzu viel zu loben. In jeder Gemeinde gibt es Leute, die den alten Glauben »nicht fahren lassen« und heimlich zur Messe laufen. Durch die damalige Auffächerung Süddeutschlands in zahllose kleine Herrschaften war dem auch Vorschub geleistet, Klostergebiete lagen oft fast vor der Tür, und so war es nicht schwer, zu einer Messe zu kommen, auch wenn im eigenen Dorf keine mehr gehalten wurde. Die Ulmer Stadtleute z.B. gingen nach Söflingen und Wiblingen, wo man klösterlich war; der Rat bestrafte das und stellte Wachen auf, kam aber nicht ganz dagegen an. Hatte man diese Möglichkeit nicht, hielt man Messen heimlicherweise in Privathäusern ab, oder man ging zum Amt, wenn man in fremde Dörfer zu Hochzeiten geladen war. Manchmal suchten die Leute bei besonders schweren Anlässen Zuflucht beim alten Bekenntnis – sie trauten dem Neuen noch nicht so recht; in einem Fall ist sogar berichtet, sie hätten abgewechselt, hätten in einem Jahr das Abendmahl beim evangelischen Pfarrer genommen, im anderen beim katholischen Meßpriester! Das waren die ganz Schlauen – sie wollten es mit keiner wundertätigen Macht verderben.

Viele Klagen betreffen das Wetterläuten. Zur katholischen Zeit hatte man in jeder bäuerlichen Gemeinde geläutet, wenn ein Gewitter am Himmel stand; die Reformatoren taten das als Aberglauben ab und verboten es. Dabei glaubte man eben doch, das Läuten bewahre vor Blitz und Hagelschlag, man glaubte es weiter und war noch Jahrhunderte später nicht vom Gegenteil überzeugt, was viele Verordnungen und Verbote zeigen. Manche Dörfer gaben das Wetterläuten überhaupt nicht auf und wehrten sich hartnäckig. Auch auf Weihwasser und Kerzen verzichtete man nur ungern. Hier waren vor allem die Frauen unbelehrbar; sie zündeten Kerzen an während des Gottesdienstes, entweder in der Kirche oder daheim. Bei einer Taufe versuchten sie, Weihwasser ins Taufbecken zu geben. Die katholischen Feiertage wollten sie weiterhin halten; die Reformatoren hatten nur die der biblischen Heiligen, die Apostel und Maria beibehalten, sofern sie »reine Historien«, d.h. evangelische Perikopen, haben. Das Sichverbeugen vor den Bildern wollten sie ebenfalls nicht aufgeben. Es ist an anderer Stelle berichtet, daß evangelische Kirchgänger noch im 19. Jahrhundert sich beim Verlassen des Gotteshauses zu einer Wand hin verneigt hätten, die leer gewesen sei, was sie als alte Sitte und Verabschiedungsbrauch deklarierten; man fand später bei einer Kirchenrenovation an dieser Stelle ein Marienbild unter dem Putz!

Aber was wollte man vom kleinen Mann erwarten, wenn selbst Pfarrer, Schulmeister, Mesner, Gemeinderäte, Hebammen teilweise noch an der alten Lehre hingen und sie praktizierten! Es wird geklagt, die »Prädikanten«, wie die evangelischen Prediger im Ulmer Amt hießen, beteten das Ave Maria auf der Kanzel vor und könnten »nit davon lassen«, predigten auch noch auf die päpstischen Feiertage. Die Schulmeister waren teilweise ehemalige katholische Kaplane, sie lehrten nach päpstischen Büchlein, die die Kinder ihnen brachten; ein Mesner war zwar an der evangelischen Kirche tätig, aber Katholik geblieben. Die Hebamme sei, heißt es einmal, eine »alte Päpstin«, die auch geholt werde, wenn ihre Glaubensgenossen zum Sterben kommen, sie zünde dann Kerzen an und sprenge »Weichbrunn«, wenn es niemand sähe. Von einer Gemeinde heißt es: »Hans Eberlin, der Richter (Gemeinderat), ist dem Evangelio hold gewesen, solang man ihm den Zehnten gelassen; seit man ihn aber dem Pfarrer gegeben hat, lauft er wieder den Messen nach!« Auch darum konnte man auf das alte Bekenntnis zurückkommen.

Es muß zum Abschluß gesagt werden, daß die Reformatoren in Württemberg tolerant waren. Es gab wohl scharfe Gesetze, man war aber in der Durchführung nachsichtig und ließ die alte Generation im Grunde in Ruhe. Mehrmals lesen wir Bemerkungen wie diese: »Der Pfaff ist in

Bestrafung der Päpstler zu hitzig, schilt sie Buben, Gottlose von der Kanzel etc.«; also war auch der Übereifer nicht immer beliebt. Nachsicht übte man auch mit den »Götzenbildern«, die oft lange noch in den Kirchen verblieben, wenn sich das Volk nicht von ihnen lösen wollte, und mit solchen Prädikanten, die ihre »Magd nicht zur Kirchen führten«, wenn ihnen das auch mehrmals anempfohlen war.

Betrachten wir die Visitationsberichte derselben Herrschaft nach einem starken Jahrhundert, 1665, wieder. Inzwischen waren die Bekenntnisse durch den Dreißigjährigen Krieg noch einmal heftig zurechtgeschüttelt worden; nun aber zeigen sich zwar noch etwas verwilderte, aber im großen ganzen doch geordnete Gemeinden evangelischen Zuschnitts. Es ist nicht mehr die Rede von Messebesuchen in fremden Dörfern, die Honoratioren sind durchweg Protestanten, Lichter und Weihwasser sind abgeschafft. Eine vereinzelte Bemerkung allerdings gibt zu denken: Es wird erzählt, man habe einem Jüngling, der die Gichter gehabt hätte, in abergläubischer Anwendung ein Stück von einem Paternoster, einem Rosenkranz, aufgelegt, und er sei geheilt worden. Religiöse Reformen lassen sich wohl erzwingen nach der Methode cuius regio, eius religio, sind aber herüber und hinüber wesentlich komplizierter und vielschichtiger, als man gemeinhin anzunehmen pflegt.

Anläßlich der Ankunft eines neuen Pfarrers kommt der Mesner um Gehaltserhöhung ein mit der Begründung: »Ich bin je jetzt ein alter Mann und habe schon 3 Pfarrer einlernen müssen.

Schon als Schüler verdingt ins Rößle

1649, ein Jahr nach der Beendigung des Dreißigjährigen Krieges, wurde in Württemberg die allgemeine Schulpflicht eingeführt. Das heißt aber nicht, daß pünktlich seit dieser Zeit die Dorfkinder mit sechs Jahren in die Schule »geführt« worden wären, wie man jetzt sagt, und daß sich das Schulleben in so geregelten Bahnen abgespielt hätte wie heute. Die Eltern auf dem Lande waren zunächst keineswegs erbaut über diese Möglichkeit, ihre Kinder mit dem Lesen und Schreiben vertraut zu machen, sie brauchten ihre Kinder daheim zum Arbeiten und legten den Pfarrern und Lehrern alle möglichen Schwierigkeiten in den Weg. Noch bis zum Ende des vorigen Jahrhunderts war die Schule der Kirche unterstellt. Die Pfarrer waren es also in erster Linie, die für das Schulwesen zu sorgen hatten; in den von Johann Valentin Andreä eingeführten Kirchenkonventen, die meist sonntags tagten, und wo unter dem Vorsitz des Geistlichen vom Bürgermeister und einigen ehrenwerten Männern der Gemeinde Verstöße gegen die damals geforderte streng geregelte Lebensführung beraten und bestraft wurden, spielen Schulversäumnisse eine große Rolle. Die Register der Kirchenkonventsprotokolle sind voll von Rügen wegen unerlaubten Fehlens, die herzoglich württembergischen Erlasse voll von Anordnungen, wie dem zu steuern sei. Aber es half nicht immer. Die Leute waren arm, brauchten jeden Kreuzer und versuchten immer wieder von neuem, den Schulzwang zu umgehen. Die Kinder wurden zur Arbeit angehalten, kaum daß sie richtig laufen konnten. Es war ganz allgemein üblich, daß sie während der Schulzeit schon »verdingt« waren, irgendeine leichtere Stellung bei einem Großbauern hatten, zum Viehhüten oder Steinklopfen verwendet wurden und insofern mit dem Schulbesuch immer wieder in Konflikt gerieten. »Schon als Schüler verdingt ins Rößle« schreibt ein Pfarrer noch 1890 in sein Diarium oder »Knechtle beim Schloßbauer«.

Je mehr die Eltern auf diese Verdienste angewiesen waren, desto weniger konnten und wollten sie das Schulgeld bezahlen, das zwar nur aus einigen Kreuzern bestand, das sich aber bei einer größeren Kinderzahl schon drückend bemerkbar machen konnte. Der Schulmeister aber brauchte diese Kreuzer, sie bedeuteten oft seine einzige Bareinnahme und es gab manche Kontroversen, wenn die Familien diesen Obolus jahrelang schuldig blieben. 1786 hatte der Feldstetter Schulmeister Ezechiel Pfrang nach seinem Tod noch Außenstände an Schulgeld von 110 Familien à 20 Kreuzer. Das Schuldigbleiben war allerdings früher offenbar mehr an der Tagesordnung als heute, denn auch der Dorfbarbier hatte nach seinem Tode noch Geld für jahrelanges Haarschneiden und Rasieren zu beziehen. Immerhin konnten ganz arme Eltern eine Unterstützung der örtlichen Kirchenverwaltung beantragen, es scheint allerdings davon nicht viel Gebrauch gemacht worden zu sein. Die Eltern wehrten sich und bezahlten nicht gern.

Ein besonderer Dorn in ihrem Auge war die sogenannte »Sommer-Schul«. Ursprünglich scheint man nur winters Schule gehalten zu haben, und im Frühjahr gingen Schulmeister und Schulkinder ihren Feldarbeiten nach. Dies war aber keineswegs im Sinn der Behörde, sie bemerkt abfällig: » . . . an manchen Orten wird allein von Martini bis gegen Fasnacht oder Mittfasten Schul gehalten« und macht viele Vorschläge, wie dem abzuhelfen sei. Man solle die Knaben sommers wenigstens alle »Sonn- und Feiertäg« in die Schule schicken oder »wenn es etwan Regen-Tag oder Unwetter gibt«, damit der Schulmeister sie

»in Catechismus, Sprüch und Psalmen« in Übung halten
könne. Oder man solle Sommerschulen ein bis zwei Tage
in der Woche halten, oder die Kinder sollen jeden Tag wenigstens zwei Stunden in der Morgenfrühe kommen. Jedenfalls sollen die Eltern ihre Kinder nicht »um geringer
Hausgeschäften willen« daheim behalten, und wenn
schon draußen gearbeitet werden muß, dann sollen sie
»bei der Morgen-, Mittag- und Abendglocke mit den Kindern das Gebet daheimden wie auf dem Feld und auf der
Gassen verrichten neben Entblößung des Hauptes, soviel
die Männer betrifft«.

Aus all diesen Kämpfen ist die Tatsache eines Brauches zu
verstehen, der uns zunächst seltsam anmutet, dessen
Ausläufer aber bis in die heutige Zeit zu beobachten sind:
Die Kinder bekamen bei gewissen Anlässen Geld in der
Schule – später dann »Dreierbrote« oder Wurst mit Wekken. Vielleicht wollte man auf solche Weise den Schulbesuch etwas versüßen. Sie bekamen Geld für das Singen
bei Hochzeiten und Beerdigungen, für das Singen zum
Gottesdienst, für das Sprechen des Katechismus in der
Kirche, bei der Schulvisitation oder auch nur für besonderen Fleiß und Gehorsam im Unterricht. Auch die »Ersten«
in den Klassen wurden durch Geld oder auch mit sonstigen Auszeichnungen bedacht. So durfte in Gruorn auf
der Uracher Alb jeweils der Beste der obersten Klasse
beim Gottesdienst neben dem Organisten sitzen – das war
schon eine Ehre, so vor der ganzen Gemeinde hervorgehoben zu werden.

Der Schulmeister ist zu loben, hat gute Zucht bei den Schulbuben. Aber er kann nicht schreiben.

Der Herr Spezial

Das Wort Visitation, das früher außer dem Pfarrer kaum einer im Dorf richtig schreiben konnte, muß den ereignislosen und vielleicht für gewöhnlich ein wenig schläfrigen ländlichen Alltag jeweils gewaltsam unterbrochen haben. Sie zitterten insgeheim alle, wenn der Ortspfarrer das Herannahen des großen Tages eine Woche vorher von der Kanzel verkündete: die Schulkinder zumeist, aber dann auch ihr Lehrer und sein Provisor, der Schultheiß, die Gemeinderechner und Heiligenpfleger, der Büttel, der Mesner, sogar die Hebamme – und vielleicht auch der Geistliche selbst. Alle miteinander sahen sie einer strengen Prüfung entgegen. Der Herr Spezialsuperintendent aus der Amtsstadt war zu erwarten, er würde laut herzoglicher Verordnung seine Augen wieder überall haben, streng vorgehen und die Prozedur nicht abkürzen, wie man seinen achtsilbigen Titel abgekürzt hatte. Er hieß im allgemeinen Gebrauch der »Herr Spezial« und seine Frau, falls sie in Erscheinung trat, »d'Speziäle«. Man kann in den württembergischen Dörfern noch heute manchmal einen Spruch hören, der laut wird, wenn einer sich etwas unflätig äußert oder benimmt: »Des hätt d'Speziäle au et haira derfa.«

Nach der Reformation durch Herzog Ulrich hatten sich seine Nachfolger ein kluges und wirksames System ausgedacht, um die Kirchenzucht und zugleich auch die Schulbildung durchgreifend zu fördern und zu gestalten. Dies System hat viel vom Gesicht der altwürttembergischen Dörfer prägen helfen. Bald nach der Einführung der allgemeinen Schulpflicht mußten Maßnahmen ergriffen werden, sie zu kontrollieren. Herzog Friedrich rief deshalb die Visitationen ins Leben. Es waren mehrere, sie waren in ihrem Aufbau gestaffelt: einmal wöchentlich mußte der Ortspfarrer den Schulunterricht visitieren, zweimal jährlich erschien er mit dem Ortsvorsteher in der Schule und prüfte das Gelernte. Einmal bis zweimal, je nach der Größe des Ortes, kam der Herr Spezial aus der Amtsstadt, er kam im Frühling und im Herbst, bei einmaligem Besuch meist im Mai mit dem Ausschlagen des Laubs. Er prüfte sowohl den Geistlichen als den Schultheiß, die Schulmeister und die Kinder, die Heiligenpfleger und Rechner, Hebammen und Mesner, Kassen, Gebäulichkeiten, Wohnungen, Lebenswandel, Vermögensstand, Eifer, Fleiß, Gebräuche und Ereignisse in der Gemeinde, Untertänigkeit, Führung der Geschäfte. Und er prüfte nicht nur selbst, sondern er sammelte auch Zeugnisse anderer, befragte den Pfarrer über den Schulmeister, den Schultheißen über den Pfarrer, den Schulmeister über den Provisor, den Pfarrer über den Vikar und suchte zuletzt noch die Meinung des »gemeynen Volkes« zu erforschen, indem er irgend jemanden, den er gerade auflas, verhörte und dies ebenfalls notierte. »Schulmeister ist bei Kirchen- und Schuldienst nicht unfleißig, lebt eingezogen« – »Schultheiß ist wegen Amtstreue belobt« – »Schulmeister soll seine Handschrift zu verbessern suchen« – »etwas roh erscheinende Gemeinde« – »Schulmeister zugleich Mesner und Aktuar, soll er niederlegen« – »Erhaltung von Kirche und Friedhof ist mangelhaft« – »Pfarrer predigt infolge eines Halsleidens zu leise« – so lauten z.B. die Bemerkungen des Spezials. Er schrieb alles auf, nahm es mit zum Diözesanort, arbeitete es aus und verfaßte eine Kirchen-Visitations-Relation. Jährlich einmal kamen dann die »Speziale« in Stuttgart zu der sogenannten Synode zusammen, wo das Beobachtete, manchmal im Beisein des Herzogs, ausgewertet und zu Synodal-Rescripten zusammengefaßt wurde, die wieder

91

ins Land und zu den Gemeinden zurückgingen. Man hatte auf den Rathäusern ein besonderes Buch mit leeren Blättern, wo durch einen Schreiber oder den Spezial selbst eine Abschrift eingetragen wurde. Aus diesem rundlaufenden System konnte kaum einer entrinnen, er war immer wieder irgendwo »dran«; sogar die Leistungen der Schüler, über die der Spezial ebenfalls Buch führen mußte, konnten, falls sie besonders gut waren, in der Synode besprochen, belobt und für eine Prämie vorgeschlagen werden, die die Gemeinde dann in irgendeiner Form zu übergeben hatte.

Grundlegend für die Arbeit des Spezials war eine Zählung, die er an jedem Ort anstellte und für sein Amt addierte. Die Rechnung mußte durch Untersuchungen, die der Pfarrer in seinen Pfarr-Relationen schon vorauslieferte, unterbaut sein. Er mußte darin viele Fragen beantworten: Zustand der Parochie? Ist ein Filial vorhanden? Wie ist der Weg dorthin beschaffen? Hat der Pfarrer ein Pferd für diesen Weg? Seine Personalien? Wie lang im Dienst? Der wievielte Dienst? Wieviel Kinder? Versorgt? Verheiratet? Studiert ein Sohn wieder Theologie? Wie groß ist sein Vermögen, seine Einkünfte aus Zehnten etc.? Hält er Bibelstunden? Was liest er an profaner Literatur? Ist er Mitglied der Diözesan-Lesegesellschaft? (Dies war eine Gesellschaft zur Weiterbildung der Geistlichen. Auch die Schulmeister hatten eine solche und mußten die Mitgliedschaft bekunden.) Schreibt er die Predigten vollständig und legt sie dann aus dem Gedächtnis ab?

Auch über den Schulmeister mußte er Auskunft geben. »Ob er ein Musik-Instrument spiele und welches?« Sofern er mit dem »Correktschreiben« Schwierigkeiten habe, solle er sich vom Pfarrer »liebreich belehren« lassen. 1799 äußert sich Herzog Friedrich, es sei sein Wunsch, die »teutsche Schullehrer« (im Unterschied zu solchen an Lateinschulen) »eigentlich in den Gelehrtenstand zu verset-zen«. Schon 1795 wollte man »dem Stand der Schullehrer alle mögliche Aufmunterung verschaffen« und gründete einen Lehrer-Witwen-Fiscus. Später sollte sich der Schulmeister auch Kenntnisse von Geographie, Geomet-rie, Naturlehre, Naturgeschichte, vaterländischer Ge-schichte verschaffen. Er sollte sich dafür Bücher kaufen und der Geistliche oder die Heiligenpflege (heute Kir-chenpflege) sollten ihm dabei helfen, eine kleine Schulbi-bliothek anzulegen. Auch eine pädagogische Preisum-frage wurde veranstaltet. Erstmals Ende des 18. Jahrhun-derts mußten die Lehrer in einem Anhang auch über ihre Methode berichten, die dann ebenfalls auf der Synode geprüft wurde.

Bei all der Arbeit hatten sie wenigstens den Trost, daß man sich auch um ihre Bezüge kümmerte. Sie hatten eine Rechnung mit drei Posten aufzumachen:

Wieviel Schulgeld? (Von den Schulkindern.)

Ertrag der Besoldungsgrundstücke?

Ertrag durch Nebenerwerb?

Aus diesen drei Posten setzte sich ihr Einkommen zu-sammen. Über das ausstehende Schulgeld von den Eltern hatten sie vierteljährlich eine Liste an den Kirchenkonvent einzureichen. Dieser entschied dann über eine eventuelle Beihilfe für arme und kinderreiche Familien.

Mit den Schulkindern selbst beschäftigte sich der Spezial bei der Visitation besonders eingehend. Sie mußten ihm nicht nur Gebete, Sprüche, Lieder, Psalmen auswendig vortragen, die Predigt vom Sonntag auslegen, Religions-fragen ohne Vorbereitung beantworten »wie sie aus Kin-dermund kamen«, Probeschriften und Rechnungen vor-legen, Liederverse vorsingen – nein, er ließ auch selbst unangemeldete Arbeiten anfertigen, von denen er die be-sten und die schlechtesten zur Synode mitnahm. Er ließ

Diktate schreiben, zu denen er Bibeltexte verwendete, er las aus Schilderungen »von guten Menschen« vor und ließ die 11–12jährigen einen Aufsatz darüber schreiben. Er prüfte genau im Kopfrechnen, denn es stand im Synodal-Rescript, man müsse auch in Dörfern darauf achten, denn der Landmann habe Rechnen nötig, damit er nicht beim Verkauf seiner Feldfrüchte Betrügereien anheimfalle. Die Sprüche Salomonis empfahl er zum Auswendiglernen, die Bußpsalmen hielt er für ungeeignet. An Schulbüchern ordnete er an, was man in der Synode für gut befunden hatte: Den Braunschweiger Katechismus nebst seinem historischen Anhang, das neue ABC-Büchlein, die württembergische Kinderlehre und das damals neue Gesangbuch mit seinen »schicklichsten« Liedern. Er achtete auch auf die Aussprache der Kinder, sie sollten womöglich schriftdeutsch sprechen. Drei Hefte hatten sie zu führen und vorzulegen: eines zum Aufschreiben der Predigtdisposition, ein zweites für Rechenregeln, ein drittes für Klugheits- und ökonomische Regeln (im Zeichen der Aufklärung, Ende 18. Jh.).

Auch damals schon mußte der Lehrer eine Versäumnisliste führen, der Spezial prüfte sie und rügte die, die oft gefehlt hatten. Auf Martini mußte dem Kirchenkonvent eine Versäumnisliste vorgelegt werden, der dann die Säumigen zum Buß- und Bettag öffentlich rügte. Es gab manchen Ärger. War die Schule »diejenige Pflanzstätte, wo bei der zarten, noch unverdorbenen Jugend die Keime der Tugend aufgedeckt und das Gefühl für das Gute und Sittliche gefördert werde?« Der Spezial sollte darüber berichten.

Ja, der Herr Spezial – mehr als einer im Dorf atmete auf, wenn sich das Kütschlein mit den Pferden und dem Postillion des Gestrengen in einer Staubwolke auf das nächste Dorf zubewegte. Denen da drüben gönnten sie es jedenfalls herzlich, daß nun die Reihe an ihnen war. Der Spezial schickte seinen Spesenzettel ans Konsistorium, und auch der Gemeinderechner setzte die Brille auf und malte »Kirchenvisitationskosten« groß in eine neue Spalte seines Rechnungsbuches:

Herrn Spezial	
auf zwei Mahlzeiten	1 Gulden 30 Kreuzer
Gewöhnliche Verehrung	1 Gulden 30 Kreuzer
Zörung dem Postillion	40 Kreuzer
Stallmieth über Nacht	2 Kreuzer
Herrn Pfarrer M.H.	30 Kreuzer
Dem Schultheißen	20 Kreuzer
Beeden Burgermeistern	30 Kreuzer
Beeden Heiligenpflegern	30 Kreuzer
Dem Schuelmeister	15 Kreuzer
Dem Provisor	15 Kreuzer
Dem Bittel	10 Kreuzer
Thut zusammen	6 Gulden 12 Kreuzer

Aus einer alten Kirchenordnung:
Die Pfarrer sollen, wenn sie über Feld reisen, nicht graue oder weiße Strümpf, sondern theologische Röck tragen, Hüt, nicht lange, hinter sich hergezogene Haar, keine Schuh mit hohen Absätzen und Rosen darauf, sie sollen auch nicht wie die Metzger ohne Krägen, allein mit einem schwarzen Flor um den Hals gebunden, daherreisen.

Von der Kirche
Macht und Einfluß

Kirchenumgänger -
die Schnüffler vom Dienst

Der evangelische Gottesdienst an den Sonn- und Feierta-
gen war in den vergangenen Jahrhunderten nicht nur eine
Möglichkeit für den frommen Christenmenschen, Gottes
Wort zu hören, sondern auch eine Art von Staatsaktion.
Beim Zusammenläuten wurden in Städten die Tore, in
Dörfern die Ettertüren, die Türen des Dorfzaunes, fest
verschlossen, niemand durfte während der Predigt aus
oder ein gehen.
Die Teilnahme am Gottesdienst war für den rüstigen Bürger und seine Familie Pflicht, Fehlen konnte mit Geldstrafe belegt werden. Jeder Schein von Arbeit an Sonntagen, insbesondere während der Kirchzeit, war ebenfalls
verboten und strafbar. Zwischen den Häusern mußte völ-
lige Stille herrschen, wenn der Geistliche die Kanzel betreten hatte; kein Fuhrwerk, kein Fußgänger, keine Arten
von Vieh oder Pferden sollte in Bewegung sein, keine Ma-
gistratsperson, kein Forstmann oder gar Schultheiß durfte
etwas erledigen, kein Handwerker einen Auftrag fertig-

machen. Kaufläden, auch Hausierer und Verkaufsstände mußten schließen, außerdem sämtliche Wirtshäuser, die auch hinter verschlossenen Türen bei strenger Strafe keine Getränke verabreichen durften.

»Schuldeneinfordern, Abrechnen, Vieh einkaufen, Weinkauftrinken sowie Gastmähler und Metzelsuppen, Hunde führen, Grasenlassen des Viehs, Brotbacken, Schmalz aussieden, Waschen, Kräutern, Wirken, unnötiges Auslaufen, Ausreiten, Ausfahren, Besuchen auswärtiger Jahrmärkte und Kirchweihen« – dies und noch vieles andere mußte strikt unterlassen werden. Erst eine Viertelstunde nach Beendigung des Gottesdienstes durften die Tore wieder geöffnet werden, aber auch dann nur für ganz notwendige und unaufschiebbare Verrichtungen.

So ernst faßte man damals die Sonntagsruhe auf, und so streng ahndete man Verstöße; Verordnungen der württembergischen Landeskirche ergingen laufend, wir kennen solche von 1654 bis 1844, alle zwanzig oder dreißig Jahre, zum Teil mit Verschärfungen wiederkehrend.

Natürlich paßte den Leuten diese drastische Form von Gesetz nicht immer. Sie wollten schon zum Gottesdienst gehen, aber gegen die manchmal fast militärische Kirchenzucht begehrten sie zuweilen auf. Eine stichhaltige Entschuldigung war zum Beispiel die, man müsse aufpassen, daß nichts gestohlen werde, wenn alles in der Kirche sei. Es kam auch vor, daß räuberisches Gesindel sich gerade die Stunde des Gottesdienstes zu Überfällen aussuchte, wenn die Leute nicht zuhause waren. Solche und andere berechtigte Überlegungen führten zu einer Maßnahme, die sich nicht immer ganz glücklich auswirkte: Umgänger wurden aufgestellt, also Männer mit gutem Leumund, die während des Gottesdienstes im Ort umhergingen und aufpaßten. Sie wurden meist aus dem Gemeinderat gewählt oder aus den niederen Dienstgraden der Gemeinden; Büttel, Schützen, Nachtwächter waren mit diesem Amt betraut. Gelegentlich wechselte man auch im Dorf rundherum ab, alle unbescholtenen Familienväter rüstigen Alters kamen einmal dran.

Man verpaßte ihnen irgendeinen uniformähnlichen Kittel, gab ihnen eine Hellebarde in die Hand und wies ihnen die in jeder Kirche gesondert gelegenen »Umgängerstühl« an, die möglichst in der Nähe der Tür lagen. Auf der Männerempore mochte man sie wegen des Lärms nicht, den sie beim Aus- und Eingehen machten. Es waren ihrer zwei, auch manchmal drei an der Zahl, sie mußten im Dorf umhergehen, in die Häuser schauen, überall nachsehen, wo sie etwas Verdächtiges wahrnahmen. Verdächtig auf zweierlei Weise: ob irgendwelche Spitzbuben von außen etwas im Schild führten, oder ob ein eigener Bürger in der Stille etwa doch arbeitete.

Diesen hatten sie natürlich anzuzeigen; gleich nach der Predigt kam der Pfarrer in die Sakristei und nahm die Meldungen entgegen. Fatalerweise bekamen die Umgänger ein Drittel des Geldes, um das die Mitbürger bestraft wurden!

Außerdem mußte es den Umgängern möglich sein, während des Gottesdienstes die Häuser zu betreten. Man mußte also den Schlüssel irgendwo deponieren oder das Haus offenlassen, der Mann mit der Hellebarde konnte schnüffeln, wenn er wollte – man kann sich denken, zu wieviel Streiterei und Scheelsucht das führte! Wahrscheinlich wurde auch die Aufmerksamkeit im Gottesdienst, die man erreichen wollte, manchmal geradezu untergraben, wenn die Kirchgänger das Gefühl hatten: Jetzt ist er bei mir!

Einer der Umgänger hatte die Aufgabe, in der Kirche umherzugehen und dort nach dem Rechten zu sehen. Die Männer hatten nicht zu schlafen, die Weiber nicht zu schwätzen und die Schuljugend nicht umzutreiben. Für die Schläfer war allerdings in manchen Gemeinden noch ein weiterer Mann angestellt, der statt einer Hellebarde eine Stange trug und die Entschlummerten »stupfen« mußte.

Zur Ehre vieler einstiger Umgänger muß gesagt werden, daß sie ihre Stellung in der Regel nicht ausnützten, sich nicht gern an den Strafgeldern der Mitbürger bereicherten, ja auch gelegentlich ein Auge oder auch beide zudrückten, wenn sie konnten – aber wenn es herauskam, wurden sie bestraft. Schmal war der Pfad der Tugend anno dazumal! Man wußte nie, wann man strauchelte. Und wenn ein Umgänger besonders »fies« war, konnte er den lieben Nächsten das Leben schon schwer machen. Sie taten manchmal nämlich ganz andre Dinge, als die Obrigkeit wollte, und kümmerten sich nicht um Umgänger und Gesetze – vielleicht waren es, was letztere angeht, auch einfach zuviel. Tief betrübt notierte ein Pfarrer einmal über seinen Schultheißen, der doch als Beispiel leuchten und alle Sonntage in der ersten Bank der Männerempore sitzen sollte: ». . . ist während allen drei Predigten über Feld geloffen . . .«

Wider das Zusammenschlupfen

Durch Synodalschluß von 1644 wurden, wie wir schon wissen, in Württemberg die Kirchenkonvente eingeführt. Es handelte sich dabei um kirchliche Sittengerichte, die unter dem Vorsitz des Ortspfarrers meist an Sonntagnachmittagen auf den Rathäusern der Städte und Dörfer tagten; Beisitzer waren Schultheiß und Gemeinderäte, Protokollist der Schulmeister oder der Pfarrer selbst.

Verfehlungen wie mangelnder Gottesdienstbesuch, Sonntagsarbeit, Fluchen, Schwören, Zaubern, Trinken, Raufhändel und Ehezwistigkeiten wurden hier förmlich verhandelt, die Täter vorgerufen und bestraft. Johann Valentin Andreä und Caspar Lyser als Initiatoren dieser Einrichtung hatten erkannt, daß dem sittlichen Zerfall nach dem Dreißigjährigen Krieg nur mit einer gewissen Drastik zu steuern sei, wobei das Genfer Sittengericht das Beispiel abgab. Der Einrichtung ist auch zu verdanken, daß sich die Verhältnisse in den evangelischen Gemeinden ganz wesentlich besserten; schon etwa hundert Jahre später war ein im Grunde geordnetes, vom christlichen Geist geprägtes Leben in Württemberg vorherrschend.

Einen Punkt indessen gab es, in dem die Bevölkerung, insbesondere der Dörfer, den Ermahnungen und Forderungen des Konvents hartmäulig gegenüberstand. In ihrer Sittenstrenge verfolgten die Ortspfarrer alles »Zusammenschlupfen« der jungen Leute beiderlei Geschlechts mit großer Schärfe; in Kunkelhäusern, Lichtstuben, Wirts- und Bäckerhäusern, auf Märkten und Tanzveranstaltungen wurden Aufpasser aufgestellt, die auch harmlose Beziehungen schon dem Konvent zu melden hatten, dem Vokabeln wie Liebe, Lustigsein und Fröhlichkeit fremd und lediglich mit Sünde zu koordinieren waren. Hier hat man im sittlichen Eifer wohl des Guten etwas zuviel getan: hätten die Konvente wirklich erreicht, was ihnen vorschwebte, dann wären die Dörfer vermutlich ausgestorben. So kann man in den Kirchenkonventsprotokollen durch die Jahrhunderte hindurch einen zähen und stets gleichbleibenden Kampf zwischen den Gemeinden und ihren Sittenrichtern verfolgen – nachgegeben hat im Grund keiner. Die Bauern waren nach den entsetzlichen Kriegs- und Pestverlusten des Dreißigjährigen Krieges auf Nachwuchs angewiesen, die Dörfer wollten

sich vergrößern, man brauchte Kinder und Mithelfer und
wollte wissen, für wen man schaffte; die Geburtenziffer
stieg auch glücklicherweise schnell, die verlassenen Höfe
belebten sich, die Äcker kamen wieder unter den Pflug.
Daß diese Vermehrung nicht immer nur legal und nach
der kirchlichen Trauung geschah, war der Stein des Anstoßes für den Pfarrer, und er kämpfte mit allen Mitteln
dagegen, wobei Geld- und Zuchthausstrafen an der Tagesordnung waren. Sowohl ledige Mütter als auch Ehepaare, bei denen sich der Nachwuchs zu früh angekün-
digt hatte, mußten sich vor dem Konvent verantworten
und landeten, wenn sie nicht bezahlen konnten, für einige Tage im dörflichen »Zuchthäusle«. Dort konnten die
Mütter und Väter bei Wasser und Brot über ihre Vergehen
nachdenken, indes der Anlaß zu ihrer Strafe von der
Großmutter im Wägelchen draußen vorbeigefahren wurde. Noch heute sind mündliche Erinnerungen an solche
Haftstunden, mindestens unter den Enkeln, in den Dörfern lebendig; die Kirchenkonvente wurden erst 1891 offiziell abgeschafft.
Aber auch außerhalb des württembergischen Territo-
riums, wo es keine Sittengerichte gab, ahndete man Vergehen solcher Art auf peinliche Weise. Im Gebiet der
Reichsstadt Ulm gab es die sogenannten Straf- oder Buß-
predigten, eine Einrichtung, die noch im Pfänderspiel des
»Sitzens aufs Lästerstühle« lebendig geblieben ist. Die
»gefallenen« jungen Paare mußten während des Gottesdienstes außerhalb der Bankreihen inmitten der Kirche
auf zwei separaten Stühlen sitzen und sich vor versam-
melter Gemeinde eine Strafpredigt des Pfarrers anhören,
bei welcher er mit Schmähungen nicht sparte. Die Verwandtschaft, insbesondere die beiden Elternpaare, wurden zu dieser Predigt durch den Mesner extra eingeladen.
In den Protokollen wird aber vermerkt, daß sie sehr be-

dauerlicherweise dieser Aufforderung nicht gefolgt und entweder gar nicht zum Gottesdienst oder aber in eine andere Kirche gegangen seien. Ein Geistlicher setzt betrübt hinzu, daß in einem besonderen Fall nicht einmal die Eltern gekommen seien, die vor fünfundzwanzig Jahren auf denselben Stühlen gesessen seien – so unbußfertig seien die Menschen.

Beim ersten Fluch 15 Kreutzer

Bald nach dem Dreißigjährigen Krieg wurde im alten Württemberg durch Generalreskript des Herzogs eine merkwürdige Einrichtung getroffen: In jeder Gastwirtschaft mußte eine Büchse stehen oder eine Art Opferstock; das Behältnis sollte »bei der Wand des oberen Tisches angehengt« und verschlossen sein. Den Schlüssel besaß nicht der Gastwirt, sondern der Heiligen-, Armen- oder Kastenpfleger, der Mann, den wir heute Kirchenpfleger nennen würden und der die Kasse der örtlichen Kirchenbehörde führte. Ihm mußten die Büchsen »alle samstag gegen abend« ins Haus gebracht werden, er mußte sie aufschließen, das Geld entnehmen und der Armenpflege gutschreiben. Später begnügte man sich mit einer monatlichen Entnahme, denn – ja, meistens war gar nichts drin in den ominösen Büchsen, oder nur »Schuhnägel-Köpfe, Blättlein von Knöpfen, leere Papierlen oder verrufene Geldsorten«. (Verrufen hier im Sinn von aufgerufen, verfallen, ungültig.)
Was hatte es damit auf sich? Der Fürst als Kirchenbehörde wollte auf diese Weise das Fluchen und Schwören bekämpfen, das »auf denen Gassen, in Würths- und andern

Häusern, so gar gemein wird, daß nunmehro auch die kleine Kinder davon nicht befreyt seynd« (1712). Bei jedem Fluch oder Mißbrauch göttlicher Namen am Wirtstisch sollte Geld in die Büchse eingelegt werden, zuerst in beliebiger Höhe, später nach Vorschrift: Beim ersten Fluch 15 Kreuzer, beim zweiten 30, beim dritten 45 Kreuzer und beim vierten einen ganzen Gulden (1 Gulden = 60 Kreuzer). Bei totaler Armut sollte der Flucher vom Wirt angezeigt und mit Arrest im örtlichen Zuchthäusle bestraft werden.

Das waren drastische Maßnahmen. In jener Zeit entstanden die Pseudoflüche wie »heidenei«, »heimansapp« oder »Herrschaftsechser«, die natürlich straffrei ausgingen. Trotzdem, die Suppe wurde nicht so heiß gegessen, wie sie gekocht war; der Aktion war kein Erfolg beschieden; jahrelang häuften sich in den Akten die Klagen über die leeren Büchsen. Die Wirte wurden peinlich befragt, ob sie wirklich keine Flucher wahrgenommen hätten. Zeitweise mußten sie es beschwören, zeitweise mußten sie auch selbst etwas bezahlen. Sie taten es. Ob wohl wirklich niemand mehr geflucht hat von all den Bauern, Knechten, durchreisenden Soldaten, Handwerksburschen, Hausierern und sonstigem Gesindel, das damals die Straßen unsicher machte? Die Frage bleibt offen. Ob die oberste Kirchenbehörde es geglaubt hat? War sie so weltfremd, anzunehmen, die Wirte würden ihre Gäste vergrämen und sie zum Zahlen zwingen, wenn ihnen in der Weinseligkeit ein Fluch entwischt war? Wir wissen auch das nicht. Fest steht nur das eine, daß die Armenkasse nicht reich wurde durch die Schwörbüchsen.

Es fällt uns Heutigen schwer, Zeitläufte nachzuvollziehen, in denen Sünden gegen die Zehn Gebote – übrigens auch viele andere – von der Kirche mit Geldstrafen belegt waren. Es hat sich niemand dagegen gewehrt; die Menschen von damals, Untertanen im absolutistischen Staatswesen, waren Gehorsam gewöhnt und dachten wohl auch nicht viel darüber nach. Da sie arm waren, taten ihnen ein paar Kreuzer schon weh, und sie zahlten nicht gern, und so wurde viel an äußerer Zucht und Ordnung erreicht. Vom eigenen Gewissen war jedoch nicht viel die Rede.

Do hilft älles Beta nix, do muß Mischt na

Die bekannte Redensart »Do hilft älles Beta nix, do muß Mischt na«, die ein wenig den Unterschied zwischen Theorie und Praxis glossieren und den geistlichen Herrn als einen Bücherwurm darstellen will, der überhaupt nicht weiß, daß es »Mischt« gibt, hat nicht zu allen Zeiten gegolten. Es gab eine Epoche, da standen die Pfarrer wirklich auf dem Acker und zeigten hier den Bauern höchsteigenhändig, wo, womit und wieviel gedüngt werden muß. Jene Geistesepoche des 18. und 19. Jahrhunderts, die man die Aufklärungszeit nennt, hat auf der Alb ihre deutlichen Spuren hinterlassen. Ja, es scheint fast, als ob der vom Klima wenig begünstigte und auf den Gebieten des landwirtschaftlichen Fortschritts damals unterbelichtete Landstrich eine vermehrte Tätigkeit aufklärerisch wirksamer Persönlichkeiten geradezu herausgefordert habe. Es fehlen zwar genaue zahlenmäßige Vergleichsmöglichkeiten zu anderen Landschaften, aber es fällt beim Studium dörflicher Verhältnisse und der entsprechenden Literatur von der Alb doch stark auf, daß es mindestens gegen das Ende des 18. Jahrhunderts fast in jeder Gemeinde einen Pfarrer, Schulmeister, Chirurgen oder Substituten gegeben hat, der sich leidenschaftlich für irgendeine landwirtschaftliche Verbesserung einsetzte – sei dies nun Obstbau, Bienenzucht oder was auch immer.

Noch ein Wort zur Aufklärungszeit selbst: Jene Epoche war eigentlich der Beginn unseres heutigen technischen und wissenschaftlichen Zeitalters. Es war eine ungeheure Umwälzung, die sich da anbahnte, sie war nicht für jeden gleich begreifbar; das wissenschaftliche Denken löste sich aus der Oberhoheit der Kirche und aus dem Bereich des Glaubens, es verselbständigte sich zu einer eigenen Disziplin, was für viele strenggläubige Menschen damals einer Art von Blasphemie gleichkam. Rasch jedoch war die Pfarrerschaft beider Konfessionen für die neuen Ideen aufgeschlossen. Es bildete sich nun ein Pfarrertypus, der sozusagen vom Podest stieg und die Ärmel aufkrempelte, der sich mit dem »Mischt« befreundete und seinen Pfarrkindern auch auf irdische Weise beistand.

Man kann sich denken, wie das bei den Bauern einschlug – ein Pfarrer, der sich auf die Wiese stellte und Anbauversuche mit Grassorten machte! Zuerst allerdings waren sie mißtrauisch und wollten nichts annehmen, was sie nicht kannten. Jeremias Höslin, einer dieser neuen Pfarrer, der auch schriftstellerisch tätig war, schreibt einmal etwas spitzig: »Sie hätten wohl Mergel und könnten gut düngen, wenn sie nur wollten; aber sie tun es nicht, vermutlich, weil ihre Großväter es auch nicht taten«. (Die Mergeldüngung, inzwischen längst überholt, war eines der Hauptthemen damals.)

Die aufklärerischen »Intellektuellen« waren unermüdlich. Sie züchteten Raygras, verschiedene Kleearten, vor allem Esparsette, die sie als besonders geeignet für die Böden der Hochalb empfahlen. Einige von ihnen trugen den Spitznamen »Esperapostel«. Wo heute diese Pflanze noch blüht, ist sie ein Andenken an jene Zeit.

Viele Versuche wurden mit Obstbau gemacht. Mancher Pfarrer hat eine Baumschule gegründet, die Bevölkerung mit jungen Bäumchen versorgt und sie zur Anpflanzung bewegt – wenn heute im Frühjahr der weiße Flor der Apfel- und Birnbäume um die Dörfer her blüht, so waren auch hier wieder jene Baumzüchter im geistlichen Rock die Initiatoren. Einer von ihnen, der älteste der Höslins, machte in Wippingen ganz besondere Pflanzversuche. Er grub unter die jungen Bäumchen ein Brett ein, um sie daran zu hindern, ihre Wurzeln pfahlartig in die Tiefe zu treiben; er wußte, daß der Älbler Boden nicht tiefgründig ist, und wollte die Bäumchen zwingen, ein flaches Wurzelgeflecht zu bilden. Man mag über diese pfarrherrlichen Versuche heute ein wenig lächeln, die Entwicklung ist natürlich über sie hinweggeschritten, aber sie wurden getan und es wurde der Obstbau gewagt, obwohl der »Volksmund« einstens behauptet hatte, »so etwas« wachse nicht auf der Alb.

Bienenzucht betrieb fast jeder geistliche Herr. Aber auch hier wurden neue Wege gesucht. Pfarrer Wurster aus Zainingen gab sogar eine »Vollständige Anleitung zu einer nützlichen und dauerhaften Magazinbienenzucht« mit sechs Kupfern heraus. Andere Seelenhirten mosteten gern und machten auch in dieser Hinsicht Experimente. Pfarrer Kern aus Eggingen verkaufte 1850 eine ganze Menge Fässer und 180 Maß feinen Apfelmostes. Sollte die Qualität des schwäbischen Mostes auf die ebenso qualifizierten schwäbischen Pfarrhäuser zurückgehen? Ausgeschlossen wäre es nicht. Ihre Küchen waren in manchen Dingen anstoßgebend, sie probierten die ersten Kartoffelgerichte, kochten die vom Pfarrherrn erstmals angebauten feinen Gemüse, den »Karfiol« (Blumenkohl) und die Karotten, die sogar zum feldmäßigen Anbau empfohlen wurden.

Bodenkohlraben und Düngermethoden, Gesundheitspflege und Feldmeßkunst, Bierbrauen, Stallfütterung und
Schweinezucht – es gab kaum einen Bereich der Land-
und Forstwirtschaft, der die Pfarrer der damaligen Zeit
nicht interessiert hätte. Sie predigten auch darüber. Böse
Zungen sagen ihnen nach, sie hätten an Weihnachten
über den Nutzen der Stallfütterung und an Ostern über
den Vorteil des Frühaufstehens gepredigt. Aber sie predigten auch gegen den Aberglauben und rotteten Hexen-
vorstellungen aus, und sie hatten auf diese Weise sehr
aufmerksame Zuhörer.

Eine ganze Reihe Älbler Pfarrer steht für diese Bemühungen: Pfarrer Steeb (1742–1800) ist einer der bekanntesten
Vertreter; er wirkte in Grabenstetten und führte insbesondere neue Futterkräuter ein, was zur Verbesserung
der Viehzucht führte. Seine Erfahrungen legte er in dem
heute noch lesbaren Büchlein »Von der Verbesserung der
Cultur auf der Alp« (Stuttgart 1792) nieder. Lebhaft unterstützt wurde er von Pfarrer Hochstetter (1707–1785) in
Hohenstatt. Die beiden sollen sich auch für die langstie-
lige Sense gegenüber der kurzen Sichel eingesetzt haben.
Der später in Grabenstetten tätige Pfarrer Weinland, der
Vater des Jugendschriftstellers und Verfasser des »Rula-
man«, setzte Steebs Bemühungen fort.

Es könnten noch viele Namen genannt werden; der
Onstmettinger Pfarrer Ph. M. Hahn mit seinen mechani-
schen Versuchen gehört ebenso ins Bild wie der Wilder-
muthsche Haselnußpfarrer oder der essigfabrizierende
Seelenhirt aus Mörikes »Häuslicher Scene«. Mag die
ganze Bestrebung gelegentlich ein wenig ins Lächerliche
gegangen sein, so verdankt die heutige Älbler Landwirtschaft ihr doch wahrscheinlich mehr als sie weiß.

Der Pfarrer handelt mit Strohhüten

In den Kirchenrechnungen der Stadt Münsingen vom Jahr 1822 kann man eine seltsame Story lesen: Da sind der Pfarrer und der Kirchenpfleger miteinander am Pfingstmontag auf den Laichinger Markt gezogen und haben 32 Kreuzer vom Kirchenvermögen vervespert – vermutlich hat jeder sich einen Teller saure Kutteln genehmigt, wie an Markttagen üblich, und einen Most und ein Brot dazu bestellt. Haben die zwei sich einen guten Tag machen wollen? Der erstaunte Leser erfährt weiterhin, daß sie einen Stand auf dem Markt um acht Kreuzer Standgeld innehatten und daß sie für den Transport 24 Kreuzer verrechneten! Und daß die beiden frommen Herrn den Damen neue Hüte verpaßt und verkauft hätten!

Nun, um einen privaten Abstecher der beiden kann es sich nicht gehandelt haben, schon deshalb nicht, weil solche Spesen nicht öffentlich verrechnet werden. Wir müssen da etwas weiter ausholen: 1811 sind in Württemberg die sogenannten Arbeits- oder Industrieschulen gegründet worden. Das Wort »Industrieschule« hat hier mit fabrikmäßiger Tätigkeit noch nichts zu tun, es handelte sich um reine Handfertigkeiten, die da vermittelt werden sollten und zwar für Knaben und Mädchen ärmerer Bevölkerungsschichten. Bastel- und Handarbeitsunterricht würde man heute sagen und die Aktion als Bestandteil des Schulunterrichts sehen.

Damals aber ging die Sache von Wohltätigkeits- und Armenunterstützungsorganisationen aus. Im Zuge der Aufklärungsbewegung, die sich um Belehrung und Anleitung besonders des Landvolkes mit leidenschaftlichem Einsatz kümmerte, hatte man festgestellt, daß die Kinder der Minderbemittelten zu Müßiggang und Betteln, zu Sittenlosigkeit und Bosheit neigten und nicht selten zu kleinen Diebstählen ausgeschickt wurden. Soweit sie Hütekinder waren, und das war auf dem Dorf die Regel, waren sie sittlich gefährdet und verroht und unregelmäßige Schul- und Kirchgänger. Kurz, die Kinder mußten von der Straße.

Dazu hatte man sich die Industrieschulen einfallen lassen. Der erste Erlaß kam 1811, der zweite 1818, ein dritter 1835, weitere folgten. Wie das ganze Armenwesen unterstanden sie dem Pfarrer; für den Unterricht wurden Industrielehrer und -lehrerinnen gewonnen. Die Mädchen sollten insbesondere Spinnen, aber auch Stricken und Nähen lernen, die Knaben ebenfalls im Spinnen, aber auch in Strohflechtereien, kleinen Schreinerarbeiten, Baumpflege etc. unterrichtet werden. Wenn wir einem Bericht von 1835 Glauben schenken, so konnte kaum ein Mädchen vom Dorf damals stricken oder nähen; alle die Fertigkeiten, die gerade Landfrauen in diesen Dingen heute zeigen, wären also im Grunde dieser Bewegung zu verdanken.

Wichtig war dabei auch ein gewisser finanzieller Erfolg. Das, was die Jungen und Mädchen da lernten, sollte etwas abwerfen, zur Unterstützung der armen Eltern dienen und damit die Anstrengungen der Wohltätigkeitsvereine wieder bezahlt machen. Solchen Familien, die in öffentlicher Unterstützung standen, wurde die Teilnahme ihrer Kinder zur Pflicht gemacht, ebenso solchen, die schon einmal wegen Bettelns bestraft worden waren.

»In der Zeit von 8–10 Tagen wird allhier die Industrie-Schule und insonderheit durch einen eigens hiefür angestellten Fabrications-Verständigen aus der Schweiz, der Unterricht in verschiedenen Stroh-Geflecht-Arbeiten beginnen« – so heißt eine Verlautbarung aus Dottingen. Der Schweizer hieß Kuttruf und war zuvor in Münsingen tätig gewesen. »Da besonders die letzteren Arbeiten sich durch ihre Nützlichkeit in wirthschaftlicher und commerzieller Hinsicht sowie durch ihre Schicklichkeit für Kinder beyderlei Geschlechts von 8–12 Jahren auszeichnen, wird ersucht, die Kinder zur Teilnahme an diesem Unterricht zu veranlassen.«

Nun wissen wir, wieso der Pfarrer auf den Strohhuthandel gegangen ist. Die Flechtarbeiten der Kinder, erlernt bei Herrn Kuttruf, sollten etwas abwerfen.

Wir fragen uns: Konnte der Pfarrer seine Strohhüte nicht in Münsingen absetzen? Oder wollte er sich da nicht auf einen der zahlreichen Märkte stellen? Das hatte er nicht nötig, in Münsingen konnte er Strohhüte privat verkaufen. Es gibt eine hübsche Liste darüber, auch aus dem Jahr 1823:

»Bezeichnung des Strohhüte-Verkaufs an folgende Personen: 1 Stück Annthorothea Freytagen 28 Kreuzer, 2 Stück Marragnete Pflügerin 39 Kreuzer, 1 Stück Friederike Loken 24 Kreuzer, 1 Stück Herrn Ruppen Dienstmagd 26 Kreuzer, 1 Stück Maria Barbara Schöllin 26 Kreuzer, 1 Stück Regina Mohnin 24 Kreuzer, 1 Stück Magdalena Krehlin 24 Kreuzer, 2 Stück Chirurg Haagen Tochter 53 Kreuzer, 1 Stück Herr Präzeptors Magd 24 Kreuzer« usw.

Mit der Orthographie, insbesondere von weiblichen Vornamen, war der Rechner nicht vertraut, wie wir sehen. Aber das ist hier unwichtig. Klar wird durch die Abrechnung, daß die Sache florierte, daß ein großer Teil der Münsinger Damenwelt sich zugunsten der armen Kinder mit neuen Hüten geschmückt hat. Schade, daß wir sie nicht mehr sonntags damit paradieren sehen können! Es muß doch ein doppelt großartiges Gefühl gewesen sein, erstens einen neuen Hut zu besitzen und zweitens ein gutes Werk vollbracht zu haben!

Hilf mir jetzt, dann helfe ich Dir später

Die so malerisch gelegene Gemeinde Rietheim bei Münsingen besitzt in ihrer Kirche ein Kleinod besonderer Art. »In ihrem freundlichen, 1768 erbauten Gotteshaus kam durch verständnisvolles Zusammenwirken tüchtiger Handwerksmeister ein überaus ansprechendes Ganzes zustande, ein harmonisches Denkmal volkstümlicher Kunst«, steht in Schwenkels Heimatbuch des Bezirkes Urach zu lesen. In der Tat sind viele um diese Zeit in Altwürttemberg erbauten Dorfkirchen oft recht nüchtern, fast häßlich zu nennen; im Protestantismus wußte man bekanntlich mit den damals in katholischen Gegenden Triumphe feiernden Stilrichtungen Barock und Rokoko nichts Rechtes anzufangen, man wehrte sich auch dagegen und baute mehr stillose Versammlungsräume als eigentliche Kirchen. Die Rietheimer Kirche stellt hier eine rühmliche Ausnahme dar.

Man hatte in Rietheim keinen Kreuzer Geld für dieses Unternehmen – aber offenbar war die alte, schon 1525 erwähnte »Kapelle im alten Kirchhof« so baufällig geworden, daß nichts anderes übrigblieb, als an einen Neubau zu denken. Da die Rietheimer keinen eigenen Pfarrer hatten, wollten sie wenigstens eine ordentliche Kirche haben – Rietheim war »von altersher« nach Seeburg eingepfarrt. Zu den Predigten mußte man den Geistlichen jeweils dort abholen. Früher geschah dies auf einem Pferd, zu welchem Zweck ein Reitsattel auf Kosten der Gemeinde angeschafft und unterhalten wurde (Gemeinderechnung 1746/47). Als dann die Seeburger Steige ausgebaut war, benützte man ein »Chaisle«, das einer der Bauern, der das »Pfarrholen« übernommen hatte, pflegen und bei Bedarf anspannen mußte.

Man entschloß sich also 1768 zum Neubau einer Kirche und fing an, die alte Kapelle abzubrechen – merkwürdigerweise unter heftigem Widerstand eines größeren Teils der Bevölkerung. Warum so viele Rietheimer dagegen waren, geht nicht aus den Akten hervor. Aber sie müssen sich kräftig gewehrt haben, die Tatsache ist mehrfach erwähnt. Der Gemeindepfleger schreibt darüber: »Am 20. März bin ich und der Schultheiß in die Oberamtey nach Urach beschieden worden wegen Strittigkeit, weillen etliche Bürger nicht haben wollen, daß man die Kapelle abbrechen solle«. Einen ganzen Tag lang wurde in Urach darüber beraten, aber offenbar einigte man sich dann.

Die Oberamtei hat das Unternehmen des Neubaus unterstützt und ihm absolute Notwendigkeit bescheinigt. Sie sorgte zunächst dafür, daß Geld zusammenkam – Herzog Carl Eugen genehmigte auf »untertänigstes Supplicieren« eine Geldsammlung in folgenden Städten und Ämtern: Balingen, Backnang, Bebenhausen, Blaubeuren, Böblingen, Brackenheim, Alpirsbach, Altensteig, Dornstetten, Freudenstadt, Denkendorf, Dornhan, Gochsheim, Gomaringen, St. Georgen, Ebingen, Güglingen, Bulach, Freudental und Urach. Die Sammlung ergab fast 500 Gulden. Auf diese Weise wurde früher manches Finanzproblem gelöst, auch bei Feuersnöten und sonstigen Unglücksfällen wurden solche »Collekten« ausgeschrieben, die Methode »hilf mir jetzt, dann helfe ich Dir später« hat sich ja auch im Dorfalltag stets bestens bewährt, ehe es Versicherungen und Bausparkassen gab.

Man hatte also ein kleines Startkapital; zunächst mußte, da die neue Kirche ja größer werden sollte als die alte, Baugrund hinzugekauft werden. Den »Riß«, also den Bauplan fertigte Kirchenratsbaumeister Göz in Ludwigsburg. Vermutlich ist ihm in erster Linie die glückliche Planung zu verdanken. Mehrmals mußten Schultheiß und

Gemeindepfleger nach Ludwigsburg – natürlich zu Fuß, eine andere Reisemöglichkeit kam nicht in Betracht. Endlich war es dann soweit, daß sie den Plan schwarz auf weiß und »auf bestem holländischen Regalpapier« heimtragen konnten.

Nun konnte es also losgehen. Man brach das alte Kapellchen vollends ganz ab; teils mußten die Rietheimer das in der Fron tun, teils der Uracher Zimmermeister Fecht mit seinen Gesellen. Dieser hatte offenbar schlechtes Wetter erwischt, man mußte ihm und seinen Arbeitern eine ordentliche Zehrung im Wirtshaus genehmigen, weil das Wetter so »hantig« war, wie es wörtlich heißt. Dann wurden die Handwerker »veraccordiert«. Ähnlich wie heute konnten sie sich mit einem Voranschlag bewerben, und der Billigste bekam den Auftrag. Es wurde ordentlich gefeilscht auf dem Rathaus, sie ließen sich immer noch ein paar Gulden abhandeln, um ja zum Zug zu kommen – bei den Zimmerleuten ging es besonders hitzig her, schließlich unterbot sich einer so stark, daß es heißt, er habe dann »aus purer Passion« den Auftrag übernommen.

Das Fundament wurde mit »lagerhaften Sandsteinen« ausgemauert, darauf eine »zweyhäuptige Fußmauer« gesetzt, die vier Ecken mit glatt gehauenen Quadern gefaßt und dann der Dachstuhl aufgesetzt. Für das Turmgebälk wurde Eichenholz verwendet, auch hier wieder gegen einigen Widerspruch; einige Rietheimer fanden das zu teuer. Aber sonst wurde überall gespart, vom alten Kirchlein wurde an Material wiederverwendet, was nur irgend ging, sogar aus den alten Kirchenstühlen machte man noch einige kleine für die neue Kirche.

Die Beifuhr der Baumaterialien sollte durch Rietheimer Bauern geleistet werden, aber »weillen sie wegen müdem Zug so vieles Fuhrwerk außerstand waren«, mußte man sich an die Nachbardörfer wenden, die auch einsprangen.

Bauholz kam von Mittelstadt, Kalk und Dachplatten von Münsingen, Steine von Seeburg.

Sorgen machte noch die Inneneinrichtung. Hier scheint sich der Schreiner Freytag aus Münsingen sehr bewährt zu haben, seine Rechnung führt fast die ganze Schreinerarbeit auf, Holzdecke, Männer- und Weiberstühle, Altar, Kanzlei, Kruzifix, Stegen (Treppen), Geländer und Säulen, Kanzel und Taufsteindeckel. Freytag übernahm auch Malerarbeiten. »Hab ich die Borkirch (Empore) mit guter Ölfarb angestrichen und mit Blumen und Laubwerk versehen«. Er malte auch das Uhrenzifferblatt in Silber und vergoldete den Turmhahn vom alten Kapellchen.

Schließlich konnte man ans Richtfest denken – und hier wurde nicht gespart. Drei Tage lang feierte man in Rietheim: »bey auffrichtung der Kirch ist einem jeden Bürger ein halb Maß Wein gegeben worden und zwei Brod und so drey Tag – auch dene Witfrauen, auch alle alte Leut ist etwas gegeben worden«. Bei der Abrechnung bemerkte später der Oberamtmann, diese Zehrung müsse die Bürgerschaft zahlen, die könne nicht auf die Gemeinde übernommen werden. Wer dann letztlich der Zahlende war, geht nicht aus den Akten hervor. Die Bauarbeiter bekamen »Schnupftüchlein«, auch damals schon, als Richtfestgeschenk. Einige bekamen sogar neue Hemden.

Der Tag der Einweihung war schon festgelegt, da starb am 28. September 1768 der 37jährige Bürger, Wirt und Conventsrichter Johannes Goller. Für die große Trauergemeinde nahm man dann die neue Kirche erstmals und noch vor der Einweihung in Gebrauch. Am 23. Oktober dann, dem Sonntag vor Sime und Jude, dem 21. Sonntag nach Trinitatis, segnete der Spezialsuperintendent aus Urach die Kirche ein. Die Gäste und Besucher waren so zahlreich, daß es ein Opfer von 10 Gulden und 21 Kreuzern gab, was in Rietheim noch nie vorgekommen war.

Der Gesamtaufwand für den Bau betrug 2423 Gulden und 21 Kreuzer. Die Landschaft trug 110 Gulden, Stadt und Amt Urach 55 Gulden und der herzogliche Kirchenrat 180 Gulden bei; die Kollekte hatte 500 Gulden erbracht. Der Rest wurde aufgenommen und von der Gemeinde verzinst und amortisiert.

Heiligs Blechle

Mit dem »Blech« oder »Blechle« beschäftigen sich mehrere, oft gehörte Redensarten in unserem Land. Ausrufe wie »Heiligs Blechle« oder auch »Schla me 's Blechle« rutschen immer einmal wieder über die Zunge, wenn man verwundert, erstaunt, erschreckt ist und plötzlich reagiert. Leute, die nicht fluchen wollen, gebrauchen sie häufig, sie stehen fast anstelle eines Fluches, sind aber doch nicht ganz so schlimm, mehr auf dem Weg dazu. Es gibt auch noch ein »siediges Blechle« oder man »haut auf 's Blechle«, was ein bißchen an Theaterdonner erinnert.
Woher kommen alle diese Blechlesvarianten? Hat ein Flaschner oder Klempner die Hand im Spiele gehabt und der Umgangssprache sein Siegel aufgedrückt?
Auskunft geben wieder einmal die für viele Gebräuche so aufschlußreichen alten Dorf- und Pfarrbücher. In einer Gemeindeordnung steht, schon vom 16. Jahrhundert, eine Anordnung, daß die Pfarrer die für ihre Gemeinde nötigen »Blechlen« in Stuttgart zu bestellen hätten. Später ist in einer Gemeinderechnung zu lesen, man habe die das Jahr über nötigen Blechlein bei einem Flaschner anfertigen lassen und dafür sechs Kreuzer bezahlt. Aus solchen und vielen ähnlichen Einträgen läßt sich folgendes zusammenreimen:

Die kirchlichen wie die bürgerlichen Gemeinden hatten in früherer Zeit eine ganze Anzahl von armen Leuten im Dorf zu unterstützen und zu erhalten. Die Armenpflege umfaßte in schlechten Zeiten oft einen ganz erklecklichen Teil der dörflichen Finanzen. Die Kirche, damals die Heiligenverwaltung (heute Kirchenpflege), ging mit gutem Beispiel voran, die bürgerliche Verwaltung kam zögernd nach; die Gemeindepfleger waren offensichtlich ganz froh, wenn sie nicht gebraucht wurden und malten unter die Rubrik »Auf die Armenpflege verwendet« eine besonders schöne Null. Trotzdem, es gab Zeiten, da mußten sie in den Beutel greifen, da war die Not unter der Bevölkerung so groß, daß sie nicht zusehen konnten.

Hierbei wurde allerdings streng ausgewählt. Nur würdige Personen bekamen etwas. Es gibt einen Schriftwechsel, wonach der Münsinger Superintendent ausdrücklich verbot, einer ledigen und nicht in gutem Ruf stehenden Frauensperson etwas zu geben – »sie habe es mit dem Soldatenvolk getrieben«. Der dörfliche Gemeinderechner gab dann illegal und auf seine Verantwortung doch ein paar Kreuzer – »sintemal man ja schließlich nicht mitten im Flecken jemanden verhungern lassen« könne.

Dies zeigt, wie scharf gesiebt wurde. Man untersuchte genau, warum die Betreffenden in Armut geraten waren – etwa aus Faulheit, Liederlichkeit, Trunksucht? Dann war es schwer, sie öffentlich zu unterstützen. War es jedoch wegen Krankheit, Unfall oder Alter soweit gekommen, dann bekamen die Anwärter etwas, nicht viel, aber doch so ausreichend, daß sie nicht verhungerten. Teils war es Geld, teils Naturalien aus dem Heiligenvermögen, dem Armenkasten, der aus eigenen Gütern und Abgaben Getreide besaß.

Die auf diese Weise in der Fürsorge von Kirche und Gemeinde stehenden Armen mußten aber gekennzeichnet werden, denn Scharen von auswärtigen Bettlern machten die Dörfer unsicher und auch die Ausgesonderten des eigenen Dorfes versuchten, an die Futterkrippe zu kommen. Anerkannte Unterstützungsempfänger mußten ein Blechle tragen. Es war sogar Vorschrift, daß sie es sichtbar an der Kleidung anzubringen hatten; offenbar waren zeitweilig auch Nummern eingeprägt.

Damit haben wir eine ziemlich plausible Erklärung für den Ausdruck »Heiligs Blechle«. Denn es ist anzunehmen, daß diese von der Heiligenpflege ausgegebenen Kennzeichen einmal die »Heiligenblechlein« waren; sonst wäre das Attribut »heilig« auch mit der Herkunft aus der Hand des Pfarrers zu erklären. Daß ein Armer »auf's Blechle schlug«, wenn er zu erkennen geben wollte, daß er Anspruch auf Unterstützung habe, ist ebenfalls leicht verständlich.

Daß mancher unschuldig Arme sich durch diese Blechmarke gebrandmarkt fühlen mochte, läßt sich denken, wenn es auch in den Akten nicht ausgedrückt ist. Wer freute sich schon, wenn er ein solches Zeichen tragen mußte? Im 19. Jahrhundert sah man das auch obrigkeitlicherseits ein und schaffte die »Blechlen« ab. (Man dachte inzwischen humaner.)

Aber im Gedächtnis der Leute blieben sie haften bis zum heutigen Tag. Heute versteht man zwar den eigentlichen Sinn der Blechlesausdrücke nicht mehr, aber man gibt doch auch mit einer leeren sprachlichen Wendung unbewußt eine Erinnerung weiter.

~~~~~~~~~~~~~~~~~~~~~

Pfarrer sollen ihre Schulmeister zu eigenen Diensten nit allzuviel gebrauchen, nit zum Schulden eintreiben, über Feld schicken oder daheimbden zum Holz spalten, dreschen, gärtlen oder derlei Arbeiten machen.

~~~~~~~~~~~~~~~~~~~~~

Nicht alles an die große Glocke hängen

Die Glocken hatten in den vergangenen Jahrhunderten durchaus nicht nur die eine Aufgabe, die gläubigen Christen zum Gottesdienst zu rufen. Man muß sich vorstellen, daß es in früheren Jahrhunderten überhaupt kein anderes Zeichen gab, den Dorfgenossen etwas mitzuteilen, als die Glocke. Es gab auch mehrere Arten von Glocken auf den Kirch- und Befestigungstürmen, vor allem kleinere Arten waren viel häufiger vertreten als heute, und die Leute waren schon auf die einzelnen Tonlagen geeicht und wußten, was sie zu tun hatten, wenn eine von ihnen plötzlich zu bimmeln begann.

Dabei muß man daran denken, daß unsere Altvordern auf den Dörfern ohne Uhren lebten. Die Turmuhren wurden etwa gegen Ende des 18. Jahrhunderts eingeführt. Taschenuhren, bei uns »Sackuhren« genannt, kamen ebenfalls nicht früher auf und waren zunächst nur im Besitz der wohlhabenden Bauern. Der arme Mann mußte also uhrenlos leben und war darauf angewiesen, daß ihm die Zeit von irgendeiner Seite her gegeben wurde. Die Einteilung des Tages geschah für ihn also nur durch die Glocken. Sie gaben ihr Zeichen, wenn man aufstehen mußte, wenn es Zeit zum Morgenessen, zum Kochen war, wenn die Kinder von der Straße mußten, wenn es auch für die Erwachsenen Zeit wurde, ins Bett zu gehen.

Das Gesetz achtete darauf, daß diese Glockenzeichen eingehalten wurden. Abends nach neun Uhr durfte bei Strafe nichts mehr ausgeschenkt werden, da durfte in den Wirtschaften lediglich noch ausgetrunken werden, dann sorgte der Nachtwächter dafür, daß die Zecher heimgingen. Der Lehrer mußte nach der Abendglocke (zwischen 6 und 8 Uhr je nach Jahreszeit) danach sehen, daß die Kinder alle zuhause waren. Das Elfuhrläuten war für die Frauen das Zeichen, vom Feld heimzugehen und zu kochen.

Noch nach Einführung der Kirchturmuhren verlangte die Bürgerschaft, daß weiterhin geläutet werden sollte. Im Jahre 1808 lesen wir in den Gemeinderechnungen eines Albdorfes: »Auf Verlangen der Bürgerschaft hat der Schulmeister auch im vergangenen Jahr von Georgi (23. April) bis Michaelis (29. September) die große Glocke vormittags 9 Uhr und nachmittags 4 Uhr läuten müssen, damit die im Feld arbeitenden Leute die Zeit desto eher wissen möchten.« Der Schulmeister war für die Glocken verantwortlich, für das Läuten und das Instandhalten der Kirchturmuhr, die er mit Baumöl regelmäßig zu schmieren hatte.

Die sogenannten Betglocken, also Glockenzeichen, bei welchen die Einwohner der Dörfer beider Konfessionen ein Gebet verrichteten, verdanken ihre Entstehung der Zeit nach dem Dreißigjährigen Krieg. Damals gab es durch die allgemeine Entvölkerung im Land so wenig Geistliche, daß längst nicht alle Gottesdienste gehalten werden konnten, die die Kirchenordnungen vorschrieben. Manche Dörfer mußten jahrelang ohne Pfarrer auskommen. So wollte man durch die Betglocken wenigstens bewirken, daß die Einwohner zu bestimmten Tageszeiten gemeinsam beteten. Die Zeiten waren in den einzelnen Dörfern verschieden.

Aber es gab noch eine Reihe von profanen Zwecken, zu denen ein Glockenzeichen die Dörfler aufforderte. Das »Schulglöckle« zum Beispiel gab den Schülern Signal zum Schulanfang; das »Almosenglöckle« teilte mit, daß für die Armen gesammelt werde. Zur Gemeindefron wurde mancherorts ebenfalls durch die Glocke aufgefordert. Im Winter, bei Dunkelheit und Schneeverwehungen gaben solche Gemeinden, die an einer Durchgangsstraße lagen, abends um 8 Uhr ein Zeichen für Fuhrwerke, die noch draußen waren und vielleicht die Orientierung verloren hatten; für die Alb ist das ganz besonders typisch. War ein Landesvater gestorben, etwa einer der württembergischen Herzöge, so läutete man ihm zu Ehren drei Monate oder gar ein halbes Jahr lang jeden Tag eine halbe Stunde. Selten hat ein alter Brauch im Laufe der Zeiten mehr Anlaß zu Streitigkeiten gegeben wie das Wetterläuten. Die Bauern glaubten fest daran, aber niemand war von diesem Dienst begeistert, niemand wollte nächtelang und bei jedem Gewitter den Schwengel bedienen; ein elektrisches Geläute kannte ja damals noch niemand. War ein Gewitter lang oder kamen gar mehrere nacheinander, mußte der Läuter halbe Tage hindurch an der Glocke hängen; da die Lehrer, die die Glocken läuten mußten, ja auch Landwirtschaft betrieben, wollten sie genau wie die Bauern lieber ihr Heu vor dem Regen heimbringen als läuten.

Manche Orte legten den Läutedienst auf die einzelnen Häuser um, und nur wenige Gemeinden waren dazu zu bringen, die Sache ganz aufzugeben. Das zeigte sich besonders, als die Reformation eingeführt wurde und das Wetterläuten vom Luthertum als abergläubisch betrachtet und abgeschafft wurde.

Kaum eine Maßnahme war für die Bauern schwerer begreifbar als diese. Es hagelte Gesetze und Vorschriften; 1556, 1599, 1658 erließ die evangelische Landeskirche Verbote, aber die Leute wehrten sich zäh und energisch. An vielen Orten versprachen sie zwar offiziell, es bleiben zu lassen. Wenn es dann aber richtig donnerte und blitzte, fand eben doch irgendeine Hand zum Glockenseil, lieber ließ man sich bestrafen.

Zum regelmäßigen Ruggericht wurde durch die große Glocke aufgefordert. Ertönte diese Glocke, so mußten alle erwachsenen männlichen Bürger ohne Ausnahme dem Friedhof oder dem ausgemachten Versammlungsort zueilen; dort war der Magistrat versammelt, also Gemeinderat und Ortsvorsteher, außerdem der Amtmann des Unteramtes, bei Vogtgerichten auch der Vogt höchstpersönlich. Dabei wurden nun alle strittigen Angelegenheiten der Gemeinde verhandelt. Jeder unbescholtene Bürger hatte das Recht und sogar die Pflicht, Dinge, die ihm als unrecht aufgefallen waren, vor das Ruggericht zu bringen und dessen Entscheidung anzurufen.

Es ist leider so, daß die damaligen Dörfler zum Aufpassen und Anzeigen des lieben Mitbürgers geradezu gesetzlich verpflichtet waren. Sie konnten bestraft werden, wenn ihnen nachgewiesen wurde, daß sie von einer Unrechtmäßigkeit erfahren und sie nicht angezeigt hatten. Daher kommt die oft gehörte und auch heute noch gängige Redensart, man solle »nicht alles an die große Glocke hängen«, also nicht alles beim Ruggericht vorbringen, zu welchem diese Glocke ja aufforderte.

Einen schweren Schock versetzte den Dorfbewohnern natürlich das Scheppern der Sturmglocke. Sie wurde bei Feindeinfällen geläutet, und jeder Einwohner hatte sofort aus dem Bett zu fahren und mit allen Wehr und Waffen dem Rathaus zuzulaufen; natürlich bedeutete das selten etwas Gutes. Ganz ähnlich wirkte die Feuerglocke. Für beide waren bestimmte Zeichen verabredet. Zum Beispiel: »Sturmstraich an der großen Gloggen; sechs Straich uff einander gethon, alsdann ein wenig still, dann abermals sechs Straich, dann wieder still – und so sechsmal nacheinander« – das bedeutete »Feind in Sicht«; so tönte es, wenn der Nachtwächter etwas Verdächtiges bemerkt und Alarm geschlagen hatte. Bei Tag war man nicht so schnell bei der Hand mit dem Alarm; hier gab es sogar Verordnungen, daß bei Feindnähe alle Bet- und sonstigen

Glocken zu schweigen hatten, um den Feind nicht auf das Dorf aufmerksam zu machen – man betete ganz still, er möge vorüberziehen.

Die Schelle des Büttels, manchmal noch in unseren Tagen gängig und erinnerlich, ist ein Überbleibsel aus jener Zeit. Auch hier wurden den Gemeindegliedern wichtige Verordnungen mittels einer Glocke mitgeteilt. In manchen Gegenden wurde sogar das Schellen des Büttels bei ganz wichtigen Bekanntmachungen noch durch eine der Kirchenglocken unterstützt; auch die Rathäuser, besonders in größeren Gemeinden, hatten zu diesem Zweck manchmal eine Glocke, ebenso die Befestigungsanlagen der Friedhöfe.

Von einem württembergischen Dorf wird berichtet, daß das große Tor zum Friedhof einst ein Glockentürmchen trug. Die Gottesäcker waren ja früher nicht nur Ruhestätten der Toten, sondern Versammlungsorte. Mit voller Absicht wollte man die Verstorbenen an wichtigen Entschlüssen teilhaben lassen und glaubte daran, daß diese noch von der Ewigkeit her an der Lenkung der Geschicke teilhatten. Aus demselben Grund waren Begräbnisse bedeutender Persönlichkeiten in Kirchen einstmals an der Tagesordnung und wurden erst zu Ende des 18. Jahrhunderts aus Gesundheitsgründen verboten.

Manche Dorf-Rathäuser leisteten sich zu Anfang des 19. Jahrhunderts eine ganz moderne Einrichtung. Der Dorfschmied mußte nämlich eine Leitung zur Wohnung des Büttels legen, mittels derer der Ortsgewaltige seinen treuen Diener und famulus jederzeit herbeischellen konnte; eine Glocke war frei an der Decke des Hausganges beim Büttel aufgehängt, und der Gute mußte ebenfalls alles stehen- und liegenlassen und dem Rathaus zulaufen, wenn sie anschlug. Da der Büttel allerdings immer nebenher auch Landwirt war, schellte der Schultheiß manchmal auch vergebens. Da drehten höchstens die Kühe im Stall ihre Köpfe nach dem ungewohnten Laut.

Geisterbeschwörung mit Chorälen

Insgesamt sechzehn Leute waren festgenommen und verhört worden: von Laichingen, Feldstetten, Böhringen, Grabenstetten und Unterlenningen stammten die Männer und eine Frau aus Urach, die Leistschneiderin, war auch dabei. Hundert Seiten Akten bewahrt man in einem Stuttgarter Archiv, die Verhöre mit Fragen und Antworten sind dort genau aufgezeichnet.

Der Fall mag nicht wenig Staub aufgewirbelt haben damals um 1800, sicher hat man noch Jahre danach in den Dörfern davon geredet. Heute würde man sich nicht so viel Mühe machen, über Schatzgräber und Geisterbeschwörer würde man höchstens lachen, falls es überhaupt solche Spinner noch gäbe – damals aber kam der Fall vor die oberste Kirchenbehörde, die Akten wurden dem Konsistorium übersandt mit der Beifügung, »man habe schon öfters bemerken müssen, daß noch an mehreren Orten des Herzogthums unter dem gemeinen Volk grobe Unwissenheit und Hang zu Aberglauben herrsche, als wovon der gegenwärtige Fall wieder einen Beweis gäbe.«

Man muß sich hierzu die Zeit vergegenwärtigen: Kein Jahrhundert war abergläubischer als das achtzehnte, und die Älbler waren arm. Mindestens die Delinquenten waren alles andere als reich; sie versicherten, wenn man sie nach dem Grund ihrer Straftaten fragte, sie hätten es aus Geldnot getan, weil sie verschuldet seien und ihre Kinder kaum ernähren könnten. Sieben von ihnen waren Weber, einige Maurer und Wagner, ein Mann kam aus dem Bettelhaus und einer war blind und ohne Beruf; Bauern waren keine dabei.

Der Hergang war folgender: Ein Richter (heute Gemeinderat) hatte ein krankes Weib, aber keine Kinder und keine eigenen Anverwandten, da er selbst als einziges Kind geboren worden war. Als ihm der Doktor gesagt hatte, sein Weib werde wohl schwerlich mehr gesund werden, überlegte er sich, daß er sein Vermögen beim Erbfall mit den Brüdern seiner Frau teilen müsse, die er nicht besonders mochte. Er kam auf die Idee, Geld zu vergraben, und zwar so, daß man es bei der gesetzlichen Teilung nicht fand. Indessen traf ihn mitten in diesen Anstalten der Schlag, er starb und sein Weib tags darauf, wohl vor Schrecken.

Ein armer Vetter – der spätere Hauptangeklagte – erbte das Haus. Da bei der Teilung verhältnismäßig wenig Bargeld vorhanden gewesen war, mutmaßte man in der Verwandtschaft, es müsse etwas beiseitegebracht worden sein; man suchte nach und fand »in einem irdenen Krüglein nicht weit unter der Erde 75 federne Taler, unter dem Kleiderkasten 60 Gulden und in einem Trog weitere 30 Gulden«, was gesetzlich verteilt wurde.

Der Richter hatte aber auch Goldstücke besessen; was man fand, war lauter Silbergeld. Irgendwo mußte das Geld sein – aber man fand es nicht. Vielleicht ruht es heute noch irgendwo in einem Fundament oder Stadelboden, das eigentliche corpus delicti des Prozesses. Die Suche nach ihm hatte die Männer irr gemacht; der Vetter, der das Haus geerbt hatte, hatte wahrscheinlich zeitlebens den Goldkomplex, er suchte, grub, deckte das halbe Dach ab und fand nichts. Die Hoffnung gab er indessen nie auf, er war so von seinem Wahn besessen, daß er sogar auf diesen Fund hin Schulden machte und später noch ärmer wurde, als er schon war.

Es würde hier zu weit führen, den ganzen Komplex an Betrug, Aberglauben und fixen Ideen wiederzugeben, dem die Beteiligten nach und nach unterlegen waren. Ein Geist hüte den Schatz, man müsse ihn erlösen, um das Geld zu bekommen – diese Version hatte irgendeiner in die Welt gesetzt, und seither spukte es in besagtem Haus. Der Geist ließ sich auch sehen, einmal schwarz, einmal weiß gekleidet; die Schneiderin aus Urach, die man holte, um den ungebetenen Gast zu vertreiben, identifizierte ihn als Klosterbruder in einer Kutte. Sie brachte zum Geistersehen ein Glas mit, füllte es mit Wasser und redete hinein, bis der Angeredete erschien – aber das Gold konnte sie auch nicht beibringen, obwohl man ihr Prozente versprochen hatte.

Der blinde Mann aus Unterlenningen hatte ein Zauberbüchlein in seinem Besitz, das Gertraudenbüchlein, mit dessen Hilfe man angeblich einen Schatz ausfindig machen konnte – allerdings konnte die Mehrzahl der Leute nicht lesen, vor allem die lateinischen Ausdrücke nicht übersetzen, die darin standen. Man mußte also herumfragen. Ein Klosterbruder aus Wiesensteig erzeigte sich hilfreich – man malte nun mit Kreide Kreise auf den Boden, stellte Kerzen hinein und sprach das Christophelesgebet, das todsicher helfen sollte. Es half nichts, so wenig wie die beschrifteten Zettel, die man unter die Schwellen legte. Schließlich erhielt der Kirchenkonvent Wind von der Sache. Da damals auf Aberglauben schwere Strafen standen, wurde sofort ans Oberamt berichtet; es gab einen Monsterprozeß. Alle kamen dran, die irgendwie geholfen hatten, das Büchlein geholt, die Kerzen beschafft, die Kreide beim Krämer erstanden und die Beschwörungen nachgeplappert. Als sich das Christophelesgebet als zu kurz erwies, um die Geisterstunde von 12 bis 1 Uhr nachts zu füllen, hatten die wackeren Geisterseher kurzerhand zu ihrem evangelischen Gesangbuch gegriffen und die Lücke mit Chorälen wie »Ein feste Burg« und »Gott, der Vater, wohn uns bei« ausgefüllt – was natürlich straferschwerend wirkte und den Pfarrherrn schier um den Verstand brachte.

Es ist schwer zu sagen, wer hier weniger Verstand bewies, die Richter, die Angeklagten, die oberste Behörde – am gescheitesten war wohl der Geist, der mit samt seinem Schatz allen Beschwörungen tapfer widerstanden hatte. Nach dieser Chronique scandaleuse aus dem 18. Jahrhundert kann es uns nicht wundernehmen, daß es auf der Alb so viele Sagen und Geschichten gibt, die um vergrabene Schätze kreisen. Nur die Phantasie noch schenkte den armen Webern plötzlichen Reichtum – die Wirklichkeit versagte sich.

Ein Schultheiß soll über den »moralischen und physischen Zustand« seiner Gemeinde berichten. Er schreibt: »Das Moralische ist hier nicht bekannt, und die Viehsieche ist seit 10 Jahren nicht mehr ausgebrochen.«

Vom dörflichen Leben und der Last des Alltags

Die Schwäbin und ihr Schurz

Weiberkleider, dieser Ausdruck soll hier nicht verwandt werden, um in nostalgische Derbheit zu verfallen, sondern deshalb, weil er als amtliche Überschrift in den Inventuren galt; unter der Rubrik »Weiberkleider« sind in vielen Folianten auf den altwürttembergischen Rathäusern die Textilien der Frauen verzeichnet. Der Ausdruck »Weib« galt und gilt auch heute in vielen Dörfern noch nicht als minderwertig; im 19. Jahrhundert war er ganz allgemein gültig. »Frau« war nur die Pfarrerin oder eventuell die Schultheißin, also die Ehehälften von Honoratioren im Dorf; ein alter Älbler sagt auch heute noch »mei Weib« und meint es gar nicht böse.

Daß in den Dörfern bis in unser Jahrhundert hinein eine andere Kleidung üblich war als in der Stadt, hat praktische Gründe: Zum ersten bekam man auf dem Land den Wechsel der Mode gar nicht mit, weil es weder Zeitungen, noch Zeitschriften, noch natürlich Fernsehen gab; zum zweiten wurde eine Bauernbraut bei ihrer Hochzeit schon mit allen notwendigen Kleidungsstücken ausgesteuert und trug sie bis zu ihrem Lebensende; man war viel zu arm, um neue Sachen während der Ehe anzuschaffen und verwandte höchstens einmal einen Webereiabfall vom eigenen Webstuhl, einen »Stuckbletz«, zu einer Schürze. Auf der Ulmer Alb gab es noch um 1940 Trachtennäherinnen, die die Aussteuern anfertigten, und in Kleinstädten mit bäuerlichem Hinterland auch Läden, die spezielle Stoffe und Zubehör dafür boten; Frauen, die damals ausgesteuert wurden, tragen die Sachen heute noch.

Es handelt sich dabei in erster Linie um die schweren dunklen Tuchröcke, die um die Taille in viele kleine Stehfältchen gefaßt sind und weit abstehen; der Stoff ist so qualitätvoll, daß er tatsächlich in einem Leben kaum verschlissen werden kann. Er wurde während des Zweiten Weltkriegs oft für Wintermäntel verarbeitet. An ein Mieder angesetzt, bilden diese »Leiblesröcke« schon das Hauptstück jeder Tracht, der Schnitt ist für sonntags und werktags derselbe, nur Stoffe und Farben variieren und der Samtbesatz am unteren Saum, der etwa bis zum Beginn der Wade reicht. Dazu wird eine Jacke getragen, neuerdings »Bluse« genannt und mit angesetztem Schößchen in der Taille gegürtet; die ältere Form ist das »Büble«, kurz und offen, eine Art »Bolero«, schon im 16. Jahrhundert erwähnt, und darunter ein Hemd mit langen Ärmeln. Dazu gab es eine große Anzahl von Schürzen, meist »Halbschürzen« vom Bund an abwärts in unendlichen Varianten. Das ganze Leben der Bäuerin war von Schürzen umsäumt: vom Festtags-, Sonntags-, Werktags-, Ausgeh- und Daheimherumschurz, vom Tauf-, Trauer-, Hochzeits-, Abendmahl- bis zum Schotten-, Lüster-, Abwerk-, Stuckbletz- und Rupfenschurz gab es keine Pausen, und lediglich die Nacht sah die schwäbische Schafferin schurzlos. Schürze stand gleich Arbeit. Eine Frau, die sich vermessen hätte, dieses Kleidungsstück nicht zu tragen, wäre unrettbar ins Reich der Faulenzerinnen verstoßen worden, zu denen, die ganz einfach »nix schaffet«, was in Schwaben einem Todesurteil gleichkommt. Eine echte Landfrau, selbst wenn sie längst Konfektion trägt, wagt es heute noch nicht, an Werktagen ohne Schürze durchs Dorf zu gehen oder auswärts einen Besuch zu machen. Dies ist wahrscheinlich auch der Grund, warum sich der Mantel als weibliches Kleidungsstück so schwer durchgesetzt hat – man konnte ja nicht gut eine Schürze darüber binden, und so ist einem in einer dicken Strickjacke mit Schürze auch winters oft noch wohler. Wenn Landleute durch ihre Kleidung etwas zeigen, dokumentieren, eine Weltanschauung ausdrücken wollen, dann ist es die des »Schaffens«. Selbst schwerkranke Frauen, die nur noch kurz zu leben haben, nehmen zu einem ärztlich verordneten Spaziergang eine Schürze und womöglich eine Hacke mit, obwohl jeder weiß, daß sie die Kraft zum Hacken gar nicht mehr besitzen. Nur der Kirchgang konnte den alten Württemberger vom Schaffen entbinden – aber auch die weibliche Kirchentracht kommt nicht ohne Schürze aus. Man ist versucht, bei diesem Schürzen-Trauma an Herzog Karl Eugens Generalreskripte zu denken, wonach ein »Übelhauser« enteignet und ins Militär gesteckt werden konnte – wenn ihn die Nachbarn anzeigten, wofür es noch eine Belohnung gab!

Auch alte Kleiderordnungen scheinen noch fortzuleben, selbst bei solchen Frauen, die »umgekleidet« sind, wie man das Abschiednehmen von der Tracht in manchen Orten nennt. Man hält sich, auch mit den neuen Formen und Stoffen, als ältere Bäuerin an ganz bestimmte Farben, nämlich blau, grau, schwarz und etwas weiß und lehnt rot, grün, braun und beige ab, obwohl diese Töne bei älteren Trachtenstücken gelegentlich vorkommen. Diese Tendenzen stimmen fast genau mit der letzten Kleiderordnung vom ersten Viertel des 19. Jahrhunderts überein, die dem Bauernstand solche Farben zudiktierte und Übertretungen bestrafte; der Gesetzgeber mag wohl auch pietistisch beeinflußt gewesen sein, denn diese religiöse Haltung hat in ihrer Strenge die bäuerliche Kleidung ernst und dunkel gemacht.

Sehr schnell hat in jüngster Zeit die Kleiderschürze das Feld erobert: Als die Frauen einmal merkten, daß sie ohne den engen Bund in der Körpermitte viel leichter atmen und arbeiten konnten, war das Ende des Leibchenrockes herbeigekommen. Auch Kleider werden nun gern lose gearbeitet, oft noch mit Bund, aber längst nicht mehr so eng in der Taille. Man merkt, die alten Weiberkleider passen nicht mehr zum Traktor, Mähdrescher und Auflader.

Ein Problem ist und bleibt der Hut. Eine Landfrau, die einmal Tracht getragen hat, wird stets ein gebrochenes Verhältnis zu einer solchen Kopfbedeckung haben, sie hat auch nie zur Tracht gehört, als Frau trug man Hauben aller Arten und Kopftücher, aber der Hut war Sache des Mannes. Nach einer behüteten Frau dreht sich in manchem altwürttembergischen Dorf heute noch alles um, selbst wenn sie fremd und unwissend damit umhergeht – ein Hut bedeutet einfach zuviel, Schöntunwollen und Überheblichkeit. Auch dem findigsten Hutverkäufer würde es nicht gelingen, einen Damenhut als arbeitswirksam anzupreisen, im Gegenteil, er fliegt womöglich weg und man muß ihn mit der Hand noch halten, mit der man eigentlich etwas schaffen sollte – womit wir wieder beim Thema sind. Auch städtische, längst hutgewohnte Frauen kommen bei einem Dorfbesuch in Schwulitäten, sie wissen das auch, nesteln an der vorletzten Station den Hut herunter und erscheinen schlicht gescheitelt und ohne Verfremdungseffekt am Bestimmungsort. Demut, so meinen sie, steht der ländlichen Frau doch immer noch am besten, auch heute noch, im Zeitalter der Emanzipation.

Die Weiberzeche

Die Emanzipation des sogenannten schwachen Geschlechts ist nicht lediglich eine Idee des 20. Jahrhunderts. Der Aschermittwoch ist ein Tag, der in dieser Entwicklung rot angestrichen werden muß. Eine lange Reihe von Überlieferungen aus Städten und Dörfern unserer Breiten weist darauf hin, daß an diesem Tag die Frauen, und zwar die verheirateten, besondere Rechte hatten; diese Hinweise bestehen nicht nur in Bräuchen, sondern es gibt fundierte rechtliche Bestimmungen.

So ist uns aus Bohlingen im Kreis Konstanz folgender Beleg bekannt: » . . . die Weiber kamen am Aschermittwoch im Gemeindewirtshaus, dem jetzigen »Stern«, zusammen, um die vier Eimer Wein zu trinken, welche ihnen der Pfarrer nach altem Herkommen jährlich spendieren mußte.« Die Nachricht taucht zum erstenmal 1583 auf und spricht damals schon vom »alten Herkommen«. Anno 1805 wurde dann dieser Brauch wegen allzu überschäumender Lebensfreude der Frauen verboten, aber die Abgabe des Pfarrers an die Frauen konnte nicht einfach abgelöst werden und bestand weiter. Später wurde sie in eine Geldspende verwandelt und weiterhin von den Empfängerinnen verjubelt, die nun eben privat tagten, was ihnen niemand verbieten konnte. Die nachfolgenden geistlichen Oberhäupter der Gemeinde versuchten vergeblich, diesen alten und nach ihrer Meinung zu Mißbräuchen verleitenden Zopf loszuwerden; endgültig gelang es erst 1880. Dies und andere Nachrichten lassen vermuten, daß im Mittelalter eine Verordnung in dieser Hinsicht bestanden haben muß, die rechtlich festgelegt war und in den folgenden Jahrhunderten nicht einfach umgestoßen werden konnte. Belege dafür gibt es zu Dutzenden. In manchem

Ort war wieder die Gemeinde verpflichtet, den Frauen etwas zu spendieren, oder Kirchen- und Gemeindepflege. Alle diese Geldgeber haben sich ebenso heftig und andauernd gewehrt wie der Bohlinger Pfarrer.

Die Konfession spielt keine Rolle bei der Überlieferung; es sind nicht nur katholische, der Fasnet und ihren Begleitbräuchen toleranter gegenüberstehende, sondern durchaus auch evangelische, ja pietistisch geprägte Dörfer und Städte im alten Württemberg, in denen sich Reste dieses Weiberbrauches finden. In Dornhan durfte jeder Frau am Aschermittwoch ein Schoppen Wein auf Gemeindekosten ausgeschenkt werden. In Ochsenbach bei Brackenheim gab es die Weiberzeche, das Recht der Frau auf Bewirtung im Rathaus bis 1835.

In Weilheim (bei Tübingen) hatten die Weiber das Recht, alle Jahre im Februar, wenn man die Eichen fällt, sich von der Gemeinde eine auszusuchen, zu verkaufen und zu vertrinken. Umhauen mußten sie sie allerdings selber. Später bekamen sie gleich das Geld, ohne dies umständliche Vormanöver; der Schultheiß überreichte es ihnen und sie vertranken es auf dem Rathaus. Wenn der Wein teuer war und das Geld nicht reichte, sammelte man. Eine Frau, die diesem Trunke nicht beiwohnen konnte, durfte sich ein halbes Maß Wein ins Haus holen. Ein Oberamtmann namens Pfizer schaffte 1810 diesen Weibertrunk ab.

Dies sind nur einige Aufzeichnungen, die sich beliebig vermehren ließen. Man kann fast annehmen, es habe früher überall eine solche Einrichtung gegeben. Auch auf der Alb kann man gelegentlich hören, daß am Aschermittwoch die Weiber »Meister« seien oder das »Jägerrecht« hätten. Manchmal verschiebt sich hier allerdings das Datum auf den Markttag oder einen Bauernfeiertag, aber einen Tag im Jahr haben die Frauen auf jeden Fall für sich und werden ausgehalten, sei es nun von der Kirche oder der Gemeinde, mindestens bis ins 19. Jahrhundert hinein, wo es den Behörden dann gelang, die lästige Geldverpflichtung loszuwerden.

Der Brauch indessen lebte weiter. Weibertreffen, Weiberrecht, Weiberfasching gibt es heute noch; manchmal nennt sich das auch Frauenversammlung oder ganz einfach Kaffeekränzchen. In einzelnen Orten wurde bei diesem Anlaß die Hebamme gewählt. Es ging immer hoch her, selbstgebackener Kuchen wurde gestiftet, man feierte auch ohne behördliche Spenden und ließ sich's nicht verdrießen. Mancherorts war es Sitte, daß man sich verkleidete, in Männer- oder auch in Großmuttergewänder, wie es gerade kam; man hatte Gedichtvorträge vorbereitet, ein Narrenblättchen, in dem pikante Ereignisse des Jahres angemerkt waren, Musik und Gesangseinlagen machten die Sache fröhlich und man tanzte auch.

Über den Zutritt von Männern war man geteilter Meinung. In einzelnen Orten bestand man streng auf Absonderung und verprügelte jedes männliche Wesen, das, verkleidet oder nicht, auf die Idee kam, sich einzuschleichen; in anderen Gemeinden war man wieder versöhnlicher und ließ die Herren der Schöpfung wenigstens abends mitmachen, nachdem der Nachmittag den Frauen allein gehört hatte. In einzelnen Gemeinden durften die Ehemänner von Anfang an mitfeiern, falls diese sich anständig aufführten – was die Bezeichnung »Weiberzeche« wieder fraglich werden läßt. Die Frauen werden indessen dafür gesorgt haben, daß sie den Daumen oben behielten – es war schließlich ihr Tag, an dem die Eheherrn nichts zu melden hatten.

Ähnliche Einrichtungen und Bräuche gibt es bis zum heutigen Tag. In Ulm wird jedes Jahr der Weiberfasching gefeiert, veranstaltet vom Verein für Frauenbildung, ein exklusives gesellschaftliches Ereignis, bei welchem nach altem Brauch die Stadtereignisse des vergangenen Jahres witzig und geistsprühend durch den Kakao gezogen werden. Männer haben ab 24 Uhr Zutritt. Vom Termin Aschermittwoch ist man abgekommen, aber sonst war alles schon einmal da, wie bei vielen Gegebenheiten menschlichen Zusammenlebens. Da gibt es wenig neue Erfindungen. Wir können zwar heute Menschen auf den Mond schießen und Computer mit Wissen speichern – aber auf dem einfachen Gebiet des menschlichen Zusammenlebens haben wir nicht viel Neues erfunden. Im Gegenteil.

Brot, Platz und Gugelhopf

In der Vorweihnachtszeit erfreuen sie sich ganz besonderer Beliebtheit, wo sie noch vorhanden sind: die Gemeindebackhäuser, jene heimeligen, teils auch rußgeschwärzten kleinen Häuschen, die, mit einem oder mehreren Backöfen, den Bäuerinnen zum »Herausbacken« von Schwarz- und Weißbrot, Platz, Gugelhopf, Kemmichplätzla, Kuchen und Weihnachtsgebäck dienlich sind.
Manche Backöfen werden schon elektrisch beheizt, manche Dörfer haben am Holzofen festgehalten und diesen auch wieder neu eingerichtet. Gleich geblieben ist überall das Losen um eine Backzeit, das »Bachalausa«, gleich geblieben sind die mit »Bachbüschla«, also mit Reisig aufgetürmten Wägen, die frühmorgens durch die Straßen fahren und später, wenn angezündet ist, den Teig in den »Mulden« nachholen.
Die Hausfrau aber, die dann im Vollgefühl geleisteter Ar-

beit mit dem aufgetürmten, wunderbar duftenden Brot auf demselben Wagen heimkehrt, ist eine so typische und freundlich-nahrhafte Erscheinung im Dorfbild, daß ihr jeder Mensch mit Freuden begegnet und mit Freuden einen Ruch frischen Brotgeruches mit nach Hause nimmt. Die Dorfbackhäuser werden manchmal als eine uralte Überlieferung auf der Alb apostrophiert; sie sind es nicht, sie sind sogar verhältnismäßig jung. Sie sind auch nicht aus der Initiative der Dörfler heraus entstanden, im Gegenteil, sie kämpften dagegen, sie wollten weiterhin wie bisher daheim backen und ihr Sach für sich haben. Diese Tradition des eigenen Backofens war älter, bis zum Beginn des 19. Jahrhunderts hatte jeder Bauernhof seine Backgelegenheit, die er höchstens noch mit einigen Einliegern oder Verwandten teilte.

Das Backen in gemeindeeigenen Häusern ist eine Erfindung der württembergischen Feuerschutzbehörde. Es war durch das Backen in privaten Öfen so oft zu Feuersbrünsten gekommen, daß man dagegen einschreiten mußte. Die erste Verlautbarung dieserhalb steht in einem Generalreskript der Feuerpolizeiordnung von 1785 und lautet:»Communen sollen Bedacht nehmen, öffentliche Wasch-, Dörr- und Backhäuser zu errichten und um einen leidentlichen Zins zu verleihen.«

Dies wurde zunächst noch nicht beachtet. Die Generalverordnung ist vom 13. April 1808 und lautet:»Da die Backöfen in den Häusern gefährlich sind, sollen Commun-Backöfen, jedoch von öffentlichen Wegen und Chausseen entfernt, errichtet werden.«

Auch jetzt waren die Gemeinden keineswegs begeistert, sie murrten gegen die Auflage und konnten nicht einsehen, warum es nicht weitergehen konnte wie bisher. Auf der Alb hat sich die Obrigkeit mit Neueinführungen im Lauf der Geschichte immer schwer getan; die Älbler hin-

gen seit eh und je an der Tradition und schlossen sich fort-
schrittlichen Ideen nur langsam auf, sie waren anfangs
auch gegen die Albwasserversorgung und die Stallfütterung.

Sie wollten also auch keine öffentlichen Backhäuser, und
man kann sich vorstellen, wieviel rhetorische Energie,
auch von weiblicher Seite, dagegen aufgewendet worden
ist. Es half ihnen aber nichts, die Behörde meldete sich
wieder. 1836 verlangte das Königliche Oberamt Münsingen die Anlegung einer Hauptübersicht.

Hier ging es um Konkretes; die folgenden Fragen waren
wahrheitsgemäß zu beantworten: Wieviel Backhäuser
sind bis jetzt hergestellt? Wieviel Backöfen befinden sich
in denselben? Welche Hindernisse liegen im Wege, daß
noch gar kein Backhaus oder nicht die gehörige Anzahl
derselben hergestellt worden ist? Entsprechen die vorhandenen Backöfen den Erwartungen sowohl in Beziehung auf die Güte und Schmackhaftigkeit des darin ge-
backenen Brotes als der Holzersparnis in der ganzen Gemeinde nach Klafterzahl und Geldwert? Wie hoch kann
diese angenommen werden?

Das war das Ultimatum. Wer jetzt noch keine Backhäuser
hatte, der mußte welche bauen, und wer jetzt noch privat
backen wollte, der mußte sich fügen. Gesetz ist Gesetz. –
So kamen unsere Dörfer zu ihren Backhäusern. Man hat
sich an sie gewöhnt, man hat sich so gut gewöhnt, daß aus
den befohlenen Neubauten von damals liebe und freundliche Charakteristika der Schwäbischen Alb geworden
sind, die von Dichtern mit Erzählungen umrankt und von
Zeichnern als Idylle dargestellt worden sind.

Und wenn sie heute abgeschafft werden müßten, würden
sich die Älbler und besonders ihre Frauen um eine alte
Tradition wehren, die von altersher in ihren Dörfern be-
ständig war!

Der schwarze Brei

»Ein Mädchen, das keinen ›schwarzen‹ und keinen ›weißen‹ Brei kochen könne, dürfe nicht heiraten« sagte man
einst in Württemberg. Tatsächlich drehte sich ein gut Teil
der menschlichen Ernährung um diese beiden Pole: Den
»weißen« Brei bekamen die Kleinkinder und den
»schwarzen« die Erwachsenen. Wenn die alten Bauern so
ins Erzählen kommen, dann taucht der »Schwarze Brei«
immer einmal auf in ihren Erinnerungen, dann finden sie,
das seien noch schöne und glückliche Zeiten gewesen,
sparsam und gesund, als man den neumodischen Kaffee
noch nicht zum Morgenessen getrunken und Brot einge-
brockt habe, sondern als alles miteinander, der ganze
Hausstand, in der Morgenfrühe um die Bratpfanne her-
umgesessen sei, jeder seinen Löffel »gelangt«, zugegrif-
fen und den Magen für den halben Tag Arbeit »ausgemauert« habe.

Die Breipfanne, ein meist messingner Kochtopf mit über-
langem Stiel, ist heute in vielen Heimatmuseen heimisch
geworden samt dem Pfannenknecht, dem Untersetzer,
auf den man sie stellte, wenn sie heiß auf den Tisch kam.
Früher war sie eines der wichtigsten Geräte in der Bau-
ernküche und eines der ersten, das die Hausfrau morgens
nach dem Aufstehen, wenn sie Feuer im Herd gemacht
hatte, von der »Schanz langte«. Brannten die Scheite, so
wurde die Pfanne mit Wasser gefüllt und zugesetzt;
kochte es, dann »langte« sie das Musmehlsäckle und
»säte« ein paar Hände voll davon hinein. Unter Rühren
wurde der Brei dicklich und fest wie eine Grütze. War er
fertig, machten wohlhabende Hausfrauen ein Loch in die
Mitte, eine Art Krater, den sie mit zerlassener Butter füll-
ten; in armen Häusern mußte es so gehen, und im Drei-

ßigjährigen Krieg, erzählt eine Sage, habe man einen »Saunabel« über den Tisch gehängt, und jeder habe seinen Löffel damit eingeschmiert, damit der Brei nicht gar so trocken geschmeckt habe.

Die Tafelrunde begann also zu schmausen; einer um den andern tauchte den Löffel in die gemeinsame Pfanne, Teller für jeden einzelnen gab es damals noch nicht, und versuchte, möglichst viel von der fettigen Flüssigkeit zu erwischen. Es war ungeschriebenes Gesetz, daß keiner das »Loch« anstach, um den Krater zum Überlaufen zu bringen, wenn es nicht unbedingt sein mußte.

Zu diesem Brei gab es Milch zu trinken, und man hatte eine schöne Grundlage für einen arbeitsamen Tag geschaffen, wenn man fertig war. Ganz Hungrige nahmen auch gelegentlich eine Portion Brei in einer »Saubloder« mit aufs Feld, eine Art von Plastiksack der alten Zeit.

Den Brei aß man zum Frühstück fast überall im Schwäbischen – nur die Getreideart wechselte, aus der er hergestellt war. Im württembergischen Schwarzwald schätzte man Haferbrei, eine Sache, die heute beinahe wieder modern ist; »Habermus gibt starke Fuß!« sagen die dortigen Bauern und verspotteten sich gegenseitig als Habermusfresser, Habermusbäuch oder Pfannastupfer. Die Emminger Zimmerleute nahmen ihren Brei zum Vespern in Handtaschen mit zum Arbeitsplatz – die Emminger sind heute noch die »Haberbreitascha«. Die Beurener (im Kreis Calw) sollen den Haberbrei sogar in einen Strumpf gefüllt mit zum Beerensammeln genommen haben. Auf der Alb bestand der Brei aus geschrotetem Dinkel, dort wurde er auch Mus oder »brennts Mus« genannt. In der Stuttgarter Gegend liebte man den Welschkornbrei, der auch Stopfer oder Stöpper hieß, was wieder zu Dorfspitznamen führte; die Pleidelsheimer hießen »Hirsebäuche«, nach der Hirse, die sie zu Brei verkochten.

Die Klimmacher in der Gegend von Schwabmünchen gaben es ganz nobel: Sie machten anscheinend nur Brei aus »Schönmehl«, aus weißem Mehl, und wurden ob dieser Aushausigkeit kräftig als »Scheamehlmusfresser« verulkt.

Ein Älbler Lehrer wettert in einer Schrift aus dem Jahr 1902 kräftig gegen die »böse« Sitte des Kaffeetrinkens, die so einreiße; er meint damit aber sicher nicht den Bohnenkaffee, den es im Älbler Bauernhaus höchstens zu Festtagen gab. Viele Älbler tranken Weizenkaffee, ein dunkles Getränk aus selbstangebautem und eigenhändig geröstetem Weizen, womit sie eigenen Erzeugnissen auch ferner treu blieben.

Wir Heutigen schütteln uns ein bißchen, wenn wir uns die Eßgewohnheiten jener Zeit vor Augen führen. Ein Brei, der so dick war, daß man ihn sozusagen stückweise im Frühstücksbeutel transportieren konnte, ist nicht mehr jedermanns Sache zusamt Milch und Schmalz als Zugabe! Wir verausgaben uns ja auch körperlich nicht mehr so stark wie jene Generationen. Wir decken unsern Frühstückstisch mit Erzeugnissen aus aller Herren Länder. Dem Schwarzen Brei aber und seinen wackeren Verzehrern sollten wir wenigstens eine Ecke in der Erinnerung einräumen – dies bodenständige Schwabenessen hat unseren Vorfahren Kraft und Mut zu mancher guten Tat gegeben!

J. H. wurde gestraft wegen Streitigkeiten mit seiner Schwägerin. Hat sie ein verstohlenes Mensch geheißen, hats aber nicht beweisen können.

Das Salz an der Suppe

Da und dort in den Dörfern gibt es noch einen Hof mit dem Zunamen »Salzbauer«. Der Name kommt nicht von ungefähr; erst seit etwa hundert Jahren, seit der zollpolitischen Einigung Deutschlands, ist das Salz eine allgemeine Handelsware geworden und in den Lebensmittelgeschäften zu haben. Vorher war der Salzhandel in Württemberg monopolisiert, das heißt, eine große Firma oder auch das Herzoghaus selbst hatten allein den Salzhandel in der Hand. Der Zwischenhandel, wie man heute sagen würde, war ausgeschaltet, der Verkauf fand nur direkt statt. Infolgedessen brauchte man in jeder Stadt und in jedem Dorf Niederlagen, Vertrauensleute, die das Salz von den Fuhrleuten entgegennahmen, lagerten und in der Gemeinde verteilten. Das waren die Salzbauern.

Der Posten war einst begehrt, man war als Landwirt auf der Alb an einer Nebeneinnahme froh, die Bargeld brachte. Man brauchte nicht viel Handwerkszeug, lediglich einen trockenen Ort, wo man die »Salzsiedel« aufstellen konnte, vielleicht auch eine Waage und ein paar Gewichte, aber oft genug wurde das Salz einfach schaufelweise abgegeben.

Lange Zeit allerdings handelte man das Salz in Scheiben. Dabei handelte es sich jeweils um die Portion, die man »auf einmal in einer Pfannen seudt«, also in den Salzwerken sott, daher die große runde Form.

Viele Flurnamen enthalten das Wort Scheibe, es gibt Scheibenbühl, Scheibenfeld, Scheibensteig, und in der Nähe von Ulm führt die »Scheibenstraße« durch. Sie erinnert an die Salztransporte, die jahrhundertelang von Württemberg direkt zu der Saline, meist war es Hall in Tirol, und wieder zurückgingen. In dem damals kleinen

Württemberg – zu dem zum Beispiel die Reichsstadt Schwäbisch Hall, die ihren Reichtum dem Salz verdankt, nicht gehörte – produzierte man nicht so viel Salz, daß es für die Einwohner ausreichte; man mußte es einführen. So trabten also die Fuhrleute ins »Tirolische«, viele und viele Jahrzehnte hindurch; sie fuhren nicht leer, sie lieferten Wein nach Bayern und nahmen das Salz als Rückfracht mit, die großen Scheiben schön nacheinander »aufgebeigt«. Dabei hatten sie manche Not unterwegs auszustehen. Sie mußten zum Beispiel eine Furt in der Donau benutzen, eine seichte Stelle, um den Fluß zu überqueren. Hatte er Hochwasser, so nagten die Fluten an dem Salz – und die Fuhrleute brachten nur noch die Hälfte heim.

Während des Dreißigjährigen Krieges hatte man einmal im Ulmer Land viele Wochen kein Salz mehr. Der Chronist Heberle klagt schwer darüber: »Der Metz Salz ist im Jänner hie zu Weidenstetten um 17–20 Batzen verkauft worden, denn das Kriegsvolk ist auf allen Pässen gelegen«. Die Salzfuhrleute konnten also nicht durchkommen, und die wenigen Reste wurden zu Wucherpreisen verhandelt.

Eine Scheibe Salz wog etwa anderthalb Zentner nach dem heutigen Gewicht. »Traue niemand, denn du habest eine Scheibe mit ihm gegessen« heißt ein alter Spruch, und bei jungen Eheleuten heißt es, man könne nicht sagen, ob sie gut miteinander hausten, eh sie einen Zentner Salz zusammen gegessen hätten. Die Scheibe Salz hatte eine zylindrische Form, wurde an der Decke mittels eines Strikkes befestigt und langsam zum Gebrauch abgebröckelt. So schön weiß wie das unserige heutzutage war dies Scheibensalz damals nicht, es war ungebleichtes Rohsalz und durch Transport und Aufbewahrung ganz schön »eingedreckelt«.

Das Wort »Salz« ist deshalb ursprünglich ein Eigenschaftswort mit der Bedeutung schmutziggrau, trübe, dunkel, schwärzlich; man denke an das französische Wort sal = schmutzig. Trotzdem war eine solche Salzscheibe eine Art Wertgegenstand, kostete je nach Zeit einige Gulden und wurde zum Beispiel einem aufziehenden Pfarrer als Geschenk überreicht.

Salz war ja früher außer dem Rauch das einzige Mittel, Fleisch frischzuhalten; auch andere Lebensmittel wurden durch Einsalzen vor dem Verderben bewahrt.

Die Firma Notter und Stuber in Calw hatte fast während des ganzen 18. Jahrhunderts den württembergischen Salzhandel in der Hand; sie mußte aber einen Teil des Gewinnes an das Herzoghaus abführen. Herzog Karl Eugen machte diesem Handelshaus dann einen Strich durch die Rechnung, indem er, wohl unter französischem Druck, den Salzhandel nach Lothringen verlegte. Später nahm König Friedrich den Salzhandel ganz in die Hand und beauftragte die Firma Kaulla mit dem Vertrieb. Als in Friedrichshall bei Jagstfeld ein Steinsalzbergwerk angelegt wurde, wurde Württemberg unabhängig von den auswärtigen Salinen.

Wahrscheinlich bekamen die Salzbauern in dieser Zeit ihre Vorräte nicht direkt von den durchgehenden Transporten, sondern über die Städte geliefert; die Fuhrleute konnten sich mit dem Kleinhandel nicht abgeben, und ein Dekret des Herzogs besagte auch, »daß der Salzkauf allein den Städten soll erhalten bleiben«. Manche Flecken, die weitab lagen, machten aber eine Ausnahme; diese Salzbauern machten ihre Rechnung mit der Calwer Salzkompagnie direkt, einer schuldete ihr bei seinem Tod »vor abgeholte Salz Ladscheine« noch 639 Gulden. Es ging also nicht um Pfennigbeträge, eine Salzniederlage in den Dörfern ernährte ihren Mann.

Die G'sälzweiber von Auendorf

Die Unentwegten stürmen im Herbst immer noch die Waldränder und Steinriegel, um »Hagabutza« zu sammeln, schriftdeutsch Hagebutten, auch Wiepeldorn, Dornröschen, Judendorn, wilde Rose, lateinisch rosa canina. Die schwäbischen Hausfrauen kennen den Wert der hübschen zinnoberroten Beere zur Herstellung von Marmelade, dem wohlschmeckenden und so vitaminreichen Hegenmark oder »Hagabutzag'sälz«.

Verwendet wird dazu die zerkleinerte Schale; die haarigen Kernchen im Innern der Frucht ergeben den gegen Nieren- und Blasenleiden heilsamen »Kernlestee«. Lausbuben versuchen auch, diese »Kernle« den Mädchen, ähnlich wie Kletten, ins Genick und unter den Kragen zu schieben, was ein ganz abscheuliches Brennen und Beißen verursacht. Eine weitere nützliche Anwendung ist das Ansetzen der ganzen Frucht zu Likör, der nach Wochen des Gärens hinter dem Ofen herrlich fruchtig schmeckt und gegen manches Magenübel gut ist.

Die Hagebutte ist im deutschsprachigen Gebiet so bekannt, daß es etwa hundert verschiedene Namen für sie gibt. Einer der seltsamsten lautet »Schlafäpfel«, und die Volksweisheit will wissen, daß ihr Genuß einen guten Schlaf bringe.

Diese Bedeutung hat indes einen anderen Zusammenhang. Einstmals, in den Anfängen bäuerlicher Besiedlung, galt eine dichte Dornhecke aus Heckenrosen als bester Schutz gegen das Eindringen ungebetener Gäste; Mensch und Vieh fühlten sich sicher und konnten tatsächlich ruhiger schlafen. Das Märchen vom Dornröschen, das ja auch inmitten von Dornhecken seinen tiefen Schlaf schlief, geht auf diese Bedeutung zurück.

Einem württembergischen Dorf haben die Hagebutten geradezu Berühmtheit verliehen: Es ist Auendorf, früher Ganslosen im Kreis Göppingen, in einem Seitental der Fils gelegen. Die Einwohner der kleinen Gemeinde waren einst bitter arm, die landwirtschaftlichen Erträge gering und die Verkehrslage ziemlich ungünstig. Sie ernährten sich etwas mühsam durch allerlei Heimarbeit, Herstellung von Kochlöffeln, Wannen, Geißelstecken, Stoff- und Strohschuhen und ähnlichen Dingen, die sie dann im Hausierhandel in den umliegenden Städten und Gemeinden vertrieben.

1841 schreibt der Landeskundler Memminger von den Ganslosern, daß sie auch Wacholder-, Schlehen- und andere »Gesälze« mit vertrieben hätten. Um 1870 war es eine Pfarrmagd, die ihnen eine lohnende Herstellung von Hegenmark verriet; eine Witwe griff die Idee auf und sammelte in ihrem Haus eine Reihe von Mädchen um sich, die die Hagebuttenschalen erst einweichen und dann das Mark herauskratzen mußten. Dieses Mark wurde durch mehrere Siebe hindurch »gerieben« und die Witfrau feuerte ihre Arbeiterinnen durch den Ruf an: »Kendla, reibet, 's geit lauter Geld!«

Die Sache hatte rasch Anklang gefunden, Jahrzehnte hindurch gehörten die Auendorfer »G'sälzweibla« mit ihren Kübeln, Schabern und Kernlessäckchen zum allherbstlichen Bild in vielen württembergischen Gemeinden und Städten; sie kamen nach Göppingen, Geislingen, Esslingen, Ulm und Stuttgart, oft hatten sie schon ihre festen Häuser, wo man regelmäßig kaufte. Im Frühherbst vertrieben sie das reine Mark, späterhin wurde es gekocht und gezuckert, um Gärung zu verhindern.

Inzwischen sieht man die Auendorfer G'sälzweibla nicht mehr. Anstelle des pfundweisen Verkaufs von Haus zu Haus ist die Belieferung des Großhandels getreten; Marmelade- und Konservenfabriken, Arzneimittelgroßhändler, Feinkosthäuser und Konditoreier sind die heutigen Abnehmer. Die Hagebutten, die an den Steinriegeln und Waldrändern der Auendorfer Markung wachsen, reichen für die Produktion schon längst nicht mehr aus. Die Früchte werden eingeführt, teils aus deutschen Gegenden wie der Eifel und der Rhön, dem Harz und dem Taubergrund, teils auch aus dem Ausland, aus Rumänien, Polen, Ungarn, Jugoslawien und der Türkei. Aus einem Zentner Hagebutten lassen sich durchschnittlich 50 Pfund Hegenmark herstellen, 15 Pfund Kernle ergeben sich nebenher.

Auendorf, das 1843 538 Einwohner hatte, von denen die meisten nicht recht leben und sterben konnten, ist heute zu einer blühenden Gemeinde geworden, die mit vielen industriellen und privaten Neubauten ein schmuckes Bild bietet. Und alles haben die Älbler »Hagabutza« zuwege gebracht und die »G'sälzweibla«!

Trollinger aus Schwäbisch Sibirien

Von der Ungunst der Witterung auf der Alb liest man in alten Berichten allerhand Schreckliches, Berichte von erfrorenen Menschen, Heuernten im Schneetreiben, ausgewachsenem und unter dem Eis verfaulten Haber sind nicht selten. Um so mehr erstaunt es, wenn die Quellen gelegentlich erzählen, es habe auf einzelnen Markungen der Alb einst Weinbau gegeben! Sollte wirklich im schwäbischen Sibirien einst ein edler Tropfen gewachsen sein? Geht man indessen den Spuren nach, so findet sich tatsächlich einiges Glaubwürdige. Da gibt es Markungen, die Flurnamen wie Weinberg, Berg, Himmelreich aufweisen, da findet sich die Mitteilung, daß für Dapfen, Ehestetten, Hengen, Indelhausen, Ingstetten, Lonsingen, Oberstetten und Zwiefalten ehemaliger Weinbau tatsächlich nachgewiesen sei. In Ingstetten gab es sogar eine Kelter, und von Ehestetten ist eine Notiz angeführt, wonach Schweikhardt von Gundelfingen das Dorf Ehestetten im Jahr 1364 mit allem Zubehör verkauft habe, »ausgenommen den Weingarten, der gelegen ist am Mühlbach«.

Es muß also etwas daran sein, es hat an einigen Stellen der Alb Weinbau gegeben, wahrscheinlich haben sich auch noch die Einwohner aus anderen Albgemeinden auf ihre Winzereigenschaften besonnen und sind mit Butte und Rebschere an ihren felsigen Hügeln herumgekraxelt. Vielleicht können wir Heutigen von Glück sagen, daß man uns nicht in irgendeinem Älbler Gasthaus ein solches bodenständiges Tröpflein mehr serviert! Es könnte uns die Löcher in den Strümpfen zusammenziehen.

Die Versuche der Rebenpflanzung auf der Alb liegen allerdings, wie man am Beispiel Ehestetten sieht, schon sehr lange zurück. Den Höhepunkt werden sie im 15. oder 16. Jahrhundert erreicht haben. Damals war Württemberg ein sehr bedeutendes Weinland, Österreich, die Schweiz, die Niederlande, Bayern, Norddeutschland, ja sogar England zählten zu den regelmäßigen Abnehmern württembergischer Weine.

Stuttgart stand als Weinstadt an dritter Stelle im Reich, der Weinhandel brachte wirtschaftlichen Aufstieg und damit Reichtum ins Land, Ausfuhr und Tauschgeschäfte (teilweise mit Salz) blühten immer üppiger auf, und auch im eigenen Land verbrauchten Fürstenhöfe, Klöster, Universitäten, Reichsstädte ungeheure Mengen des edlen Rebensaftes.

Damals war die Zeit der Riesenfässer, wie sie noch in den Schloßkellern von Heidelberg und Tübingen gezeigt werden. Die Regierung tat alles für das »höchst nötig edle Kleinoth« und des Herzogtums »fürnehmste narung«; Herzog Christoph wollte sogar den Neckar für die Weintransporte schiffbar machen.

Je mehr die Württemberger Wein verkauften, desto mehr versuchten sie ihn auch selber; damals hatte jeder halbwegs wohlhabende Württemberger sein Fäßle im Keller (Most kam erst später auf!), und kein Geschäftsabschluß, keine Ratsversammlung, kein Kauf, keine Verpachtung, keine Zunftsitzung ging ohne das obligate Glas Wein vonstatten. Am 31. Mai 1606 wurden in Ulm aus Württemberg 800 Fässer angeliefert, die Ladung eines einzigen Tages. Natürlich blühte auch das Küfergewerbe, jeder tüchtige Meister konnte vorankommen. Der Wein war damals einfach Hausgetränk, man trank ihn nicht nur zu besonderen Gelegenheiten wie heute, sondern tagtäglich, zum Vesper, zum Essen, als Willkomm für den Gast, ja die Gefangenen bekamen Brot und Wein. Es gab Morgen-Unter-Schlaftrünke aller Art und bei Hochzeiten floß er in Strömen; wir erinnern uns, daß bei der Hochzeit Eberhards im Bart mit Barbara von Gonzaga im Uracher Schloß die dortigen Brunnen mit Wein gefüllt und der Bevölkerung zum Mitfeiern überlassen wurden.

Da der Wein eine so gute Geldquelle war, nimmt es nicht wunder, daß sein Anbau damals mehr und mehr zunahm. Wenn eine Sache Geld bringt, will jeder mitmischen, das ist zu allen Zeiten so gewesen. Weinberge entstanden nun sozusagen über Nacht, sie konzentrierten sich längst nicht mehr auf die warmen Flußtäler, sondern sie verbreiteten sich über das ganze Land. Jeder, der irgendein Hangäckerle besaß, das nach Süden hin lag, machte einen Weinberg daraus. Im 15. Jahrhundert war der Trauf der Südwest- und Mittelalb erreicht, und dann wurde die Hochfläche erobert – allerdings nicht im Sturm.

Vereinzelte Versuche wurden gemacht – mehr kann man wohl nicht annehmen. Natürlich »bizzelte« es die Älbler, wenn die vielen Fuhrleute mit den Weingefährten durchzogen, wenn sie auf dem Weg nach Bayern oder Österreich dort oben einkehrten und von ihren guten Geschäften erzählten – und probieren geht bekanntlich über studieren. Reich ist wahrscheinlich keiner geworden mit seinem Älbler Trollinger!

Allerdings waren in früheren Zeiten die Ansprüche an den Wein wesentlich geringer als heute. Man war schon zufrieden, wenn die Reben überhaupt wuchsen, wenn Trauben dranhingen und reif wurden; mehr wollte man gar nicht. Jeder Wein, woher er auch kam, wurde damals gewürzt und gesüßt; da hat man den Älbler eben etwas nachhaltiger behandelt. An die Bodenbeschaffenheit stellt die Rebe ja keine großen Ansprüche, sie braucht in erster Linie Sonne und Wärme; vielleicht gab es tatsächlich einige Glücksjahre, wir wollen es annehmen, denn ein wenig muß die Sache ja schließlich gelohnt haben.

Gegen die rasante Ausbreitung des Weinbaus im 16. Jahrhundert mußte schließlich eine Verordnung erlassen werden. Das Herzoghaus, das zuerst die Rebpflanzungen unterstützt und gefördert hatte, wo es konnte, bekam es plötzlich mit der Angst zu tun – fast drei Viertel des alten Württemberger Landes waren inzwischen mit Rebstöcken bepflanzt! Man mußte den Untertanen klar machen, daß auch noch Äcker und Wiesen vonnöten seien; schließlich untersagte ein scharfes Verbot das weitere wilde Anlegen von Weinbergen. Am nachdrücklichsten wirkte dann der Dreißigjährige Krieg; damals verging den Württembergern der Weinhandel, und auch die Älbler legten keine Rebgärten mehr an. Der Weinbau kam fast ganz zum Erliegen und hat seine einstige Hochblüte nie mehr erreicht.

Später, als man in den Franzosenkriegen viel durchziehendes Militär mit Wein versorgen mußte, baute man billige Sorten an; mit ihnen war im Ausland kein Staat zu machen. Im Jahr 1824 wurde eine Gesellschaft zur Weinverbesserung gegründet, die dann in langsamer und zäher Arbeit die württembergischen Weine auf ihren jetzigen Status brachte. – Aber Älbler waren keine mehr dabei.

Das Bad am Samstagabend

Während des Dreißigjährigen Krieges sind in unseren Dörfern die »Badstüblin« abgegangen. Es handelte sich dabei um einfache kleine Holzhäuschen, die in der Ortsmitte und in der Nähe der »Hüle« angesiedelt waren und der Gesundheitspflege der Bevölkerung dienten; zwei Verschläge gab es darin, einen für Männer und einen für Frauen, einen großen Kessel, der mit Holz beheizt und mit Wasser gefüllt war und eine Menge kleinerer Kübel, Eimer, Zuber und »Scheffel«.

Jeder badende Einwohner bekam seinen Zuber mit dem notwendigen Wasser und konnte sich darin verlustieren, bis das Wasser kalt geworden war – falls nicht der Bader oder sein Assistent, der »Reiber« bereit waren, gegen ein Trinkgeld warmes nachzugießen. Ganz perlklar mag es nicht immer gewesen sein, man hatte es in der Hüle geholt oder in einem der Schöpfbrunnen; schlaue Gemeindeväter konnten es auch direkt in die Badestube leiten, so daß das lästige Hertragen wegfiel. Das war dann schon ein besonderer Komfort.

Pünktlich an jedem Samstagnachmittag begann der Reiber damit, das Holz zum Heizen anzufahren und Feuer zu machen. Das Holz stellte die Gemeinde kostenlos, denn das Badhäuschen war eine gemeindliche Einrichtung und der Bader war von ihr angestellt.

Er hatte seine Privilegien, aber auch seine Verpflichtungen; so durfte er das Dorf nicht über Nacht und beileibe nicht über einige Tage verlassen; er war ja nicht nur Bademeister und Bartscherer, sondern auch Chirurgus, der sich auf die einfache Wundversorgung verstand, Zähne zog, Blutegel anlegte, Brüche schnitt und Beine einrenkte. In einer Badeordnung der Gemeinde Erolzheim in Oberschwaben vom Jahr 1530 wird dem Bader befohlen, besonders dann nicht das Dorf zu verlassen, wenn »das paurenvolck zu einem trunck ins würtshaus« sich begab – denn da waren blutige Händel zu befürchten, und der Bader mußte die Wunden verbinden.

Er hatte seinerseits wieder den Reiber anzustellen – dieser war sein Assistent und hatte den Badenden den Buckel abzureiben und sie »gehörig zu traktieren« – massieren würde man heute sagen. Der heute noch auf der Alb häufige Familienname Reiber geht auf diesen Beruf zurück. Der Reiber sollte wie der Bader etwas vom Schröpfen, Aderlassen und Bartscheren verstehen und seinen Herrn notfalls vertreten können; im großen ganzen oblagen ihm untergeordnete Tätigkeiten wie das Säubern der Badstuben, das Auslaufenlassen des Wassers, das Versorgen des Feuers in der Nacht zum Sonntag – »item wan man das bad auslast, so soll er alle bänck säubern und wohl abwaschen und gießen und die stuben sauber auskeren und danach die fenster und die tueren offen lassen stehen damit der luft hinein komb und alles wider austruckne«.

Die Wahrung des Anstands war der Dorfbehörde wichtig, deshalb stehen einschlägige Verordnungen in den Badeordnungen obenan. Es soll »kein man in der frauen stuben und bad und deßgleichen kain weibsperson in der man stuben und bad gehen«; so etwas wie ein Familienbad gab es damals noch nicht. Der Bader und der Reiber durften überall umhergehen, aber sie mußten ein »niderklaid«, wohl eine Hose, anhaben. Hatte der Bader Mägde, die ihm halfen, so durften sie nur in »hembdern« auftreten; die Badegäste selbst mußten ein »Fürtuch« tragen. Kinder unter sieben Jahren durften nicht ins Badhaus kommen, auch niemand, der krank, wund, siech war, an einem Ausschlag oder an einer »Sucht«, einer ansteckenden Krankheit litt. Priester, Amtleute, Fremde und reisige Knechte waren bevorzugt zu bedienen; junge Buben bekamen erst ein Wasserschaff zum Baden, wenn alle Erwachsenen eines hatten.

Es sollte auch Ruhe und Besinnlichkeit herrschen beim Baden: »Item man soll still röden im Bad und niemand groß geschray haben«. Wenn das »geschray« doch einmal überhand nahm, waren Bader und Reiber bemächtigt, selber zu schreien und Ruhe zu gebieten – Zuwiderhandelnde mußten dann zahlen.

Der Reiber hatte auch eine Portion »Badhuettlin« zu vergeben, die er als Kopfbedeckung an die Badenden auslieh. Man kam familienweise, mit Knechten und Mägden und Kindern, um der Sauberkeit zu frönen und war im »badlohn« und im »reiblohn«, was eine Art von Badeabonnement darstellte. Bezahlt wurde in Naturalien, der Bader bekam jährlich einen Viertelscheffel Roggen, eine Roggengarbe und auf die großen vier Feste eine Geldgabe; der Reiber wurde ähnlich entlohnt, nur bekam er Haber statt des Roggens. Das »Schehrgelt« betrug neun Pfennig.

Nach dem Dreißigjährigen Krieg gab es, wie gesagt, fast gar keine Badstuben mehr in den Dörfern, sie wurden auch nach der Zerstörung nicht mehr neu errichtet. Das

»Bad am Samstagabend« war zu einer Privatangelegenheit geworden, aber nicht alle badeten regelmäßig. Durch den Krieg waren solche Dinge wie persönliche Pflege unwichtig, ja teilweise auch unmöglich geworden; man hatte sich in erster Linie um sein Leben und seine Existenz zu wehren. Außerdem hat man in manchen Teilen des Landes ja immer unter Wassermangel gelitten, was den Badefreuden gelegentlich einen Riegel vorschob.

Später hat dann die körperfeindliche Haltung des Pietismus in den evangelischen Dörfern so etwas wie Reinlichkeitsorgien nicht mehr aufkommen lassen. Man hielt zwar mancherorts die Haushaltungen peinlich sauber, man war dazu auch durch die Weberei und den Umgang mit der weißen Leinwand verpflichtet, aber ein regelmäßiges Körperbad galt noch lange als Luxus.

Kopfhäuser und Himmelbetten

Kaum eine Gegend in Württemberg ist während des Dreißigjährigen Krieges so ausgeplündert worden wie die Schwäbische Alb. Die frei und einsam liegenden Dörfer waren ein willkommenes Ziel für alle feindlichen Räuberscharen, hier war keine feste Mauer zu belagern wie bei den Städten, der geflochtene Etterzaun war leicht zu überwinden, und etwas Eßbares wurde bei den Bauern immer vermutet.

Viele dörfliche Familien flüchteten auch in die Städte, nach Ulm, Münsingen, Urach, sie packten ihre Kirchen- und Gemeindekassen auf einen »Truchenwagen« und brachten sie in die Gewölbe der großen Kirchen, bis die Luft wieder sauber war. Das Uracher Amt mit seinen

»liederlichen, verbrannten Albweilerlein« war damals von der Stuttgarter Regierung so gut wie abgeschrieben. Man glaubte nicht, daß sich dort oben noch einmal etwas regen würde.

Es regte sich mehr, als man dachte. Die Allerzähesten blieben übrig; auch in Dörfern, die der Sage nach ganz verlassen waren, hausten doch irgendwo noch ein paar Familien. Sie lebten fast wie die Tiere, schliefen auf Strohschütten und aßen Rinden und Gras. Hochzeitspaare, die in dieser Zeit heirateten, gaben nachher zu Protokoll, sie hätten einander nichts zugebracht, als die paar schlechten »Klaidlein«, die sie auf dem Leib trugen.

Aber der Mensch ist widerstandsfähiger, als man glaubt, und so begann schon wenige Jahre nach dem Friedensschluß wieder so etwas wie ein bürgerliches Leben in den Dörfern. Es ist aufschlußreich zu sehen, wie die ersten Möbelstücke in die Familien kamen; es gibt Verzeichnisse vom Jahr 1650. Da zeigen sich zunächst Tröge, einfach eine bessere Art von Kisten, die meistens einen Deckel und ein Schloß daran hatten. Das ist vielleicht typisch für die Situation: Man wollte wieder etwas haben, ansammeln, aufbewahren; nach dem ewigen Ausgeplündertwerden brach die menschliche Eichhörnchennatur mit aller Gewalt durch. Wer einen Trog hatte, war schon reich, und wer etwas drin hatte, ein halber König. Manchmal hatten die Tröge sogar Füße und waren am Deckel ein bißchen mit Schnitzereien verziert – dann hatte man schon ein Möbelstück, einen Anfang zum Behaustsein.

Weiterhin taucht etwas auf, was »Kopfhaus« heißt. Fast jede Familie in der damaligen Zeit schaffte sich ein Kopfhaus an, das war der neueste Schrei von 1660. Meist hing es in der Küche, aber es gibt auch Stuben-Kopfhäuser. Es kostete einige Knobelei, bis man herausgebracht hatte, wie dieses Inventarstück aussah. Es war ein Wandkasten größeren Ausmaßes, der frei aufgehängt wurde und die ersten Gegenstände faßte, die man zum Essen braucht: Holzteller, Schüsseln, Trinkbecher; also ein Vorläufer der späteren »Küchenbretter«, auch »Schanzen« genannt, aber wesentlich kleiner, wahrscheinlich nicht viel breiter als einen oder anderthalb Meter, außerdem mit einem Türchen zum Zumachen; in ganz komfortablen Fällen hatte es Schubladen für Löffel und Messer. Man könnte auch von einem Küchenbüfett en miniature sprechen.

Es ist möglich, daß diese Form von den Schweizern und Vorarlbergern eingeführt worden war, die nach dem Krieg auf die Schwäbische Alb kamen. Der seltsame Name kommt aus dem Mittelhochdeutschen; ein »Kopf« war damals ein Trinkbecher, der Wandkasten also eine »Behausung« für diese »Köpfe«. Das Wort »Kopf« in dieser Bedeutung ist bei uns ausgestorben, aber in Ostfriesland kann man auch heute noch zu einem »Koppke Tee« eingeladen werden, einer Tasse des dort immer vorhandenen heißen Getränkes. Und »Köpfchen« nennt man in Österreich manchmal noch einen kleinen Pudding, der aus der Tasse gestürzt wird. Bis zur Mitte des 19. Jahrhunderts brachte jede halbwegs vermögende Braut ein »Kopfhaus« mit in die Ehe. Dann kamen größere Küchen- und Anrichteschränke auf.

Sehr rasch gab es nach dem Dreißigjährigen Krieg auch wieder »Himmelsbettladen«. Warum so umständlich, denken wir Heutigen; wenn sie schlafen und gut liegen wollten, hätten sie das ja auch ohne diesen umständlichen Himmel mit den vier Säulen und dem schweren Dach darüber tun können. Aber damals hatte man andere Vorstellungen. Ursprünglich war die menschliche Schlafstätte fest ins Haus eingebaut gewesen, ein Verschlag mit einer Türe daran, fast ein bißchen wie ein Stall, mit vier festen Wänden, die den Schlafenden vor der Umwelt abgrenzten und ihm Sicherheit boten, besonders, wenn es noch Schlösser zum Verschließen gab. Da konnte sich in der Stube abspielen, was immer sich wollte; der Schlafende war allein und geborgen. Aus dieser Vorstellung des festen Verschlags ist das Himmelbett entstanden; es war nun zwar beweglich und konnte transportiert werden, aber mit ein paar guten Vorhängen war man immer noch allein oder auch zu zweit friedlich darin geborgen und konnte auf die Umwelt pfeifen.

Im 17. und 18. Jahrhundert lief die Himmelbettenproduktion auf Hochtouren, jede Familie hatte eines oder zwei, Gasthäuser fünf oder sechs, meist waren sie mehrschläfrig. Daneben gab es noch eine andere Form, die »halbgehimmelte« Bettlade. Diese war schmäler und meist einschläfrig, ihr Himmel war mehr eine Andeutung, ein hoher Aufsatz auf dem Kopfteil mit Malereien und Verzierungen, ohne eigentliches Dach und auch Säulen.

Für Kinder, Knechte und Mägde gab es »Bettkärren«, einfache rechteckige Schragen auf Rädern, die so niedrig waren, daß sie unter die hohen Himmelbetten geschoben werden konnten. Platz sparen mußte man damals schon, und Ideen wie das »Bett im Schrank« oder das »Klappbett« sind nicht neu.

Was weiterhin in jeder Aussteuer verzeichnet ist, ist eine Wiege, manchmal auch zwei. Wiegen muß es bald schon und überall gegeben haben – und anhand der Wiegen hat sich ja die Alb dann auch wieder von ihren Verlusten erholt. Nun hatte bald jede Familie ihre zweistellige Zahl von Kindern; es gibt Kinderbettlädlein, Windeltruhen, Kinderstühle, Kinderläufer in den Inventaren, und auch die große Säuglingssterblichkeit konnte die Bevölkerungsexpansion nicht mehr aufhalten. Die Zähesten kamen durch – und die heutigen Älbler sind die Nachkommen davon . . .

Zäunte Wände

Wer auf der Alb sie noch irgendwo hat, die »zäunte Wänd«, an einem alten Häuschen oder einer Scheunenwand, der schämt sich schon fast ein bißchen und spricht entschuldigend von dem »alten G'lump«, das schon lang einmal wegmüsse. Der Heimatfreund indessen bleibt an einer solchen Mauer stehen und beobachtet voll Interesse, wie sich innerhalb der Fachwerkgefache der Verputz löst und dahinter statt der vermuteten Back- oder Schlemmsteine, die heute zum »Ausfachen« genommen werden, hier ein korbartiges Geflecht aus Holzstäben und Reisig lehmverschmiert sichtbar wird.

Es handelt sich dabei um eine Bauweise, die einige tausend Jahre geübt wurde. Spuren solcher geflochtenen Wände sind bei Ausgrabungen aus der jüngeren Steinzeit und der Latènezeit gefunden worden. Die römischen Truppenunterkünfte entlang des Limes waren in dieser »Schlierriegelbauweise« hergestellt. Wenn also in einigen wenigen Jahren auf der Alb die letzten Bauwerke mit »zäunten« Wänden (zäunen, zainen = korbflechten) abgebrochen werden, ist damit eine uralte Tradition verschwunden.

Der Älbler von einst mußte, wenn er bauen wollte, darauf sehen, daß er dies mit solchem Material bewerkstelligte, das in Dorf und Markung entweder umsonst oder billig zu haben war. Baustoffe, die von weither angeliefert werden mußten, verteuerten den Bau in einem damals nicht tragbaren Maß. Heute weiß man es nicht anders, als daß die Baufirmen das Material mit ihren Lastwagen zur Baustelle bringen; früher gab es das nicht, der Bauer fuhrwerkte selbst oder mit den Nachbarn, aber schon das war teuer. Als wohlhabende Bauern um die letzte Jahrhundertwende anfingen, ihre Wettergiebel mit Schieferplatten zu verwahren, wurde das fast ein Symbol für sündhaften Reichtum; das Verb »verschiefern« war ein Synonym für »mit Geld polstern«. Der Schiefer, der heute das Gesicht so mancher Albgemeinden prägt und bei Westwind ein melodisches Klappern hören läßt, mußte aus Lothringen eingeführt werden.

Nein, der kleine Landwirt, den der Herrgott nicht mit Glücksgütern gesegnet hatte, baute mit »eigenem Sach«, eigenen Leuten und in eigener Regie. Zimmermann und Maurer brauchte man, Strohdachdecker, Schreiner und Ofensetzer; aber das weitaus meiste machte der Bauer selbst. Die Nachbarn, Verwandten und Freunde halfen ihm dabei, wie das auch heute noch Brauch ist, in der Erwartung, im selben Fall ihrerseits auch wieder Hilfe erwarten zu dürfen; das ist eine schöne Sitte, die auch obrigkeitlich unterstützt wurde. Schon 1495 sagt eine Verordnung: » . . . daß die Einwohner auf dem Land beim Bauen mit Frondienst einander helfen sollen.«

Der Baulustige, sofern er Bürger war, bekam Bauholz von der Gemeinde, teilweise sogar als Bürgerrecht unentgeltlich. Einfache Wohnhäuser und Scheunen wurden oft gar nicht unterkellert, man verankerte einfach ein eichenes Balkenviereck im Boden und richtete darüber, ebenfalls mit Balken, das Haus auf. Die Albdörfer sind größtenteils alemannische Siedlungsorte, und die Alemannen kannten nur den Holzbau; das Älbler Bauernhaus hat sich aus dem Holzbau heraus entwickelt und tendierte auch immer wieder zu diesem, weil er billig war.

Es hat vieler Vorschriften bedurft, bis man beim Bauen auch Steine zu Hilfe nahm. Das steinerne Fundament setzte sich schließlich durch, und damit haben wir das gängige Albbauernhaus der letzten Jahrhunderte: ein Fachwerkbau auf steinernem Sockel. Aber die Riegel wurden nach wie vor in den allermeisten Fällen aus Flechtwerk hergestellt; erst Ende des letzten Jahrhunderts wurde dies verboten.

Jede Gemeinde besaß neben ihren ortseigenen Wäldern noch Randgebiete, in denen Unterholz, kleine Bäumchen nebst Gestrüpp heranwuchsen und niedrig gehalten wurden. Flurnamen wie »In den Stöcken« oder »Stökkach« weisen darauf hin. Dort konnte der Bauende das Kleinholz für die Riegelwände holen, Aspen- und Eichenstämmchen für die »Stickscheiter« und Haselruten zum Flechten. Aspenholz war beliebt, weil es unter Luftabschluß nicht erstickt; man richtete schmale, an den Enden zugeschärfte Holzlatten daraus zu, die in die an den Balken vorbereiteten Löcher oben und unten eingelassen wurden, drei oder fünf oder sieben Stück nebeneinander, je nach Größe des Faches. Viel größer war der Bedarf an Ruten, Gerten oder »Schienen«, meist aus Haselholz, die über die festsitzenden Stickscheiter in Korbmanier geflochten wurden.

Während die freiwilligen Mitarbeiter die Gefache auf diese Weise ausfüllten, bereitete der Maurer auf dem Hof den Strohlehm zu, der zum Ausstreichen gebraucht wurde. Aus der Lehmgrube – fast jeder Albort hatte eine solche – waren einige Wagen möglichst fetten Lehms geholt worden. Er wurde mit Wasser verdünnt und mit kleingeschnittenem Stroh, manchmal auch mit Kuhmist und Straßenkot versetzt; die Mischung sollte samt und sonders die Konsistenz von frischem Kuhmist haben, dann konnte ans Werk gegangen werden, ans »Schlieren«, das der ganzen Bauweise den Namen »Schlierriegelbau« verleiht. Mit dem Scheibbrett wurden die Lehmbatzen auf das Flechtwerk gepatscht und glattgestrichen. Bei Nebengebäuden, die keinen Verputz erhielten, füllte man die Fache bündig mit der Balkenkante aus; bei Wohnhäusern stand die Wand um Verputzstärke zurück. Für die Decken wurde der Strohlehm zu Wickeln geformt, die um die Stickscheiter gelegt und mit diesen eingelassen wurden. Saß dann noch das Strohdach oben darauf, so hatte man ein Haus, das aus billigsten Materialien: Dreck, Lehm, Abfallholz und Stroh bestand – die Balken waren noch das Beste daran. Die Häuslein sahen alle so richtig »handgemacht« aus – keine Wand war gerade oder eben, die Fächer waren verschieden dick, das Holz »schaffte« und auch die Fensterlein sahen so aus, als wären sie »mit dem Schurz« vermessen worden.

Groß war die Feuergefahr: Durch diese Bauweise konnten sich Brände rasch ausbreiten und ganze Straßenzeilen verzehren wie in Laichingen etwa 1832; so konnten auch die kriegerischen Horden des Dreißigjährigen Krieges ganze Orte abbrennen. Das Anzünden von Christbaumkerzen mußte verboten werden, ebenso das Wergdörren in der Stube und das Begehen der Scheunen mit offenen Lichtern. Auch gegen Einbruch waren die »zäunten Wände« kein wirklicher Schutz; es ist berichtet, daß das Diebesgesindel ein leichtes Spiel gehabt habe; ein paar ordentliche Schläge mit der Spitzhacke genügten mitunter schon, um einen Durchschlupf herzustellen.

Das Feuer ist durch Spritzen, äußerste Gegenwehr, nassen Dung und göttliche Gnade gelöscht worden.

Die Bettelfuhr

Es wird zur Zeit viel und zu Recht über überfüllte Kran-
kenhäuser und mangelnde ärztliche Versorgung geklagt.
Gelegentlich kann man hören, da sei es »früher« doch
noch anders gewesen. Das mag stimmen, wenn damit 40
oder 50 Jahre zurück gemeint sind. Rechnen wir aber mit
Jahrhunderten, dann sieht es anders aus.

In der württembergischen Polizeiordnung von 1814 steht
noch folgender Satz: »Fremde kranke Arme sind in der
Fron von Ort zu Ort weiterzuführen, wenn es ihr körperli-
cher Zustand erlaubt.« Das liest sich wie ein fauler Witz,
ist aber Wahrheit und taucht in vielen Verordnungen,
auch anderer Herrschaften und zurück bis ins 16. Jahrhundert, regelmäßig auf. Fremd, arm und krank zu sein
war einstens schon fast ein Todesurteil; es fand sich niemand, der solche Menschen aufnahm und versorgte, im
Gegenteil, sie kamen »auf die Bettelfuhr« und wurden in
hölzernen Karren so lange auf schlechten Wegen und bei
Regen und Kälte herumgefahren, bis sie schließlich irgendwo am Wegrand den Geist aufgaben.

Die verschiedenen Kriege, der Dreißigjährige, der spani-
sche Erbfolgekrieg und die Franzosenkriege schwemmten
eine ungeheure Menschenflut durch die deutschsprachigen Länder. Vielfach waren diese Kriege von angeworbe-
nen Söldnerheeren geführt worden, die nach Kriegsende
einfach auf der Straße lagen und zu Bettlern wurden,
wenn ihr Sold verzehrt war; Ströme von Invaliden,
Hausierern, Gaunern, fahrenden Handwerkern, Sche-
renschleifern, Siebmachern durchzogen mit ihren Familien die Straßen und Dörfer und brachten sich mühsam,
redlich und unredlich durch, wie es eben kam. Wehe,
wenn sie krank wurden! Alte Leute, Frauen und Kinder

wurden oft einfach zurückgelassen. Es bestand wohl eine Verordnung, daß Bettler, die »den Stecken innerhalb Etters« gestellt hatten, von der Gemeinde versorgt werden mußten – aber gerade deshalb erfand man die Bettelfuhr. Es gab zwar Armen- und Bettelhäuser, aber die Gemeinden, selber oft nicht gut bei Kasse, waren nicht darauf bedacht, sie zu füllen. Dazuhin fürchtete man ein Einschleppen von Seuchen. Es war schlimm genug, wenn ein solcher Kranker abends nach Einbruch der Dunkelheit gebracht wurde, dann mußte man ihn über Nacht behalten. Aber frühmorgens schon holte der »Büttel« den »Bettkarren« aus der Rathausremise, packte den Kranken ein und marschierte wacker zum nächsten Ort.

»Wenn es der Zustand des Kranken erlaubte« – wer schaute schon danach? Ein Arzt kam gar nicht in Frage, die Fremden hatten ja kein Geld und Krankenkassen gab es nicht; so mußten Schultheiß und Amtsdiener die Entscheidung zur Bettelfuhr fällen. Daß sie selten zugunsten des Kranken ausfiel, kann man aus vielen Eintragungen in den Totenbüchern der Pfarrer sehen, des Inhalts, daß ein fremder kranker Mensch auf der Bettelfuhr tot gebracht und gleich begraben worden sei; oft wußte man nicht einmal den Namen der Toten. Viele Kinder endeten so, besonders Mädchen, alte Frauen, sogar Pfarrers- und Lehrerswitwen gelegentlich, dazu mancher alte Soldat und Veteran, Handwerksbursch, Student, durchaus nicht nur Leute, die etwas auf dem Kerbholz hatten.

So konnten damals die letzten Stunden eines Menschen aussehen: Ohne Zuspruch, Pflege, Arzneien, Ernährung, ja, ohne ein Dach über dem Kopf war er diesem lächerlichen Wettlauf zwischen den Gemeinden ausgeliefert. Keine wollte die Beherbergung übernehmen, der Kranke kam von einem Karren in den andern, bis es endlich dunkel wurde – dunkel von innen oder von außen. »Wo ein armer krummer oder lahmer Mensch gebracht werde, sollen schultheiß und gerichtsmänner bedacht nemmen, daß derley leuthe mit negster möglichkeit weggeführt werden an angränzende frembde Örter –.« Man kann nur hoffen, daß sich trotz allem manchmal eine mitleidige Seele gefunden hat. Im Gesetz war's nicht vorgesehen.

Fremdes Blut in schwäbischen Adern

Daß sich auf der Alb infolge ihrer verkehrsfernen Lage eine Art Uralemannentum erhalten habe, ist ein Irrtum, der durch die geschichtlichen Tatsachen längst widerlegt ist. Fast das Gegenteil ist der Fall. Der Dreißigjährige Krieg hat die Alb und ihre Dörfer fast ganz entvölkert; die Schlacht bei Nördlingen 1634 brachte so hohe Verluste für die Württemberger, daß nicht einmal Stalingrad 1945 im Verhältnis damit zu vergleichen ist. Fast 90 Prozent aller waffenfähigen Männer der Albdörfer wurden getötet.
Was übrigblieb, starb vielfach an der Pest; die Reichsstadt Ulm, wohin viele Älbler geflohen waren, verzeichnet im Jahr 1635 15000 Pesttote; in Böhringen starben von Juni bis September 500 Menschen, in Laichingen etwa 800, andere Flecken hatten ähnliche Verluste. Man konnte die Toten nicht mehr begraben, sie durften auch nicht auf den öffentlichen Friedhöfen bestattet werden; jeder Ort hatte irgendwo draußen am Markungsrand ein Erdloch, wo man diese Toten hineinwarf. Vielleicht kommt ein solches Massengrab einmal wieder zum Vorschein.
Württemberg galt im Ausland als ein geleertes, ausgelöschtes Land. Am schlimmsten war es im Uracher und Münsinger Bezirk. Ein zeitgenössischer Bericht spricht

vom »Uracher Ambt und seinen liederlichen, verbrannten Albweilerlein«; man bezweifelte, ob sich dort noch wohnen ließe.

Wie immer in der Geschichte wirkt ein solcher menschenleerer Raum als Vakuum, der andere Menschen anzieht. In den Gebirgsländern, in der Schweiz und in Österreich herrschte damals Bevölkerungsüberschuß; die durch ihre Berge sowieso platzbeschränkten Länder konnten ihre Einwohner nicht mehr ernähren. Zudem herrschten Glaubenskämpfe, die evangelischen oder eigentlich calvinistischen Schweizer hatten kein Bleiben mehr. So begann der große Zug nach Württemberg.

Es waren hauptsächlich Bauern und Handwerker, die sich zu einer Ansiedlung entschlossen; sie wurden auch in ihrem Vorhaben unterstützt, bekamen Religionsfreiheit zugesichert, mußten 15 Jahre lang keinerlei Steuern bezahlen und wurden mit Saatgut und Zuchtvieh unterstützt. Diese Unterstützung konnte Württembergs Staatskasse natürlich nicht leisten, aber der Herzog konnte bei Schweizer Banken große Kreditgelder aufnehmen und damit den Wiederaufbau größtenteils finanzieren; wie beim Marshallplan hat hier ein wohlhabendes Land dem Nachbarn seine Hilfe großzügig zur Verfügung gestellt. Der entvölkerten Alb kamen diese Arbeitskräfte gerade recht. In einer alten Familienbibel lesen wir eine Eintragung darüber. »Vom Flecken stehen noch ein paar Häuslein. Wir Leut leben wie die Tier, essen Rinden und Gras. Kein Mensch kann sich denken, daß vor uns so etwas geschehen sei. Die letzten Tag ziehen fremde Leut zu, sagen aus dem Gebirg. Sprechen eine seltene Sprach. Scheinen mir aber allweg tüchtige Schaffer. Wollen hier bleiben, da sie vertrieben wegen Ketzerei. Wir und einige von den Fremden taten uns heint zusammen, ob wir nicht ein paar zerfallene Häuslein könnten wieder wohnbar machen.

Wir müssen jetzt alle beisammen stehen und Hand anlegen, inwendig und auswendig . . .«

Nicht in allen Dörfern ist der Zuzug von Fremden gleich zahlreich gewesen, manche bekamen auch Verstärkung von Einwohnern aus den umliegenden Dörfern, die geflohen und wieder zurückgekehrt waren.

Laichingen soll indessen fast ganz von Schweizern wiederaufgebaut worden sein; es blieben allerdings nicht alle Familien davon ansässig. Suppingen soll hauptsächlich Tiroler und Vorarlberger Zuzug bekommen haben.

Im ehemaligen Gruorn bildeten wieder die Schweizer einen beträchtlichen Anteil der Bevölkerung. Dort gab es sogar eine »Schweizergasse« und ein Gartengebiet, das »Schweizerland« genannt wurde; auch die Mundart soll schweizerisch gefärbt gewesen sein.

Aus Zürich, Bern, Luzern, Sargans, Spiez stammten diese Leute. Sie waren so geschickt in der Landwirtschaft und besonders in der Viehzucht, daß einige Dörfer um vermehrten Zuzug solcher Züricher und Berner baten. Diese wurden dort in den Büchern weitergeführt, sie galten nominell noch immer als Schweizer Bürger; man wollte dort auch, daß sie calvinistisch bleiben sollten, sie gingen aber langsam zum Luthertum über.

Im Besitz mancher Schultheißen und Lehrer der damaligen Zeit findet sich ein Buch »Widerlegung der Calvinisten Lehr«; man geht wohl nicht fehl, wenn man annimmt, daß anhand solcher Schriften die Schweizer vollends überzeugt werden sollten. – Übrigens stammt der Name »Schweizer« für einen Stallknecht aus dieser Zeit, auch das »Bernerwägele« dürfte auf eidgenössische Einflüsse zurückgehen.

Natürlich wurde auch geheiratet, den Württembergern tat das frische Blut gut, und die Schweizer Mädchen scheinen gar nicht unbeliebt gewesen zu sein. In Feldstetten heiratete ein Mitglied des »Gerichts«, also ein Gemeinderat und hoher Herr im Dorf, im Alter und in zweiter Ehe noch seine Magd aus der Schweiz. Jeder Württemberger hat durchschnittlich 10 Prozent Schweizerblut in den Adern; auf der Alb werden es mehr sein. Auch unser großer Landsmann Schiller ist kein reiner Schwabe, 40 Prozent seiner Ahnen hatten ihre Wiegen außerhalb der schwarz-roten Grenzpfähle stehen.

Außer den Gebirglern ließen sich auch 2000 Schweden, abgedankte Soldaten, in Württemberg und auf der Alb nieder. Mancher Albbauer hat also auch Schwedenblut in den Adern, und die neckische Benennung »Alter Schwed«, die man gelegentlich hören kann, ist gar nicht zu Unrecht gesagt.

So sahen die ersten Anfänge der Wiederbesiedlung aus. Es waren allerdings nur Anfänge, denn es fehlten sechs Jahre nach dem Friedensschluß noch immer 50000 Familien in Württemberg. 270000 Morgen Äcker und Wiesen waren unbebaut, 40000 Morgen Weinberge und 36000 Gebäude lagen zerstört, 300 öffentliche Gebäude mußten wieder neu erbaut werden. Man schätzte den ganzen Schaden des Dreißigjährigen Krieges in Württemberg auf 120 Millionen Gulden.

1830: Er hat von Vermögen nichts und auch für die Zukunft wenig zu hoffen.

Ein Mahd ist keine Wiese

Ein Grundstück, auf dem Gras zur landwirtschaftlichen Nutzung wächst, bezeichnet heute jeder normale Bundesbürger als eine Wiese. Auf der Alb kann man aber noch ein anderes Wort hören: da geht man »auf's Mahd naus«, oder ein Weg führt durch »d'Mähder«. Mahd also, ein schönes altes Wort, im Neutrum meistens und mit oder ohne h geschrieben, halten Landfremde oft simplerweise für das Mundartwort zu »Wiese«.

Daß das nicht stimmt, würden sie bald merken, wenn sie ein dörfliches Kaufbuch von der Alb in die Hand nähmen. Da steht erstens das Wort »Mahd« in der Schriftsprache, im Aktendeutsch der letzten Jahrhunderte von gebildeten Schreibern mit Lateinkenntnissen verwendet; ein reines Mundartwort kann es also nicht sein. Außerdem verzeichnen eine Reihe von Landwirten Mähder u n d Wiesen, sie kannten also beide Begriffe und benutzten sie nebeneinander, nicht wechselnd.

Mahd und Wiese waren also zweierlei. Geht man der Sache nach, so findet man das Wort »Mähder« angewandt für große Grundstücke am Außenbezirk der Markung, die nur einmal gemäht werden durften, nicht gedüngt wurden und im übrigen der damaligen Weidewirtschaft unterlagen. Dort, am Markungsrand, lagen auch die Wälder, die einst ebenfalls beweidet wurden, soweit es sich nicht um junge Bestände handelte. Dieser Mähder- und Waldzone schloß sich dann ringförmig nach innen der Ackergürtel an, durch welchen eingezäunte Triebwege für das Vieh auf die Weideplätze führten. Um den Dorfkern lagen die kleineren Grundstücke, Gärten, Krautteile, Baumgärten, Flachsländer, außerdem die Wiesen.

Eine Wiese, amtlich als solche bezeichnet, lag fast immer

in Dorfnähe, war ein kleiner, verzäunter Platz, der nicht beweidet werden durfte, beliebig oft gemäht werden konnte und meist auch gedüngt wurde. Manchmal lag so ein »Wiesbletzlin« (Wiesplätzchen) auch innerhalb des Dorfes zwischen den Häusern, diente zum Grünfutterholen für die im Stall gebliebenen Tiere und ergab auch Öhmd oder sogar »Grummet«, also mehrmals im Jahr Heu.

Dieser Unterschied zwischen Wiesen und Mähdern wurde nicht nur gewohnheitsmäßig praktiziert, sondern die Sache hatte eine rechtliche Seite. Es war nicht erlaubt, aus einem Mahd eine Wiese zu machen und umgekehrt. Die Obrigkeit hielt ihre Hand über dem Weidebetrieb, man brauchte die Mähder als Futterplätze für das Vieh und man wäre in Schwulitäten gekommen, wenn die Bauern angefangen hätten, ihre Mähder einzuzäunen.

Dort wurden die für die Alb so charakteristischen Weidbuchen gepflanzt; diese einstigen Holzmähder machen viel vom Reiz des Älbler Landschaftsbildes aus.

Ein etwas kleineres Mahd bekam natürlich die schwäbische Diminutivform und wurde zum »Mähdle«. Eine ganze Reihe von Flurnamen, Mädlesweg, Mädlesbrunnen, Mädlesäcker, Mädchenfelsen beziehen sich auf solche kleinen Mähder und nicht auf junge Mädchen, was zur Enttäuschung aller heimlichen Romantiker hier angefügt werden muß. Es gibt nichts Sachlicheres als Flurnamen, und all die hübschen Sagen von jungen Mädchen, die durch einen wilden Jäger über einen Felsen gejagt werden oder als weißes Fräulein irgendwo umgehen, sind in Unkenntnis des wahren Wortstammes später hinzugedichtet worden.

Natürlich gibt es Ausnahmen, gelegentlich gab es auch Wiesen in Außenbezirken, die von altersher die »Wiesgerechtigkeit« besaßen, bevorrechtigte Grundstücke also und höher im Wert als die übrigen Mähder; oftmals tragen sie die Flurnamen »Au« oder »Brühl«.

Brühl bezeichnet das Urwiesenland überhaupt; es handelt sich dabei um ein größeres Wiesenstück in Dorfnähe, das einstens bei der alemannischen Besitznahme zum Herrengut gehörte und von diesem aus erstmals in Bewirtschaftung genommen worden war. Wo es einen »Brühl« gibt, gibt es ein Altsiedlungsdorf. Später wurden diese Brühlwiesen dann vielfach zum Ackergürtel geschlagen. Die Mähder werden mancherorts auch Wildwiesen oder Heidewiesen genannt. Auf der Alb gibt es noch die sogenannten »Holzmähder«, auf denen einzelne Bäume wuchsen, die den schmalen Ertrag durch Holzgewinnung noch etwas aufbessern.

In Raisen oder Hühlen darf niemand sein Wasser abschlagen, damit die darin befindlichen Fische nicht verderben.

Von ehrsamen Handwerkern
und von Fahrensleuten

Der isch g'loffa wie a Bott

Daß es in unseren Dörfern Boten gab, sogenannte Land-
fuhrleute, die an bestimmten Wochentagen mit Pferd und
Wagen in die benachbarten Städte fuhren, Besorgungen
machten, Güter beförderten und gelegentlich auch einen
Fahrgast aufsitzen ließen, ist noch gar nicht so lange her,
vielleicht gibt es sogar da und dort heute noch einen, der
mit seinem braven Hafermotor dienstags oder donners-
tags in die Stadt trabt, Kisten auf der Bahn und Arzneien
beim Apotheker holt.
Aber im großen ganzen ist der traditionsreiche Beruf des
Landfuhrmanns durch die Motorisierung ausgestorben,
und die Boten haben ihre treue Liese dem Roßmetzger
verkauft, ohne große laudatio, die sie doch verdient hätte.
Es hat indes früher auch Boten gegeben, die auf ihre eigenen Beine angewiesen waren, Leute, die mit Briefen, Ak-
tenstücken oder mündlichen Nachrichten in andere Orte
geschickt wurden zu einer Zeit, wo es weder Post noch
Fernsprecher gab. Man kann sich das heute gar nicht
mehr vorstellen. Der gemeine Mann kam zwar meist so
aus, aber Kirche und Rathaus brauchten schließlich eine

Verbindung mit der Außenwelt und mußten sich daher in Ermangelung technischer Einrichtungen der menschlichen Füße bedienen. Die Redensart »Der isch g'loffa wie a Bott« weist noch auf diese Zeit hin, die glücklicherweise fast zwei Jahrhunderte zurückliegt.

Natürlich war das »Bottenlaufen«, wie man es nannte, keine beliebte Tätigkeit. Wer läuft schon gern viele Kilometer, bei Sonnenhitze, Winterkälte, Nebel und Schnee in irgendeine Ortschaft, um eine Nachricht an den Schultheißen zu überbringen? Da es aber sein mußte, wurde das Bottenlaufen zu einer Fronauflage gemacht. Jeder männliche gesunde Dorfeinwohner unter 60 Jahren war dazu verpflichtet.

Es konnte also sein, daß mitten im Heuet oder in der Ernte der Büttel mit einem Brief kam und den Haushaltungsvorstand abkommandierte; da half alles Murren nichts, er mußte sich auf den Weg machen. Natürlich traf es nicht immer dieselben, die Verpflichtung ging reihum in den Häusern, und wenn alle Fronverpflichteten drangewesen waren, fing man eben wieder von vorne an.

Allerdings gab es Privilegien: Schultheiß, Gemeinderäte, Lehrer, Pfarrer, Zollbeamte, Förster, alle weltlichen und kirchlichen Beamten besaßen die sogenannte Personalfreiheit und wurden zu Fronen nicht herangezogen; auch die Männer der Hebammen mußten nach altem Brauch nicht fronen.

Alle übrigen Männer konnten sich nicht wehren. Botengänge in die Nähe wurden nicht einmal entschädigt; mußten die Boten über Nacht bleiben, gab es für Quartier und Kost 20 Kreuzer, Spesen würde man heute sagen. Daheim blieb inzwischen die Arbeit liegen. Sie werden sich wohl selten anders als leise fluchend auf den weiten Weg gemacht haben.

Zu Winterszeiten war die Sache nicht immer ungefährlich. Der Schneider Peter Leßer aus Feldstetten mußte am Neujahrstag 1732 morgens um 8 Uhr aufbrechen und einen Brief nach Sontheim tragen; er lieferte diesen ab, begab sich allda in ein Wirtshaus und trank sich einen »starken Rausch« an. Nachdem er auch in Ennabeuren noch eingekehrt war, wollte er sich solchermaßen gestärkt auf den Heimweg machen, erreichte aber nur die ersten Feldstetter Mähder, legte sich dort nieder und erfror; er war Familienvater und 36 Jahre alt.

Es ist wirklich kein Wunder, daß das »Brieftragen«, wie es auch genannt wurde, sich bei den Leuten keiner Beliebtheit erfreute. Sie wehrten sich auch und schimpften bei den alljährlichen Ruggerichten mächtig über angebliche Ungerechtigkeiten. »Der Büttel lasse seinen Vater wegen des Botenlaufens immer leer ausgehen«, klagt einer schon 1699, worauf der betreffende Büttelvater zu fleißigerem Brieftragen verdonnert wurde.

Ein anderer bittet, man solle ihn wenigstens vom nächtlichen Botenlaufen entbinden, er werde alt und sei nicht mehr gesund; ein weiterer gibt vor, er sei schon sechzig und müsse immer noch laufen. Wenn es der Taufschein bestätigte, sei er befreit, lautete die salomonische Antwort des Rugrichters.

Allerdings gab es auch private Botendienste, sie wurden besser belohnt und mit mehr Freude ausgeführt als die Frongänge. Starb etwa ein Einwohner, der seine Verwandten auswärts hatte, so mußte man der »Freundschaft« den Fall mitteilen und »zur Leich sagen«. Diese »Leichensäger« konnten mit einem guten Vesper und einer Belohnung rechnen, die der Erbschaft des Verstorbenen entnommen wurde. Sie hatten der Verwandtschaft »Bottschaft dau«.

Für private Anliegen an Behörden und Ämter waren oft viele und lange Bittgänge notwendig. Die Bitte eines langgedienten Schulmeisters um eine Altersrente zum Beispiel brauchte jahrelang, bis sie überhaupt gehört wurde. Die betreffenden Boten saßen dann tagelang herum, bis sie vorgelassen wurden; oft erreichten sie nur, daß sie an ein anderes Amt verwiesen wurden. Dinge, die man heute mit einem einzigen Telefonanruf erledigt, hatten damals eine Laufzeit von Monaten und Jahren; »Laufzeit« im wahrsten Sinne des Worts, man mußte darum »laufen« wie die Ameisen. Alles brauchte seine Zeit.

Landesväterliche Boten marschierten auch nicht schneller. Starb etwa ein Soldat unter den herzoglichen Fahnen in Stuttgart, dann konnte es vier Wochen dauern, bis die Angehörigen Bescheid hatten. Und es kostete viel Vesper, Brot, Most und »Branntenwein«, denn was ein wackerer württembergischer Bote ist, der »läuft« auch nicht bloß trocken, wenn gute Gastwirtschaften am Wege liegen.

Gegen Ende des 18. Jahrhunderts kam dann etwas auf, was man »Metzgerpost« nannte. Die Metzgermeister, die zum Viehaufkaufen regelmäßig in die Dörfer kamen, übernahmen die Beförderung von Nachrichten gegen Entgelt; diese Art von Botenwesen wurde öffentlich anerkannt und auch von den Behörden benützt; in den Gemeinderechnungen kann man um diese Zeit die Gulden und Kreuzer verzeichnet finden, die die Metzger für das Befördern von amtlichem Schriftverkehr einstrichen. Die dörfliche Fron wurde damit entlastet; es hat dem »Bottenlaufen« wohl niemand groß nachgetrauert.

Ganz aufgehoben wurde dieser Zwang mit dem 1. Oktober 1819. Zu diesem Tag wurde dem Fürsten Maximilian von Thurn und Taxis das Nachrichtenwesen in Württemberg übergeben, der den regelmäßigen Postverkehr in Städten und Dörfern organisierte.

Bei ons webt älles, bloß dr Pfarrer et

Thust du in den Ehestand dich begeben,
Schön Leinen-Zeug ist dir wohl eben,
Dein Tisch und Bett muß seyn bereit
Zierlich mit des Webers Arbeit.

Dieser Lobspruch von Hans Sachs, der später teilweise in
ein bekanntes Volkslied übernommen wurde, spricht von
der Lebensnotwendigkeit des Weberhandwerks für den
menschlichen Alltag. Die Weberei war von alters her ein
traditionelles Handwerk im württembergischen Land.
Trotz der Industrialisierung fand man sogar vor einigen
Jahrzehnten noch da und dort eine »Dunke«, einen Weberkeller. Die Leinwand braucht ja eine gewisse Feuchtig-
keit, um beim Weben die richtige Konsistenz zu bekommen; gewöhnliche Stubenluft wäre dafür zu trocken. Die
Webstühle standen bei den Hauswebern meist in einer
Art Zwischengeschoß zwischen Keller und Stube; dort
saß der Weber in der Gesellschaft von Rüben, Kartoffeln
und Hühnern in der feuchten Unterwelt. Weberkeller
sind nicht nur in Schwaben, sondern auch in Belgien, in
Österreich und der Schweiz zu Hause gewesen; im Alt-
französischen gibt es das Wort »dongeon«, das mit »Dunke« verwandt ist und den Turm bedeutet, in dem die
Frauen webten.

Später ging der Weberberuf ganz an die Männer über; es
entstand ein Gewerbe, eine Zunft, ein Nebenerwerb für
jedermann. Im Württembergischen war die Weberei im
16. und 17. Jahrhundert teilweise so verbreitet, daß eine
Redensart entstehen konnte: »Bei ons webt älles, bloß dr
Pfarr et«. In der Tat scheint der Pfarrer auf dem Dorf der
einzige Nichtweber gewesen zu sein; auch der Schultheiß
und vor allem der Schulmeister webten nebenher, und

wir wissen von der Klage eines Plieninger Lehrers, daß in seinem Schulhaus kein Weberkeller eingebaut sei und daß er schleunigst um die Einrichtung eines solchen bitte. Daß in jedem Haus ein Webstuhl oder mehrere im Betrieb waren, galt damals als so selbstverständlich, so daß man gar nicht mehr von einem Handwerk sprach. »Unser Bua ka kei Handwerk lerna, der muß Weber werra« hieß es mancherorts. In anderen Gemeinden sprach man dagegen einfach »vom Handwerk«, das bedeutete weben. Ein Vater lehrte seinen Sohn »das Handwerk«, so steht es auch in den Akten; jeder wußte, was das war. Sitzend, über den Webstuhl vornübergebeugt bediente der Weber die Tretlade. Mit der Hand »schoß« er ein, er hatte das Schiffchen mit der Spule zwischen zwei aufgespannten Fadenbreiten hindurchzubringen und dann mit der Lade anzuschlagen. So entstand das trauliche Klipp Klapp aus den Dunken links und rechts der Dorfgasse, das für Webergemeinden einst so typisch war. Brach ein Faden, mußte er mühsam wieder zusammengeknüpft werden, damit kein »Webnest« entstand. Dies hätte dem fertigen Stück einen Tadel und damit einen Lohnabzug eingebracht. Neben sich hatte der Weber eine Schüssel mit »Schlichte« stehen, einem zähen Brei aus Mehl und Wasser, der mit der »Schlichtbürste« auf die Kette des aufgezogenen Gewebes gestrichen wurde, um es feucht und fest zu halten.

Diese dunkelfeuchte Kelleratmosphäre war für unsre heutigen Vorstellungen denkbar ungesund.

Dem Beruf des Hauswebers früherer Tage haftete etwas Dumpfes an, ein Odem trüber Bleichgesichtigkeit. Sie kamen sich eingesperrt, ja lebendig begraben vor in ihrem nachtgrauen Domizil unter dem Stubenboden. Brustkrankheiten, Husten, Tuberkulose waren die Begleiterscheinungen, die Berufskrankheiten des Webers. Teils wurden sie ergeben hingenommen, teils suchte man nach Ausgleich; so durften im 19. Jahrhundert die Webergesellen oder Knappen, wie sie genannt wurden, regelmäßig nachmittags eine halbe Stunde in die Sonne, damit sie etwas Farbe bekommen sollten. Im Grunde genommen konnte die Hausweberei nur als Nebenberuf ertragen werden; war der Weber nebenher Bauer, so kam er wenigstens sommers auf dem Acker an die frische Luft und konnte in Schlechtwetterperioden in seine Dunke schlüpfen und etwas verdienen.

Mit diesem Verdienst war es allerdings nicht allzuweit her. Die Weberei war ein Hungerberuf, und zur ungesunden Arbeitsweise trat die schlechte Ernährung. Aus der Mitte des vorigen Jahrhunderts haben wir einen sehr anschaulichen Bericht eines Handwebers aus Laichingen. Er klagt über Ausnützung der kleinen Weber durch die Großhändler, über das große Elend, das bei ihnen auch in der Blütezeit der Weberei immer wieder geherrscht habe. Ein Stück Brot mit Salz war zweimal am Tag des Webers einzige Mahlzeit. Eine Reihe von Redensarten charakterisiert diese Notlage; so sagte man, ein Weber dürfe keinen Lehrling annehmen, der nicht zwölf Wochen hungerleiden könne. Ein Weber sei nur »um einen Spatzendreck« schwerer als ein Schneider. In der Mundart heißt es nicht weben, sondern »wirken«; so sagt ein Neckvers: »S'wirka treit nex maih ei, keiet d'Weber zom alte Eisa nei«. Auch einen Abzählreim gibt es: »Weberle, Weberle, wipp wipp wipp, d'Ella om en Batza, ond wenn de so et wirka witt, ka'sch mi am Buckel kratza«. Gelegentlich hat man die Weber auch damit aufgezogen, daß ihr Handwerk nicht allzu schwierig sei. So fragte man scherzhaft, warum die Webersleute ein Gärtchen vor ihrem Dunkenfenster hätten? Die Antwort lautete: »Daß d'Küh et nei'gucka könnet – sonst könnet se s'Wirka lerna«.

Manche Weber aus Laichingen z.B. verdingten sich sommers als Erntehelfer ins Ulmer Land, wo wesentlich größere Bauernanwesen auf Arbeiter warteten. Das kleine »Sächle« daheim konnten Frau und Kinder umtreiben; vom Beginn der Getreideernte an bis über das Dreschen und bis zu Weihnachten blieben die »Herbstweber« aus. Späterhin kamen auch die Ulmer Bauern selbst nach Laichingen, um sich einen Weber zur Hilfe auszusuchen; sie kamen meist zum Pfingstmarkt, der auch scherzhaft der »Webermarkt« genannt wurde. In einer Gastwirtschaft trafen Bauer und Weber zusammen, und dieser »verkaufte sein Häutle«, wie man sagte. Er bekam zunächst ein Handgeld; der Lohn für die ganze Zeitspanne betrug 20–30 Gulden, außerdem ein Paar Schuhe und ein Stück Zwilch für Kleider. Den entkräfteten Webern fiel es oft gar nicht so leicht, bei der schweren Feldarbeit mitzukommen, und eine etwas grimmige Sage berichtet, die Ulmer Großbauern hätten die Häute der Herbstweber, die an Entkräftung zugrund gegangen seien, auf der Bühne getrocknet! Aber so grausig ging es nicht immer aus, die Heimkehr war ein besonderer Tag, der Bauer brachte am dritten Weihnachtsfeiertag »seinen« Weber mit dem Bauernschlitten zurück, spendierte einen Abschiedstrunk und gab ihm noch ein paar Laibe Schnitzbrot mit, auf die Weib und Kinder schon warteten.

Aber auch im Ulmer Gebiet selbst gab es Hausweber genug; 1836 liegt das Weberhandwerk mit 646 Meistern und Gesellen weit an der Spitze der Kopfzahl aller Handwerksberufe. In anderen Oberämtern zeigt sich das gleiche Bild. Die Einfuhr an Garn und Baumwolle und die Ausfuhr fertiger Webarten ist ebenfalls sehr hoch um die Mitte des 19. Jahrhunderts.

Allerdings profitierte der kleine Weber nicht allzuviel von diesem Boom. Die soziale Schichtung war etwa folgendermaßen: der einfache Lohnweber, der im Lohn für einen größeren Betrieb webte; der Stückweber, der seine Stücke selbst verkaufte; der Leinwandhändler, der selbst nicht mehr webte und im Hausierhandel verkaufte und der Großbetrieb, der alles in sich vereinigte. Doch schon einige Jahrzehnte später begann die Mechanisierung ihren Siegeslauf. Damit war für die Handweberei ein Ende abzusehen. Sie starb nun auch in den meisten württembergischen Gemeinden rasch aus. In Laichingen wurde 1873 eine Webschule gegründet. Der eigentliche Initiator der Maschinenweberei war der Volkswirt Ferdinand von Steinbeis; ihm verdankt Laichingen den fast nahtlosen Übergang von der Handwebergemeinde zur heutigen Leinenindustriestadt. Bald gab es Nähmaschinen, und neue Erwerbszweige entstanden durch Nähen und Besticken der Bettwäsche.

Eine allgemein altwürttembergische Erscheinung ist die enge Verbindung der Webergemeinden zum Pietismus. Fast kann man sagen: wo Hausweber waren, waren auch Stundenleute. Vielleicht ist diese Symbiose zufällig, vielleicht förderte aber auch die sitzende und eingezogene Lebensweise die tieferen Gedanken und das Grübeln um die letzten Dinge. Man staunt, welch reiche Schätze an Andachtsliteratur oft in armen Weberhäusern vorhanden waren. Es gibt ein religiöses Weberlied, das für diese enge Verbindung fast programmatisch ist. Es schildert in vielen Versen die einzelnen Handgriffe beim Weben und gibt dazu jeweils eine Entsprechung aus dem Verhältnis zu Jesus Christus. Das nimmt sich dann so aus:

»Wenn ich meine War ausputz,
so nimm allen Sündenschmutz
Jesu, durch dein Blut von mir,
daß ich werde dir zur Zier!«

Abel war ein Schäfer,
Kain aber war ein Ackermann

Wenn im Frühjahr die Schäfer von der Winterweide kommen, werden sie auf der Alb als Künder der warmen Jahreszeit mit Freuden begrüßt. Es ist immer ein Ereignis, wenn sie da sind, und auch sie selbst freuen sich, nach den weiten Fußmärschen von der Pfalz her oder dem Rheinland durch den Schwarzwald hindurch nun doch wieder heimgekommen zu sein. Meistens um den Jörgentag herum, also am 23. April, »fahren« sie dann mit ihren Schafen auf die Sommerweide; aber da ist der Weg nicht weit, sie können auf der Alb oben bleiben und in der Nähe der Dörfer die weiten Heideflächen aufsuchen, die sich an den Bergkuppen hinziehen und Nahrung für die »Haufen« geben, die die Schäfer »laufen« haben, wie es in der altüberlieferten Schäfersprache heißt. Spätestens um Martini (11. November) wird dann der Weg zur Winterweide wieder angetreten, der von der kalten und schneereichen Alb in wärmere Breiten führt. Die Leute von der Hochfläche sind oft Schäfer, Schafhalter und Bauern in einer Person; daher ist dort der sprichwörtliche Gegensatz zwischen Bauer und Schäfer nicht ganz so kraß wie anderswo, was sich z.B. im Hausnamen »Schäferbauer« schon ausprägt. Sonst pflegt man ja scherzhaft zu sagen, die Trennung zwischen Bauer und Schäfer habe schon bei Kain und Abel begonnen – »Abel war ein Schäfer, Kain aber war ein Ackermann« heißt es in 1. Mose 4, 2.

Durch sein von allerhand Sagen und Geschichten gewürztes Wanderleben nahm der Schäfer von jeher eine gewisse Sonderstellung im Dorf ein. War es in vergangenen Zeiten das Merkmal jedes fest in der Gemeinschaft wurzelnden Dörflers, daß seine Welt und sein Horizont ungefähr mit der Markungsgrenze aufhörte, so brachte der Schäfer schon von jeher etwas Welterfahrenes mit. Schon dies bewirkt, daß er ein Außenstehender ist, der zwar zum Dorf gehört, aber doch irgendwie zugleich auch einen anderen »Erdteil« bewohnt, der dem Seßhaften fremd ist. Auch wenn er daheim ist, stellt er sich durch sein Leben außerhalb des Dorfes; er muß tagelang allein draußen sein, draußen schlafen, auf den Pferch achten und ihn »nore schla«, d.h. immer wieder auf einem anderen Platz aufschlagen, damit sich der Mist überall gleich verteilt und der Bauer, der den Pferch bestellt und »geführt« hat, zufrieden ist. Der Schäfer nimmt also kaum am Dorfleben teil, er gehört ganz seinen Tieren und seinem Handwerk, das zwar wie ein solches zu erlernen ist, aber doch eigentlich mehr wie eine Daseinsform anmutet. Schäfer müsse man schon in der Wiege sein, heißt es; wer kein Schäferblut in sich habe, solle es mit der Schäferei gar nicht versuchen.

Kein Mensch ist wohl so tief mit den Erscheinungen in der Natur verbunden und verwachsen wie der Schäfer. Er muß wissen, wie das Wetter wird, er kennt Wolken und Wind und die Farben des Himmels und deutet sie, er beobachtet die Anzeichen für den Winter. Er weiß, wann der Tau fällt und wann er wieder geht; im Tau darf er nicht ausfahren. Er kennt Bodensorten, Steinarten und Pflanzen samt den Wirkungen auf seine Tiere, er weiß die heilenden Kräuter, wo sie wachsen und wie er sie anwenden muß. Er muß darauf achten, wie die Schafe sich bewegen und wo sie laufen; sie sollen nicht einseitig nur über Wiesen oder nur über Äcker oder Steine getrieben werden, das gibt Fußkrankheiten; er muß also für Abwechslung sorgen und Wege und Stege sicher kennen. Und natürlich muß er ganz genau mit den Tieren vertraut sein, er muß wissen, wie viele er hat, wie alt sie sind (man stellt das am

Gebiß fest), wieviel Böcke, Schafe, Muttertiere, Lämmer dabei sind, welche zur Zucht verwendet werden und welche nicht. Im »Lammet«, im November, wenn die jungen Tiere zur Welt kommen, muß er Geburtshelfer, Hebamme und Säuglingspfleger in einem sein und seine Aufmerksamkeit verdoppeln, damit ihm kein Schaf »drausgeht«. Mit seinen Hunden verbindet ihn ein festes Freundschaftsverhältnis; seltsam sind die abgerissenen Silben und Schnarrlaute, durch die er mit ihnen verkehrt und seine Anweisungen gibt – uralte Traditionen der Schäferkunst , die noch niemand erforscht hat. Dem Zuschauer erscheint es manchmal wie ein Wunder, daß der Schäferhund die verschiedensten Wünsche seines Herrn versteht und sogleich ausführt. Auch die andern Tiere draußen in Feld und Wald muß der Schäfer bestimmen können, er muß die Losungen kennen und ihre Reaktionen, die ihm wieder Hinweise geben für sein eigenes Tun. Es ist kein Wunder, daß dieses fortwährende Versenken in die Naturerscheinungen den dazu Veranlagten zum Nachdenken zwingt. Er muß mit dem Angstgefühl kämpfen, das jeden Menschen gelegentlich überfällt, wenn er zu lange mit sich und mit der Natur allein ist; er muß nachts draußen sein, er kann nicht frohgemut der wärmenden Gemeinschaft zueilen, er muß auf dem Posten bleiben und sich überwinden, bis er mit der Einsamkeit »schirren« gelernt hat. Es gibt Philosophen unter den Schäfern.
Dadurch läßt es sich auch leicht erklären, daß ihnen von den anderen Menschen »überirdische« Kräfte zugetraut wurden. Sehr oft hatte ein Schäfer einen großen Zulauf als Heilpraktiker und Wunderdoktor; seine Tier- und Kräuterkenntnis prädestinierten ihn dazu. Ganze Schäfergenerationen bewahrten geheime Rezepte und kurierten danach, wobei oft zwischen Mensch und Tier gar kein so großer Unterschied gemacht wurde. Auch Schätze soll

der Schäfer finden können, meint der Volksglaube, außerdem stehe er auf Du und Du mit der Geisterwelt und könne besprechen und gesundbeten.

Abgesehen von diesen abergläubischen Zuschreibungen aber gibt es manche wirkliche Kunst, die der Schäfer beherrscht und die das Licht nicht zu scheuen braucht. In manchen Gegenden fertigen die Schafhirten sehr eigenartige Schnitzereien und Plastiken; in anderen wieder beschäftigen sie sich mit Kerbschnitt und Ritzarbeit oder mit Tierdarstellungen aus Wurzeln und Astgabeln. Elfenbeinarbeiten sind ebenfalls beliebt, wahre Wunderwerke an Geduld und auch an Originalität. Das Volkskunstmuseum in Feuchtwangen beherbergt eine ganze Abteilung mannigfacher Beispiele ebenso wie das Hirtenmuseum in Hersfeld. Manche Schäfer können auch stricken oder Weidenflöten herstellen; auch die Musik steht ihnen nahe und Hornberger bringt in seinem umfassenden Werk über den Schäfer einen reichhaltigen Anhang mit Schäferliedern und Schäfermusik.

Trotz all seiner Einsamkeit und der Gewöhnung an sie aber geht der Schäfer auch gern unter die Menschen; das beweisen die vielen Schäferfeste, die ja mit all den alten Bräuchen, den Tänzen, den Stoppel- und Hammelläufen heute noch gehalten werden.

Aus einem Zuchtbüchlein für Schäfer:
»Wenn man dem Bock seinen Bart abschneidet, so solle er nicht in eine fremde Herde gehen, denn er schämet sich, daß er seinen ehrbaren Bart verloren hat.«

Auf deine Schafe habe acht

Bis zum Jahr 1724 gab es im Württemberger Land zwar viele Schäfer und noch viel mehr Schafe, aber nur einen einzigen Schäfermarkt: den an Bartholomä (24. August) in Markgröningen. Anläßlich dieses Marktes hatte jeder Schäfer zu erscheinen; die Schäferei war damals eine Zunft, die Zünfte hatten »Laden«, große Truhen, in denen die Papiere des Handwerks aufbewahrt und ständig ergänzt wurden, dort mußten Gebühren bezahlt, Lehrlinge angemeldet, Gesellen- und Meisterprüfungssporteln erlegt werden, wörtlich »erlegt«, denn man nannte diese Verbindlichkeiten auch »Leggelder«.

Auf dem Nichterscheinen bei dieser jährlichen Zusammenkunft standen Strafen, eventuell der Ausschluß aus der Zunft; das konnte sich kein Schäfer leisten, und so fand alljährlich auf »Bartlemai« eine Art Sternwanderung statt, die Schäfer nahmen den Weg nach Markgröningen unter die Füße und wanderten, mehrere Wochen hin und mehrere zurück, je nachdem, wie weit ihr Wohnort entfernt war. Das bedeutete Beschwerlichkeiten, es hieß vor allem, die Herden über die Dauer der Reise einer unerfahrenen Hilfskraft zu übergeben, die erstens zu bezahlen war, zweitens manchen Schaden anrichtete.

Kurz, die Schäfer beklagten sich über diese unmöglichen Zustände und verlangten, man solle an anderen Plätzen des Herzogtums ebenfalls Laden errichten, wo sie ihre Verbindlichkeiten auf kürzerem Weg erledigen könnten. Die Albschäfer plädierten für Urach, die des Schwarzwalds für Wildberg und die Ostälbler für Heidenheim. Die erste Beschwerde stammt vom Jahr 1655, weitere folgten in regelmäßigen Abständen, aber es geschah 70 Jahre lang nichts. Schuld daran war neben der Sturheit der Verwaltung auch die Stadt Markgröningen selbst, die ihrerseits wieder Eingaben an den Herzog richtete, er solle doch den Beschwerden der Schäfer ja nicht stattgeben. Die Gründe hiefür sind durchsichtig, das Städtlein fürchtete um das schöne Geschäft, das ihm die Schäfer alljährlich ins Haus lieferten und sah im Falle einer Teilung der obersten Schäferzunft alle seine Felle davonschwimmen.

Im Jahre 1724 kam dann der Tag: Die Regierung unter Herzog Eberhard Ludwig ernannte Urach, Wildberg und Heidenheim ebenfalls zu Schäferstädten und errichtete dort Zünfte mit Nebenladen – die Schäfergeschäfte wurden also mit einer Hauptstelle und drei »Filialen« geführt und Württemberg zugleich in vier Schäferbezirke eingeteilt. Die Zusammenkünfte verteilten sich also, auch die Daten lagen über das Jahr verstreut, in Urach sollte Peter und Paul (29. Juni), in Wildberg Laurentius (10. August) und in Heidenheim Johannis Baptistä (29. August) der Markttermin sein.

Urach feierte den Tag großartig. An Peter und Paul kamen dort 200 Schäfer zusammen unter der Leitung des Schäfereiverwalters Steeb von Tübingen. Der bekannte Vogt Georgii hielt eine Rede, »des hauptsächlichen Innhalts, daß die durchlauchtigen Regenten in Wirtemberg sich jederzeit beflissen, zu größerer Aufnahm der Schäferey, und ihren getreuen Unterthanen dadurch mehr Nutzen zu verschaffen, eine Schäfer- und Weydordnung publizieren zu lassen, die bis jetzt ihren Bestand erhalten.«

Weiterhin ermahnte er die Schäfer zum Gehorsam und verlieh ihnen die neue Lade samt einem besonders schönen und kostbaren hochfürstlichen Wappen mit dem Wahlspruch der damaligen Herzöge: »Cum Deo et Die« Mit Gott und mit der Zeit – und Zeit war schließlich vergangen, bis die Einrichtung getroffen war.

Nach diesem Akt ging man unter Läuten aller Glocken per

Prozession in die Kirche, wo der »Herr Spezial«, nämlich
Spezial-Superintendent Magister Georg David Zorer die
Festpredigt hielt; der Predigttext war aus den Sprüchen
genommen, 27, Vers 23–27: »Auf deine Schafe habe acht,
und nimm dich deiner Herden an. Denn Gut währt nicht
ewiglich, und die Krone währt nicht für und für. Das Heu
ist weggeführt, und wiederum ist Gras da, und wird
Kraut auf den Bergen gesammelt. Die Lämmer kleiden
dich, und die Böcke geben dir das Geld, einen Acker zu
kaufen . . . «. Sicher war's eine schöne Predigt, vielleicht
schon vom Geist der beginnenden Aufklärung beflügelt –
aber wer will es sagen?

Nach der Predigt verfügte sich die Prozession auf das Rathaus, dort wurden die »Formalitäten« erledigt, ein Schä-
fergericht bestellt und die Schäfer, die ab dato zu Urach
gehörten, vereidigt. Zum Bezirk zählen die Städte und
Ämter Tübingen, Bebenhausen, Gomaringen, Dußlin-
gen, Balingen, Ebingen, Tuttlingen, Pfullingen, Neuffen,
Nürtingen, Kirchheim, Neidlingen, Münsingen, Kloster
Offenhausen und Steußlingen.

So ist Urach zu seinem Schäfermarkt gekommen, der
auch Schäferlauf genannt und bis zum heutigen Tag gefeiert wird. Übrigens war es den Schäfern unbenommen,
nach wie vor nach Markgröningen zu gehen, wo es immer
noch hoch herging, wo mit Trommeln und Pfeifen gefeiert, Hammeltänze gehalten, Geld gespendet, um es »zu
vertantzen und den Mägden etlich Ehlen Barchet zu kaufen« und wo bis in die Nacht hinein auf allen Gassen öffentlich getanzt wurde.

Die Böcke werden nicht alt wegen der großen Unzucht, damit sie vor anderen Tieren begabt seyen.

Der Medicaster von Magolsheim

Die Gemeinde Magolsheim auf der Münsinger Alb hatte schon ums Jahr 1750 das Glück, einen Arzt am Platz zu haben. Er wohnte inmitten des Dorfes, im sogenannten Ziegelhaus, einem Gebäude, das als ursprüngliche Maierei zum Schloß gehörte. Der Arzt, von dem wir sprechen, bewohnte mit seiner Familie den vierten Teil dieses Ziegelhauses. Er war in Magolsheim als Beisitzer, nicht als Bürger geführt, war also nicht angesessen, sondern »hereingeschmeckt«. Es war auch kein richtiger Arzt im heutigen Sinn, sondern ein »Medicaster« oder Wundarzt, der zugleich Barbier war und seine Ausbildung nicht auf der Universität, sondern als Handwerk mit Lehre und Gesellenzeit genossen hatte, wie das damals üblich war, wo nur die innere Medizin auf Hochschulen gelehrt wurde. Er muß indessen doch einmal mit einer Hochschulausbildung begonnen oder geliebäugelt haben; in seiner Bibliothek finden sich mehrere Werke, die lateinisch geschrieben sind, und Latein lernte man nicht in einer Barbierswerkstatt. Auch französische Werke finden sich, darunter ein Gesangbuch und eine Bibel in dieser Sprache, so daß man darauf schließen kann, der Barbierlehrling habe einen Teil seiner Wanderschaft in Frankreich verbracht, allerdings in einer protestantischen Gegend; seine Bücher sind lutherisch, und so wissen wir auch, daß er evangelisch war und zum einst württembergischen Teil des heute gemischtkonfessionellen Magolsheim gehört haben muß. In seiner Bibliothek standen auch noch einige andere Bücher, die vermutlich nicht jeder Zahnreißer las. »Dr. Stahlii erste und andere Eröffnung des wahrhaftigen Schlüssels zu der richtigen und gründlichen Erkenntnis der menschlichen Leibes-Gebrechen und Beschwerden«

heißt eines davon in der ganzen barocken Weitschweifigkeit seiner Zeit. Andere medizinische, physikalische, pharmazeutische und theologische Werke reihen sich an. Daß die Geburtshilfe zu seinem Aufgabengebiet gehörte, zeigt ein Buch mit dem köstlichen Titel »Hebammenbuch der Justina Siegmundin, der Churbrandenburgischen Hof-Weh-Mutter – mit Kupferbildern in Quart«. Die Quelle, aus der wir dies wissen, ist eine Inventur zum Tod des Medicasters im Jahr 1761. Christoph Weidenkeller, so war sein Name, ist »im März 1761 im Mehrstetter Böttental, ohnwissend wie es ihm ergangen, tot gefunden worden«. Er hatte also entweder einen Unfall gehabt oder eine plötzliche Schwäche, während der er erfroren war; vielleicht auch war er überfallen und getötet worden, vielleicht hatte er selbst Hand an sich gelegt. Er hinterließ die Witwe Anna Magdalena, drei Söhne, zwei Töchter, die besagten Bücher, ein Barbierbecken, einen großen Spiegel, 54 hölzerne Arzneibüchsen, eine Apothekerwaage, einige Kolben, wenig Kleider (nur eine Hose!), kaum Möbel und ziemlich viel Schulden, unter anderem beim Förster, der im selben Haus wohnte und eine Gastwirtschaft betrieb, wo Weidenkeller einkehrte und vermutlich sein Leid im Rebensaft vergaß.

Denn glücklich kann er nicht gewesen sein. Die Magolsheimer kamen nur sehr spärlich in seine Praxis, und die umwohnenden Leute hielten es ähnlich. Er habe in der Zeit ihres Ehestandes nicht viel dazugewonnen, gab die Frau zu Protokoll, es hätten »Fatalitäten existiert«, das Gewerbe sei nicht gegangen, und man habe im großen ganzen von dem gezehrt, was die beiden mit in die Ehe gebracht hatten, er habe auch manches »verschleppt und vertragen«. Fazit: den Kindern blieb nichts, die Familie stand mittellos da bis auf das Viertel vom Ziegelhaus, das gerade ein Dach über dem Kopf ausmachte.

Warum ist dies alles so gekommen? War Christoph Weidenkeller ein schlechter Arzt? Was hat die Magolsheimer zurückgehalten, seine Hilfe in Anspruch zu nehmen? Über dem Schriftsatz mit seinen dürren Angaben läßt sich eine gewisse Tragik verspüren. War es doch Selbstmord? Er muß ja so ein stilles Kraut gekannt haben, das sicher wirkte. – Wir können das Geheimnis nicht lösen. Eine Spur indessen wäre der Name Weidenkeller. Christophs Vater war Kleemeister in Blaubeuren, gebürtig aus Winterthur in der Schweiz, der Bruder Joh. Conrad führte die Kleemeisterei weiter. Die Kleemeister, die als Abdecker und Scharfrichter arbeiteten, waren verfemte Leute. Gerade in der Mitte des 18. Jahrhunderts begannen zweite Söhne der Kleemeister andere Berufe zu erlernen, wobei sich der Chirurgenberuf anbot, da anatomische Kenntnisse vorhanden und überliefert waren.

Wollte Christoph Weidenkeller diesen Weg gehen? Wollte er das Kainszeichen abwaschen? Es ist ihm nicht gelungen. Blaubeuren war ja nicht aus der Welt, man kannte vermutlich seinen Vater und Bruder, und man wollte mit ihm nichts zu tun haben. Ist so der Magolsheimer Medicaster gescheitert? Wir können es nur vermuten.

Anna Maria H. lehnte die Wahl zur Hebamme ab mit der Begründung: Da sie ecklig sei, könne sie die Wahl nicht annehmen.

Anrüchig und verhaßt:
Die Salpetersieder

Es hat wohl keinen Berufsstand gegeben, der sich in den Dörfern von einst so verhaßt gemacht hat, als der des Salpetersieders. Kam einer dieser wandernden Meister mit seinem Karren und vielen Kübeln und Kesseln auf der Landstraße dahergefahren, so bekam er nicht viel freundliche Gesichter zu sehen, am liebsten hätte man ihm gleich gesagt, wo »der Zimmermann das Loch gemacht hat«, wenn er ein Haus betrat, und mancher Ortsvorsteher oder vermögende Bauer hat mittels einer gar nicht so kleinen Bestechungssumme versucht, das Fuhrwerk samt Inhalt und Leuten zum nächsten Dorf in Bewegung zu setzen. Das gelang natürlich nicht immer, konnte auch gar nicht gelingen, denn die Salpeterer standen unter dem Schutz der Regierung und waren von höchster Stelle beauftragt. Die ganze Einrichtung war der Erfindung des Schießpulvers zu verdanken und dem Rüstungswillen des württembergischen Herzogs.

Das alte Schießpulver, »Schwarzpulver« genannt, wurde aus Holzkohle, Schwefel und Salpeter im Verhältnis 16 : 10 : 74 hergestellt. Man brauchte also viel Salpeter, und man gewann ihn aus dem Urin der Stalltiere bei den Bauern! Nach 1800 gelang das auf chemischem Weg, aber vorerst wußte man es nicht besser, als den harngetränkten Stallboden auszuheben, auszulaugen und die entstandene Brühe in kupfernen Kesseln bis zur Kristallisierung zu sieden.

Man kann sich denken, welchen Aufruhr das in den Dörfern gab. Die Salpeterer waren nämlich berechtigt, in die Ställe einzudringen und den Stallboden auszuheben, sie durften daran auf Befehl des Herzogs nicht gehindert werden. Sie mußten zwar die Plätze wieder auffüllen und einebnen, aber sie hatten grundsätzliches Grabrecht in jedem Gebäude, wo sie Salpeter vermuteten, »ausgenommen Stuben und Kammern«! Sie gruben also in Vieh- und Schafställen, in Scheuern, Tennen, ja manchmal in der Nähe von Kirchen und Friedhöfen – und niemand konnte etwas dagegen machen.

Das Belegen der Stallböden mit Steinplatten war verboten, um der Bildung von Kalksalpeter nicht entgegenzuwirken, außerdem durften die Salpeterer ihre Kübel zum Auslaugen in der Nähe des Fundplatzes aufstellen, was insofern gefährlich war, weil Tiere, die von der Brühe tranken, eingingen. Nach dem Auslaugen wurde die Brühe dann in kupfernen Kesseln gekocht; zu diesem Zweck mußte die Gemeinde dem Meister eine Hütte zur Verfügung stellen. Man tat dies wegen der Brand- und Explosionsgefahr gern außerhalb des Orts.

Das Holz zum Aussieden mußten die Gemeinden ebenfalls stellen, und das war nicht wenig; pro Zentner Salpeter wurden drei Klafter Holz benötigt. Dabei mußte man noch scharf aufpassen, daß die Salpeterer nichts zum eigenen Bedarf »abzweigten«. Ihre Bezahlung seitens der herzoglichen Kriegskasse war oft so gering, daß sie kaum ihren Lebensunterhalt bestreiten konnten; so versuchten sie gelegentlich, auch auf ungeraden Wegen zu etwas zu kommen.

Trotzdem war die Salpetersiederei einst ein ordentliches Handwerk, eine Zunft mit Gesetz und Lade; nach drei Jahren Lehrzeit mußte man vier Jahre wandern, ehe man Meister werden konnte. Viele Salpeterer allerdings sind ihrer Lebtage gewandert, es gab wenige, die fest ansässig waren.

Das Handwerk besaß einige feste Privilegien, die Salpeterer hatten Personalfreiheit, durften also nicht zu Fronen und Gemeindearbeiten herangezogen werden, waren außerdem militärfrei und durften ein Stück Vieh auf der Gemeindeweide mitlaufen lassen.

Mit den damaligen Streitereien zwischen Salpeterern und Dörflern ließen sich Bände füllen. Waren erstere brutal, drangen in die Häuser ein, räumten alles weg und gruben, ohne zu fragen, waren letztere auch nicht faul, gossen Wasser auf ihre Stallböden, beigten Gerümpel auf Plätze, wo der Salpeter »ausblühte« und zeigten sich widerspenstig, wo sie konnten. Daß die ganze Sache einen entsetzlichen Gestank verbreitete, versteht sich am Rande, und daß die Brandgefahr für die Dörfer sich wesentlich erhöhte, wenn die rauhen Gesellen am Werk waren, war auch keine angenehme Zugabe. Ein Versehen, das damals im Schwang war, erläutert dies:

«Salpeterer, Salpeterer, dei' Hüttle brennt a', Lauf woidle, lauf woidle, schütt Wasser dra' na'!«

Der fertige Salpeter kam dann nach Urach in die herzogliche Pulvermühle, aber sein anrüchiger Ruf besserte sich nicht, als dort am 15. April 1707 der Betrieb vor dem unteren Tor in die Luft flog und die ganze Unterstadt samt der Amanduskirche schwer beschädigte. Später erbaute Mühlen außerhalb Urachs erlitten das gleiche Schicksal. Man kann sich denken, wie tief man aufatmete, als die chemische Entwicklung so weit fortgeschritten war, daß die Salpeterer samt ihrem explosiven Handwerk nicht mehr gebraucht wurden. Es hat ihnen sicher niemand nachgetrauert. Der Beruf hat keine freundlichen Typen gebildet, sie waren und blieben so rauh wie ihr Handwerk.

Schinder und Kleemeister

Auf alten Münsinger Stadtansichten sieht man in der Gegend der heutigen Reutlinger Straße außerhalb der Stadtmauer ein vereinzeltes Haus stehen, ein größeres Gebäude mit Zaun und kleinen Anbauten darum herum. Da damals, zu Zeiten dieser Darstellung, noch kein Bürger außerhalb der Stadtmauer bauen durfte, wundert uns das: Es handelt sich um die Kleemeisterei, das Haus des Schinders, Abdeckers, Feldmeisters, jenes Mannes also, dem die Verwertung toter Tiere, das Abledern und Verscharren von Tierleichen aufgetragen war. Da in der Nähe der »Hauptwasen« lag, noch lange als Flurname gängig, ist anzunehmen, daß dies des Kleemeisters Arbeitsfeld war; alle »Wasen« genannten Flurstücke sind vermutlich einmal zu dem Zweck benutzt worden, die toten Tiere zu verscharren, die damals, als es noch keine Viehverwertungsanstalten gab und die Seuchen stärker wüteten, sehr viel zahlreicher anfielen als heute.

Der Beruf war noch im Mittelalter ein anrüchiger, geradezu tabuisierter. Kein Mensch wollte mit dem Schinder etwas zu tun haben, der oft zugleich das Henkershandwerk übte. Schinder heißt wörtlich Hautabzieher, Abdekker, Tierbegraber, Kleemeister ursprünglich »Kläumeister«, der mit Klauen und Schwänzen handelte. Klee als Futterpflanze kam erst viel später auf und kann bei der Namensbildung nicht beteiligt gewesen sein. Diese Leute – man nannte sie euphemistisch manchmal auch die »ungenannten Männer« – waren so unbeliebt, daß man 1748 im schwäbischen Gundelfingen noch vier Totengräber vom Weberhandwerk ausschloß, weil sie bei der Beerdigung eines Schinders geholfen hatten. Wer Aas anrührt, ist unehrlich: Diese Meinung galt im Mittelalter. Auch die

Metzger und Schäfer waren tabuisiert. Die Schinder, die manchmal auch als Kloakenreiniger dienen mußten, trugen dunkelgraue Röcke und hohe spitze Hüte.

1823 heißt es dann in einem Gesetzbuch: »Die auf den Kleemeistern oder Abdeckern früher gehaftete Anrüchigkeit ist aufgehoben und dürfen ihre Söhne, sofern sie sich noch nicht mit der Wasenmeisterei befaßt haben, auch von anderen Handwerksmeistern in die Lehre genommen werden«. Das war bisher nicht der Fall gewesen: Söhne des Abdeckers waren nirgends zur Ausbildung zugelassen. Es blieb ihnen nichts anders übrig, als den unheimlichen Beruf des Vaters weiterzuführen.

Im Münsinger Stadtbuch von 1470 schon ist der Bezirk des Münsinger Schinders aufgezeichnet. Er beschränkte sich keineswegs auf Münsingen allein, sondern umfaßte ein großes Gebiet, das merkwürdigerweise von Territorialgrenzen unabhängig war. Hülben, Dettingen, Holzelfingen, Meidelstetten, Oberstetten, Maßhalderbuch, Aichelau, Kleinengstingen mußten je 4 Schilling zahlen, wogegen Münzdorf, Indelhausen, Maisenburg, Dürrenstetten, Heudorf, Sondernach, Gundershofen, Hütten, Magolsheim, Zainingen, Böhringen, Grabenstetten mit je 3 Schilling davonkamen. Dieses Geld wurde jährlich an die Kleemeisterei bezahlt und bildete einen festen Einnahmegrundstock des Meisters, der in Münsingen alles andre als ein armer Schlucker war. Er hatte wohl zu tun, um mit dem Viehabfall all dieser Gemeinden fertig zu werden; es gab auch außer dem Hauptwasen mehrere andere Wasen in Münsingen, um die toten Tiere zu verscharren. Warum gerade Münsingen dies merkwürdige Monopol hatte, ist uns bis jetzt nicht bekannt geworden.

1741 beschreibt das Steuerbuch die Kleemeisterei folgendermaßen: Eine Behausung mit Scheuer unter einem Dach, auch besondere Hundshütten und Wagenschopf alles an- und beieinander, vor der Stadt außen an der Landstraß Grafeneck zu. 1770 stand eine weitere, dazugehörige Scheuer im alten Stadtgraben. Zur Kleemeisterei gehören 1801 5 Gemeindeteile im Buchrain, am Hungerberg, Steigelau und Beutenlay, worauf der Meister Kartoffeln, Esparsette und Dinkel pflanzte. Es hat den Anschein, als ob zumindest der Münsinger Schinder, trotz seines anrüchigen Berufs, angesehen gewesen wäre. Als Bearbeiter eines so großen Bezirks war er nicht irgend jemand, sondern ein großer Mann. Im Stall standen Pferde und Kühe, Kalbeln und Geißen, Pflüge, Wägen, Kärren zur Kleemeisterei erforderlich, Schubkarren, Schlitten, Sättel, Roßeisen und Roßhäute. Eine solche Fahrnis hatte kein armer Mann. Was daran nagte, waren Wirtsschulden – der Meister war viel unterwegs und unterlag der Versuchung, die Verachtung, die ihm gelegentlich noch immer anhing, im Wein zu ersäufen. Seine Waffen waren 2 Flinten, 1 Kugelbüchse, 2 Pistolen, 1 Säbel und 1 Hirschfänger. Seine beiden Söhne wurden wieder Kleemeister; die Tochter Regina heiratete einen Calwer Abdecker, und nur eine Tochter, Juliane Catarine, heiratete einen Sattler und wurde in einen bürgerlichen Beruf aufgenommen.

Es ist noch gar nicht so lange her, daß dieser Beruf ausgestorben ist. Noch 1869 wurde das Kleemeistereiwesen neu geordnet und die Neuerungen im Landwirtschaftlichen Wochenblatt veröffentlicht. Danach durfte auf der Alb nun jeder Besitzer eines gefallenen Tieres machen, was er wollte, er war nicht mehr gezwungen, es nach Münsingen abzuliefern; kleinere Tiere wie Ferkel, Katzen, Hunde durften selbst verscharrt werden. Damit endete die weitgehende Machtbefugnis des Münsinger Kleemeisters und auch sein regelmäßiges Einkommen.

Der Reichste im Dorf

Klammern wir bei der Betrachtung der schwäbischen Wirtshäuser einmal die Gegenwart aus und die Frage, ob es hier oder dort ein gutes Viertele gäbe oder ein habhaftes Vesper. Es läßt sich auch aus historischer Sicht noch einiges Interessante zum Thema berichten, was nicht jedem Wanderer gleich gegenwärtig ist, der Einkehr suchend ein Dorf durchkreuzt. Wie sind die mitunter so gern besuchten Gaststätten eigentlich entstanden? Welche Stellung hatten sie zum Dorf? Wie ging es in früheren Jahrhunderten dort zu?

Eine der ältesten Verlautbarungen über einen Älbler Wirt stammt aus dem Jahr 1514. Damals durften die Bauern, die anfingen, rebellisch zu werden, Eingaben und Beschwerden an den Tübinger Landtag richten; sie machten davon auch regen Gebrauch. Eine Albgemeinde beklagte sich bitter über ihren Schultheiß, der zugleich Wirt sei; er unterdrücke die Leute im Dorf, habe eine Straße auf Kosten ihrer Grundstücke zum Dorf hinausgebaut, um sich Gäste zuzuwenden, erhöhe die Steuern und sei »vast der Rychest« im Dorf, daher habe er viel Pferde, weide mit ihnen die jungen Wälder ab und hole Holz nach Gutdünken, wenn er welches brauche. Aus dem weiteren Wortlaut geht hervor, daß der Schultheiß-Wirt offenbar nähere Beziehungen zum Uracher Vogt hatte und sich deshalb so viel herausnehmen konnte.

Aus dieser Klage können wir vier Punkte entnehmen:

1. Der Wirt war zugleich Schultheiß,
2. Er war fast der Reichste im Ort,
3. Er benahm sich bevorrechtet, fast wie ein Adliger,
4. Er hatte Beziehungen zu höhergestellten Schichten.

Man könnte an sich denken, diese Klage von 1514 habe einen Sonderfall betroffen, sonst hätten die Bauern sich nicht beschwert. Dem ist aber nicht so, wie sich aus anderen Urkunden erweist.

Schultheiß und Wirt in Personalunion war im alten Wirtemberg so an der Tagesordnung, daß gesetzlich dagegen angegangen werden mußte. Schon die Landsordnung in der Ausgabe von 1621 enthält die Bestimmung: »Wir wöllen auch/daß hinfüro/unsere Amptleute/Vorstmeister/Schulthaissen/und Vorstknecht/kein Wirtschafft treiben/sondern sich dero gäntzlich enthalten sollen.« Das Wort »hinfüro«, das so viel bedeutet wie ab jetzt, von jetzt an, läßt wohl darauf schließen, daß das vorher allgemein der Brauch war. Gesetze wurden damals nicht so schnell befolgt wie heute, man findet in manchen Fällen, daß der betreffende Brauch einfach weitergeht; so gab es auch im Jahr 1720 auf der Alb noch einen Schultheißen, der eine Gastwirtschaft umtrieb. Danach scheint aber das Gesetz verschärft worden zu sein, denn derselbe Ortsvorsteher übergibt 1721 die Gastwirtschaft an seinen Sohn, um im Amt bleiben zu können.

Aus Inventur- und Teilungsakten und Steuerlisten läßt sich ersehen, daß die Wirtsfamilien, insbesondere jener Albdörfer, die an Durchgangsstraßen liegen, mit großem Abstand zu den übrigen Dörfern die vermöglichsten waren. Schon sehr bald nach dem Dreißigjährigen Krieg hatten sie sich erholt und konnten eine blühende Landwirtschaft, reiches Gastinventar, Pferde, Ställe, Fuhrzubehör ihr eigen nennen. Auf der württembergischen Alb war einstens ein Bauer mit zwei Pferden schon ein wohlhabender Mann; einer mit vieren galt als reich. Die Gastwirte hatten zuweilen sechs bis acht Rösser im Stall. Oft waren sie die einzigen Besitzer von Schmuck, silbernem Eßbesteck, Gläsern und Zinngeschirr im Dorf. Die Bauern be-

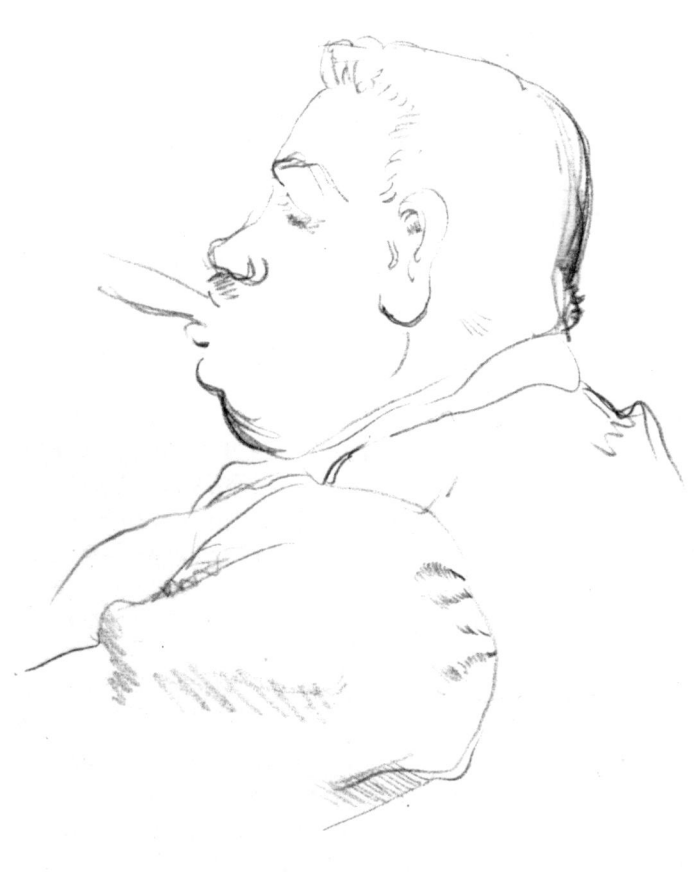

saßen nur Holzteller. Ursprünglich war es wohl so, daß der Maier des Dorfes, dem ehemals die Pflicht der Gastbeherbergung oblag, die Wirtskonzession beibehielt und später weiterführte; so ließe sich der Reichtum erklären. Aber auch andere Gastwirtschaften, die sich nicht auf einen Maierhof zurückführen lassen, sind sehr schnell reich geworden. Einen armen Wirt, der ein Schild führte, gab es in Schwaben kaum. Eine Schildwirtschaft war ein Vollbetrieb mit der Berechtigung, Gäste zu beherbergen und warmes und kaltes Essen zu reichen; sie standen in der Hierarchie der Gasthäuser an oberster Stelle. Daneben gab es noch Schank- oder Besenwirtschaften, die nur Getränke oder eventuell noch ein Vesper abgaben. Diese einfacheren »Beizen« wurden von den Schildwirten über die Achsel angesehen.

Die Wirtsfamilien galten als die Vornehmsten im Dorf. Das läßt sich schon daraus ersehen, daß Pfarrerstöchter auf Wirtschaften einheirateten, wie es in vielen Fällen aktenkundig nachzuweisen ist. Vielleicht empfinden nur wir Heutigen das als gewissen skurrilen Gegensatz; man muß bedenken, daß es ja einstens manchen Pfarrer gab, der selbst eine Schankwirtschaft führte, vor allem in Weingegenden, wo sein Anteil an Besoldungswein seinen eigenen Verbrauch überschritt. Die Gastwirte mußten außerdem gebildet sein und Fremdsprachen sprechen; im Mittelalter verlangte man Latein von ihnen, das sie teilweise bis ins 18. Jahrhundert hinein noch beherrschten. Es ist nach alledem kein Wunder, daß diese Schicht im Dorf durch mehrere Jahrhunderte den Schultheißen und die Richter und Räte (heute Gemeinderäte) gestellt hat. War schon der Wirt nicht mehr selber Ortsvorsteher, so wählte man diesen doch aus der Verwandtschaft. Man wählte ganz einfach die Reichen aufs Rathaus, sie mußten auch mit ihrem eigenen Vermögen haften und daher eines besitzen. So ist mancher Schultheiß mit Pfarrersblut in den Adern auf Älbler Rathäusern gesessen; die Intelligenzbeimischung hat ihm vermutlich nicht geschadet. Und mancher Wirtssohn hat wieder in Tübingen Theologie studiert und ist auf württembergischen Kanzeln gestanden. Damit ist auch Punkt vier schon bewiesen. Die Beziehungen zu höhergestellten Schichten waren auf diese Weise gegeben. Waren die übrigen Bauern ziemlich auf sich selbst gestellt mit wenig Verbindung zur Außenwelt, so hatte der Gastwirt die Nase im Wind. Herrschaften aus aller Welt stiegen bei ihm ab, er hatte oft noch nebenher ein Geldleihgeschäft und eine Wechselstelle für die verschiedenen Währungen. Er sorgte für Vorspann an den steilen Albsteigen, betrieb Speditionsgeschäfte und verschickte Güter in alle Richtungen. Er hatte Lagerräume für Güter, die man bei ihm gegen Entgelt abstellte. Er sorgte auch für das Reparieren der Fahrzeuge.

Bis 1800 etwa aßen auch noch alle Gäste an einem Tisch, nur eine und dieselbe warme Abendmahlzeit. Später entwickelten sich Einzeltische, auch der sogenannte »Herrentisch«, den es in mancher Wirtschaft heute noch gibt. Bettler, Zigeuner und abgedankte Soldaten wurden in diese Gasthäuser nicht aufgenommen. Die Fremdenzimmer in alter Zeit waren groß und mit vielen Betten vollgestellt; Einzel- und Doppelzimmer kennen wir erst heute. Auch die naturreinen Weine sind nicht älter als das 17. Jahrhundert. Vorher wurde jeder Wein mit Kräutern versetzt, mit Flieder, Rosmarin und Salbei; das ergab die sogenannten Würzweine. Auch Schnaps war vor dieser Zeit nur als Arznei üblich, nicht als Getränk.

Auf welche Weise die Gasthäuser zu ihren Namen gekommen sind, ist bis heute noch nicht klar erforscht. Das Herrscherhaus und die Konfession hatten gewisse Einflüsse; in Württemberg war wohl der »Hirsch« zuerst üblich, vielfach auch ein »weißes Roß« oder »Rößle«. Aus dem religiösen Bereich kam der »Engel« und die Evangelistensymbole, Löwe, Adler etc. Ein »Kreuz« findet sich in katholischen Gemeinden.

Erzählen ließe sich noch manches von der Gastlichkeit in alter Zeit – aber wir wollen der Phantasie des Wanderers, der in einem solchen behaglichen Gasthaus einkehrt und sich's wohl sein läßt, noch einiges überlassen!

Gib acht, Brotlaib, der Schneider kommt

Manchen Handwerksleuten muß man heute fast »die Schwelle krumm« laufen, ehe sie einen eines Blickes würdigen und zu Renovierungsarbeiten ins Haus kommen. Kleinere Reparaturen, »Flickarbeiten« sind insbesondere wenig beliebt, und wer nicht selber ein bißchen basteln kann, kommt manchmal in ganz prekäre Lagen.

Es gab eine Zeit, vor hundert und mehr Jahren, da war das umgekehrt, da standen die Handwerker bei den großen Bauern auf der Schwelle und baten herzlich darum, doch einmal wieder »auf die Stör« kommen zu dürfen. Wenn sie Glück hatten, wurde ihnen das zugesagt. Oft hatten sie auch schon ihre Runde, das Jahr über kam ein Kundschaftshaus ums andere dran, und die Arbeitgeber wußten schon, wann es wieder soweit war.

»Auf der Stör« arbeiten bedeutete folgendes: Der Handwerksmann wurde vom Auftraggeber ins Haus genommen, bekam Kost, eventuell auch Logis und einen Arbeitsplatz gestellt und meistens das Arbeitsmaterial. Er brachte meist nur das Handwerkszeug mit und den guten

Willen, im Haushalt nicht nur Neues anzufertigen, sondern alles Alte, was im Haus war, zu flicken und auszubessern; er blieb so lange im Haus, bis alles fertig war. Dann wurde manchmal, zum Beispiel wenn der Korbmacher da war, eine kleine Ausstellung im Stadel veranstaltet, der Meister stellte alles hübsch zusammen, neue und alte Futter-, Obst-, Gemüse- und Waschkörbe, alle Korbarten des bäuerlichen Haushalts bis herab zum Eierkörble der Frau, ja bis zu Puppenkörbchen der Kinder – und ließ sich tief befriedigt seinen Lohn auszahlen. Oft kannten sich die Handwerker schon so gut aus im Haus des Brotgebers, daß sie sich selber zusammensuchten, was sie brauchten und was ausbesserungsbedürftig war.

Bei den reicheren Bauern, die als Arbeitgeber meist in Frage kamen, war man recht froh an dieser Sorte von Kleinhandwerkern, die für wenig Geld sorgfältig schafften. Daß sie meist einen großen Hunger mitbrachten und sich, eventuell samt Lehrling oder Sohn, nebenher wieder einmal ordentlich herausfüttern wollten, gehörte dazu. Jeder Bauer zahlt ja lieber mit Naturalien als mit Bargeld. Der »Kohldampf« der Störleute war allerdings sprichwörtlich. »Gib acht, Brotlaib, der Schneider kommt!«, sagte man auf der Alb; der Schneider galt ja einstens fast als der hungrigste Handwerker. Die Woche nach Kirchweih war ganz besonders beliebt bei den Störleuten, da suchten sie sich große und freigiebige Höfe heraus, da gab es Kuchenreste aufzuräumen.

Der Schneider war einer der häufigsten Störhandwerker, er nähte und flickte hauptsächlich für die »Mannsnamen« auf dem Hof. Die Frauen verstanden sich besser mit seiner Kollegin, der Näherin oder Nähterin, sie besorgte die weibliche Garderobe und die Haushaltswäsche, brachte meist einen Stoß Modehefte mit und hatte die Kleidergrößen der Damen des Hauses schon im Kopf.

Es ist noch gar nicht so lange her, daß man die Näherin im Haus hatte, mancherorts bewährt sie sich heute noch, zum Beispiel beim Herrichten von Brautaussteuern. Sie bekam oft ihren ganzen Lohn in Lebensmitteln, man füllte ihr nach Feierabend den Schurz und den Korb mit Mehl, Schmalz und Eiern an.

Aber auch der Schuhmacher kam auf die Stör, der Lederhosenmacher, der Besenbinder und Bändermacher, der Bürsten- und Kübelesbinder und der Göltenmacher (Gölten oder Gelten = kreisrunde Gefäße, etwa 40 Zentimeter hoch, im Durchmesser 35 cm bei der Spülgelt, 45 bis 65 Zentimeter bei der Waschgelt). Für die meisten Störleute lieferte der Hof das Material, das Holz für die Gelten, Leder für Schuhe und Hosen, Besenreis für Besen, Tierhaare für Bürsten und Pinsel. Der »Krätten«- oder Korbmacher verarbeitete die Weiden, die man angebaut hatte, der Bändermacher das bereitgelegte Roggenstroh und der Hafner den Lehm, den man zum Ausstreichen der Öfen in einer Grube bereithielt und der oft noch mit »Grannen« zu besserer Haltbarkeit untermischt wurde.

Manche kamen, je nach Art ihrer Arbeit, auch ohne Material aus. Der »Mauser« zum Beispiel (er brachte seine »Werkzeuge« mit) wurde auf die Felder und Wiesen geschickt, mußte Wühlmäuse und Maulwürfe fangen und als Beweis seiner Tätigkeit die Schwänze abliefern, nach deren Zahl er seinen Lohn erhielt.

Der Brunnenmacher sorgte für die Brunnen und die einfachen Wasserleitungen der einstigen Zeit; meist war er zugleich auch Wünschelrutengänger.

Auch Friseure kamen ins Haus, schnitten Haare und rasierten; Sattler, Seifensieder, Wachszieher, Seiler, Rechenmacher sah man ebenfalls gern, Pfannenflicker, Scherenschleifer, Sägenfeiler und Schindelmacher konnte man brauchen, auch den Wanderküfer, der jeweils alle Fässer aus dem Keller holte, auf dem Hof aufreihte, lüftete, putzte und reparierte, derweil die Hausfrau den Keller weißelte, falls dies nicht der Maler tat, einer der wenigen Handwerker, der heute noch für mehrere Tage in den Häusern arbeitet, so daß man sagen kann: man »habe« den Maler. So sprach man in der Mundart von den Störleuten, man »hatte« die Näherin oder den Schuster, und jedermann wußte, daß man dabei zuhause vonnöten war.

Wenn sie freundlich waren, hatte man die Störleute gern. Sie brachten frischen Wind ins Haus, erzählten Neuigkeiten aus anderen Häusern, machten Späße und Streiche und spielten sogar manchmal abends mit der Ziehharmonika zum Tanz auf; damals, als es noch wenig Zeitungen und kein Radio oder Fernsehen gab, freute man sich über ein bißchen Unterhaltung. Die Störleute wußten das, und sie stellten ihre Lichter in dieser Beziehung nicht unter den Scheffel.

Hembdsknöpff, Tabacc und Saiffen

Man kann heute auf den Dörfern in modernen Selbstbedienungsläden so ziemlich alles kaufen, was gut und was teuer ist: Forellen tiefgekühlt, Sekt, Kaviar (wenn auch nicht aus Rußland), Wimperntusche, Champignons und polnische Enten, alles mögliche, was »d'Neger ond d'Indianer fresset«, wie neulich ein alter Bauer meinte.

Das war früher anders. Es ist noch keine 40 Jahre her, da erschien einmal in einem schwäbischen Dorf der Schultheiß mit zwei Gemeinderäten wutschnaubend im Lädle, schlug mit der Faust auf die damals noch holzgebeizte

Theke und brüllte die erblaßte Inhaberin an: »Du verderbscht mir no da ganze Flecka mit deim Schoklad!« Sie hatte nämlich angefangen, Schokolade zu verkaufen, das Geschäft ließ sich auch gut an, aber mit dem Einspruch von seiten des Ortsoberhauptes hatte sie nicht gerechnet. Es ging um die Moral des Ortes.

Anno 1736 gab es im selben Ort einen »Crämer« namens Röcker. Seine Wohnstube diente zugleich als Laden, und Landwirtschaft und Weberei betrieb er nebenher. Seine Vorräte waren ziemlich nah beieinander, es handelte sich um 6 Ellen mittelmäßiges Tuch, 2 Ellen Baumwolle, Faden, Spitz, Bändel und »Seyden« für 36 Kreuzer insgesamt, Hosen- und »Hembdsknöpff« für 10 Kreuzer, »Tabacc« und solchen zum Schnupfen für 38 Kreuzer nebst 6 Tabaccs-Pfeifen; außerdem gab es Lichter, Schmer, »Saiffen» und Unschlitt, Pfeffer und Safran für 17 Kreuzer.

Dann gab es noch Nadeln und Nägel für 17 Kreuzer und ein ganzes Pfund Zuckerkandel für 6 Kreuzer. Dieses eine Pfund kann, verteilt auf etwa 700 Einwohner, die Naschsucht nicht übermäßig gefördert haben, und auch Spitz, Seyden und Bändel erscheinen nicht in solcher Menge, daß die Dorfmädchen sich hätten besonders sexy herausputzen können.

Indessen eröffnete der Schultheißensohn Johannes Bäumler anno 1765, etwa 30 Jahre später, schon einen massiven Angriff auf die Ehrbarkeit der Dorfbewohner. Er, der Nachfahre eines wandernden Kalenderhändlers, der die geistige Kost in den Bauernhäusern verbreitet hatte, machte einen neuen Laden auf, der beträchtlich mehr von den Dingen enthielt, die der Pfarrherr als »weltlichen Tand« bezeichnete. 22 Arten von »weißem Spitz« und 7 Sorten schwarzen, ganze Mengen von Litzen, Hauben, Hosenträgern, 136 Ellen Wiegenbändel, »Schniernestel«, Gollerbändel, Preißnestel, Brusttücher, Schuhschnallen, roten und schwarzen Crepp, Camisolknöpf, Feuerstein, Faden und »Finger-Hüth« hatte er feil. Für das Do it yourself gab es Bleiweiß, Grün-Spohn, Berliner Blau, Haußfarb, Bley-Stiffte, Schnappmesser, Hakennägel, Eisen-Draht; für die Raucher Holländer Tabacc, Rauch-Tabacc, Pfeiffen und Mund-Stücklen, für die Schulkinder Papier und Schreibtaffeln, für die Fuhrleute Gaißeln und Schnür; für die Hausfrauen Pfeffer, Anis, Fenchel, Weinbeer, Zuckerbrodt und Fischlen. An Zucker hatte auch Johannes Bäumler nur ein einziges Pfund vorrätig, Salz gab es bei ihm nicht zu kaufen, das vertrieb ja damals noch der Staat persönlich durch seine Salzniederlagen.

Vermutlich reichten Bäumlers Vorräte viele Jahre lang, vermutlich war auch er nebenher Bauer und verkaufte seine Herrlichkeiten abends nach der Stallarbeit, wenn die Leute auf einen Feierabendschwatz zu ihm kamen. Vermutlich mußte er viel stunden wie der Barbier des Orts, der erst sterben mußte, bis es aufkam, daß sein Nachbar ihm das Rasieren fünf Jahre lang schuldig geblieben war – aber er verdarb trotzdem nicht, und schließlich leuchtete ja auch die Gunst des Schultheißen über ihm, der sein Vater war. Das Lädle hatte seinen Zulauf auch ohne Tiefkühltruhe und wurde mit Gaißeln und Finger-Hüth zu einer kleinen Goldgrube – so ändern sich die Zeiten ...!

~~~~~~~~~~~~~~~~~~~~~~~~

Nach dem Befehl vom 29.3.1814 müssen Singvögel in die königlichen Vogelhäuser geliefert werden. Weil die Commun die Vögel in dieser Gögent nicht aufzutreiben im Stande war, ist sie genöthigt, sollche in Ulm auffkauffen zu lassen.

~~~~~~~~~~~~~~~~~~~~~~~~

Reisende aller Art

Die heutige Bundesstraße 28, die Straße, die die Alb von Urach bis Blaubeuren überquert, war auch schon in alten Zeiten eine wichtige Durchgangsstraße. Letzten Endes war sie ein Stück der Verbindungsader zwischen dem Elsaß und den Alpenländern, und auch in der noch autolosen Zeit herrschte ein reger Verkehr auf und an ihr. Die Dörfer, die direkt an ihr lagen, profitierten von dem Durchgangsverkehr; Gaststätten, Schmiede, Wagner, Seiler hatten ihren regelmäßigen Verdienst neben den Vorspannbauern, deren Höfe in der Nähe der damals noch nicht in Serpentinen angelegten Steigen lagen und den Gefährten mit ihren Pferden Hilfe leisteten, bis sie die Albhochfläche erklommen hatten.

1838 zählt der Schultheiß eines Albdorfes 91205 durchreisende Gefährte, »Reisende aller Art, Kaufleute, Hauderer (Hausierleute), welche von Stuttgart, Tübingen etc. nach Ulm passieren und Wein, Bier und Bauholz fahren. Fruchtfuhren, Bretter, Güterwägen mit Kaufmannsgütern, rohen Stoffen für Gewerbetreibende, namentlich Häute-Fuhren kommen aus Bayern, dazu Züge von bayrischen Pferden und Schweinen«. Hierzu kamen jährlich 104 »ordinaire Posten«, also regelmäßige Postkutschen mit Personenverkehr und über 60 Extraposten.

In der angegebenen Zeit finden sich 588 Schlafgäste in den Wirtshäusern des Ortes. Etwa ein Drittel davon waren Württemberger, die zweitgrößte Zahl machen die Bayern aus. Es folgen Badener, Preußen, Sachsen, Hessen, Pfälzer, Rheinländer, Franken und verhältnismäßig viele Ausländer, Österreicher, Böhmen, Schweizer, Tiroler, Ungarn, Italiener, Russen und Griechen. Fremdarbeiter gab es damals genauso wie heute.

Auch die Ausweise aller dieser Durchreisenden zeigen ein vielfältiges Bild. Der Reisepaß war, wie heute, schon üblich; ihn besaßen meistens die Ausländer oder die besser situierten Handelsleute. Daneben gab es Dienst-, Wander- und Arbeitsbücher, Hausierausweise, Heimatscheine, Urlaubspässe für Soldaten, gewöhnliche Ausweise, etwa für Leute, die nur zum Ährenlesen unterwegs waren, Vorweise für Dienstboten und Taglöhner und den sogenannten »Laufpaß«, den wir heute nur noch aus der Redensart »einem den Laufpaß geben« kennen. Früher wurde dieser Laufpaß den zur Entlassung kommenden Soldaten ausgestellt, es wurde ihnen damit bescheinigt, daß sie ihre Militärzeit abgeleistet hatten und sich um eine Stellung im Zivilleben bemühen konnten.

Am interessantesten ist ein Überblick über die Berufsarten der Übernachtungsgäste. In der Überzahl sind die wandernden Handwerksburschen; die jungen Handwerker mußten ja damals eine Wanderzeit hinter sich bringen und bei auswärtigen Meistern gearbeitet haben, ehe sie sich selbst niederlassen konnten.

40 Schreiner und 39 Schneider liegen an der Spitze, 27 Bierbrauer, 26 Schmiede und 25 Schlosser folgen. Zimmerleute sind es 20, Metzger 16, Schuster 11, Hutmacher 13, Ziegler ebenfalls 13, Maurer 17. Ausgestorbene oder inzwischen industrialisierte Handwerksberufe finden sich viele, die Kammacher, Tuchmacher, Tuchwalker, Seckler (Lederhosenmacher), Mühlenmacher, Seifensieder, Cattundrucker, Steinhauer, Tuchscherer, Drahtbinder, Töpfer, Stricker, Seidenweber, Papierer, Steingutdreher, Bürstenmacher, Zigarrenmacher, Formschneider. Ein Unikum ist ein Hasenhaarschneider. Aber auch andere Berufstypen sind verzeichnet, zum Beispiel Eisenbahnarbeiter – damals war die Zeit des Bahnbaus. Beurlaubte und entlassene Soldaten kamen des Wegs,

Taglöhner, Dienstboten, Ährenleser, Bleichknechte. Eine besondere Gruppe stellen die Reisenden dar, die im Dorf von Haus zu Haus zogen und so ihr Brot verdienten: Hausierer, Händler, Lumpensammler, Scherenschleifer, Händler mit Uhren, Bildern, Büchern, Kalendern, Galanteriewaren und Druckschriften aller Art, Händlerinnen mit Kurz- und Strickwaren. Sackzeichner waren da, die den Bauern ihre Hofzeichen mit den Initialen auf die Säcke malten, damit sie beim Transport in die Mühle kenntlich waren.

Ein großes Kontingent stellten die fahrenden Musiker, obenan ein Orgelspieler, in der Mehrzahl aber die Drehorgler, die sich unter den Fenstern der Dorfbewohner ihr Fünferle erspielten und ersangen, denn auch Sänger finden sich in der Liste. Ein Wanderkünstler hatte sich offenbar auf das Sprechen und Deklamieren verlegt, er wird in der Liste gut schwäbisch als »Decklemator« geführt.

Die Frage: Warum geht man ins Wirtshaus? beantwortete neulich ein Bauer folgerichtig: »Damit mer was Neus verfährt.« Wahrhaftig, das stimmt. Heute sind es die Massenmedien, die die Neuigkeiten vermitteln – damals waren es die Fahrenden, die aus ihrer Weltweisheit schöpfen und den Dörflern davon mitteilen konnten. Ist doch das Wort »Erfahrung« nicht anders entstanden: Wenn man etwas wissen wollte, mußte man es im wahrsten Sinne des Wortes durch Fahren gelernt und »erfahren« haben.

~~~~~~~~~~~~~~~~~~~~~~~~~~~~~~~~~~~~~~~

Das Oberamt hat mit Befremden wahrgenommen, daß eine der Kirchenglocken zersprungen ist und ohne Gelächter nicht mehr geläutet werden kann.

~~~~~~~~~~~~~~~~~~~~~~~~~~~~~~~~~~~~~~~

Die wandernde Nachrichtenbörse

Marktleute, Inhaber von Buden und Ständen für einen
Tag, billige Jakobe und Händler mit türkischem Honig aus
vergangenen Zeiten tauchen selten in Archiven auf – wer
kennt die Namen, kennt die Zeichen? Vielleicht in ihren
Heimatgemeinden könnte man Hinweise finden, aber
wer kennt wieder alle Heimatgemeinden?

Aber eine Quelle gibt es: Zu Anfang des 19. Jahrhunderts
hatte der damalige König, wohl als Reaktion auf das Räu-
ber- und Gesindelunwesen der damaligen Zeit, sog.
»Nachtbücher« verordnet. Die Gastwirte aller Gemeinden hatten diese Bücher zu führen und auf dem Rathaus
abzuliefern; darin standen Angaben über alle durchreisenden Gäste, die über Nacht blieben, Name, Herkunft,
Beruf, Reiseziel. Je kleiner die Gemeinde war, um so lieber
übernachteten Marktleute dort im Gasthaus, im Hirsch
oder Adler oder was für ein Schild es sonst trug. Hier kamen die großen Herren selten hin, die blieben lieber in
Städten oder großen Posthaltereien; hier fühlte der kleine
Mann sich sicher, hier konnte er auf dem Weg zum Markt
noch gleich das Dorf durchkämmen oder im Wirtshaus
Waren anbieten.

In vielen Nachtbüchern sind die Leute aus Gönningen
verzeichnet. Damals wie heute trieben sie ihren Handel
mit Samen und Zwiebeln für den Hausgarten. Sie kamen
so weit in der Welt herum, daß die Sage geht, der erste
Mensch, den Kolumbus in Amerika getroffen habe, sei ein
Gönninger gewesen. Ähnlich häufig traten die Eninger
auf. Eningen bei Reutlingen galt damals als *die* Hausierer-
gemeinde in Württemberg. Die Männer handelten mit
Büchern und Landkarten, die Frauen mit Kurzwaren und
Strümpfen. »Das Landvolk«, schreibt Karl Theodor Grie-

singer 1841, »hat gar große Achtung vor diesen Leuten. In den Dorfschenken drängt sich die liebende und die eitle Jugend um sie her, wenn sie ihre Schätze ausbreiten und mittelst kühner Tiraden den Glanz und die Vortrefflichkeit ihrer Kattune, Samtstücke und seidenen Bänder anpreisen. Bei ihnen werden die Liebesgeschenke für Kirchweih und Weihnachten gekauft, und ihre Gewinnste fallen häufig sehr gut aus, da sie nicht anstehen, im Auftrage des schmachtenden Hansjörg der blonden Mreimadel das Angebinde selbst zu überbringen. – Am Abend sitzen diese Krämer am Schenktisch obenan und erzählen den erstaunten Magistratspersonen des Fleckens wundersame Dinge, sie sind die wandernde periodische Presse, bei der zum Frommen der Neugierigen stets ein harter Krieg irgendwo, Pest, furchtbare Zerstörungen durch Wasser und Feuer, Erdbeben und Raubmord weitergegeben wird. Die Krämerweiber gehören zu den Klugen, wissen Rat für Ausrottung des Hausungeziefers, können Träume deuten und einen trutzenden Schatz wieder schmunzeln machen.«

Aus Wiesensteig kamen die Spindel- und Wirtelhändler; dieses Beiwerk zu den Spinnrädern fertigten sie selbst an. Manche Geißentäler sammelten auch Kümmel und verkauften Wacholderbeeren- und Hagebuttengsälz. Holzwarenhändler kamen aus verschiedenen Richtungen, vom Mainhardter Wald, von Starzeln in Hohenzollern, aus Dornstetten, wo »der Pfister« auch noch Tabaksköpfe feilbot. Von Burladingen kam »der Gräf« und von Lützenhart der Zigeuner Reinhart. Der Gräf handelte auch mit Holzrechen, die er selbst verfertigte. Kochlöffel- und Besenfrauen kamen aus Ennabeuren.

Wollwarenhändler kamen vielfach aus Schloßberg, einer ebenfalls bekannten Hausiergemeinde in der Nähe von Bopfingen.

Korbmacher, Kesselflicker, Strohflechter und Bürstenbinder kamen aus Burgberg, Lützenhardt, Leinzell, Geschirrverkäufer aus Unterdeufstetten. Die Viktualienhändler wohnten in Neuhausen bei Esslingen, Leinen- und Teppichweber in Bopfingen und die Sägenfeiler in Epfendorf und Oberndorf.

Natürlich kamen die Uhrenhändler aus Schwenningen, Tuttlingen und Weilheim. Schreibpapier und Oblaten boten die Schelklinger an. Die Älblerin Anna Starkmann aus Dottingen verkaufte auf den Märkten selbstverfertigte Tragbäusche. Einen Tragbausch besaß früher jede Frau als Polster für den Kopf beim Tragen von Gelten oder schweren Körben. Im Laichinger Webermuseum ist einer zu sehen – vielleicht hat ihn Frau Starkmann genäht und gepolstert? Stets waren auch einige Scherenschleifer unterwegs, die den Hausfrauen ihre Scheren und den Handwerksleuten ihre Messer wieder scharfmachten. Überhaupt bauten auch andre Marktleute ihre Buden auf; sie flickten und verkauften Regenschirme, Korbwaren – »Zainen und Wannen« in der damaligen Sprache, Häfen, Rechen und Siebe.

Auf dem Markt in Laichingen finden wir die Händler, die Webereizubehör verkauften, z. B. Spannstäbe für Weberblätter bot ein B. Kurz aus Wäschenbeuren zum Verkauf. Gelegentlich war dem allgemeinen Markt noch ein Schnellermarkt angegliedert, ein Garnmarkt, bei welchem die Weber ihre Garnvorräte ergänzen konnten.

Was wir, im Vergleich zum heutigen Marktwesen, vermissen, sind Fertigkleider, Konfektion; die gab es damals noch nicht. Auch ein Süßwarenhändler taucht nirgends auf; vermutlich hatte man damals auch noch kein Geld für Schleckereien. Was würde mehr die Gebresten seiner Zeit anzeigen als ein Markt? Hier weiß man, wo die Leute der Schuh drückt. Wurmsamen fürs Zahnweh, »Federwisch«

zu Lampendochten, Frostbeulenöl, Pomaden von Hammelschmalz, Spiegel, um damit im Dunkeln zu sehen, wie ein Bericht aus dem 17. Jahrhundert meldet, waren allerdings um 1830, in der Zeit, in der unser Bericht spielt, auch schon altmodisch.

Die Kleinen hängt man, die Großen läßt man laufen

Gustav Schwab, der zu Anfang des 19. Jahrhunderts die Neckarseite der Schwäbischen Alb erwanderte, erzählt von einem Besuch in Wiesensteig schauerliche Dinge. Die Leute im Filstal lebten damals in ständiger Angst vor den sogenannten Freileuten, die mit ihren Frauen, den Freimenschern, in Wäldern und Höhlen hausten und die Bauern der Gegend ständig bedrohten. Besonders den Bewohnern einsamer Höfe preßten sie Mehl, Milch, Fleisch ab unter der Drohung, ihnen das Haus über dem Kopf anzuzünden; sie ließen sich die Nahrungsmittel entweder aufs freie Feld zum Verzehr »liefern« oder sie nisteten sich in der Bauernwohnung ein, kochten und schmausten dort und tranken Wein, wo sie ihn fanden. In Haufen zu zehn oder zwölf Personen zogen sie von Hof zu Hof, lebten offiziell vom Korbmachen, brieten, wenn sie nichts anderes hatten, Hunde und Dachse an Lagerfeuern und vergnügten sich mit ihren schönen Frauen, Gestalten in auffallenden, stattlichen Trachten, die von den Männern meist zum Betteln »vorausgeschickt« wurden.
Die Filstäler hatten vor diesen »Freileuten« eine so panische Angst, daß sie es nicht wagten, die Überfälle und

Räubereien der Obrigkeit anzuzeigen, denn die Gauner pflegten Rache zu nehmen. Sie terrorisierten die ganze Wiesensteiger Gegend. Der Besitzer der einsam gelegenen Papiermühle in der Nähe des Filsursprungs soll sogar einen Vertrag mit ihnen gemacht haben. Sie durften sein Haus nicht betreten, hielten sich auch daran, aber er zahlte dafür jedesmal, wenn sie in der Nähe vorbeizogen, zwanzig Kreuzer.

Schwab bemerkt, man sage, es seien Abkömmlinge von Zigeunern, Reste von jener berüchtigten Hannickel-Bande, die Oberschwaben jahrzehntelang in Bann gehalten hatte. Der Name Freileute könnte auf einen Bandenführer namens Gottfried Frei deuten, der 1801 gefangen und in Buchloe hingerichtet wurde. Man nannte allerdings früher umherstreunende Leute, die nirgends Bürgerrecht besaßen und zu keiner Gemeinde gehörten, ganz allgemein Freileute. Im Unterland und in der Neckargegend, berichtet Schwab weiter, wisse man von solchen Umtrieben schon lange nichts mehr. Wahrscheinlich haben die Höhlen und Klüfte des Albaufstiegs es begünstigt, daß sich hier die Reste der einstigen großen Gaunerbanden so lange halten konnten. Vielleicht hat sich auch die Zugehörigkeit zu Kurbayern bis 1806 hier insofern ausgewirkt, als man dort dem lichtscheuen Gesindel etwas toleranter gegenüberstand als der Herzog von Württemberg, der in seinem Land große Strenge walten ließ. Er sorgte in den ihm zugehörigen Landesteilen für regelmäßige Streifen, sandte berittene »Streifer« zu den Landgemeinden und sorgte dafür, daß man dort mit Förstern und Schultheißen unter Mithilfe der Bauern die Wälder durchkämmte.

Aus einem Albdorf wird berichtet, ein »zu Nürtingen im Verhaft gesessenes Zigeuner-Gesind«, das auf fürstlichen Befehl aus dem Land fortgeschafft werden sollte, sei, von

Musketieren begleitet, am späten Abend noch ins Dorf gekommen und habe hier übernachten wollen. »Es hat aber der Schultheiß es dahin gebracht, daß sie mit 6 Pfund Brodt und 2 Maaß Bier sich abfertigen ließen und bei der Nacht annoch« zum nächsten Dorf marschierten. Gott segne den wackeren Ortsvorsteher! Er hat sein Dorf bewahrt und zwölf Kreuzer dafür ersetzt bekommen. Der Kollege im Nachbardorf allerdings hatte den Schaden.

Um 1800 hat es mehr als 3000 »Jauner« in Schwaben gegeben. Mit diesem Ausdruck bezeichnete man Banden, die nicht nur aus Zigeunern, sondern aus allerhand Spitzbuben, »Asozialen«, Deserteuren und ehemaligen Soldaten bestanden. Schon der dreißigjährige Krieg, später die Erbfolge- und Franzosenkriege hatten das Bandenwesen sehr begünstigt. Süd-Westdeutschland war besonders geplagt, seit Frankreich durch besonders drastische Strafen die Gauner ausgetrieben hatte; nun machten sie den Oberrhein, den Schwarzwald und Württemberg unsicher und brachen gern und viel auf dem Land und in Bauernhäusern zu nächtlicher Stunde ein.

Sowohl die Herzöge von Württemberg als auch der Schwäbische Kreis erließen eine Menge von Verordnungen gegen das Gaunerwesen; der letztere um 1801 27 sogenannte Jaunerpatente. Ausweisung drohte man dem umherziehenden Volk an, Auspeitschung, Wegnahme der Habe, Erhängen. Württemberg ging, auch in der Durchführung, besonders streng vor. Andere Länder urteilten milder. Sie meinten, man könne Menschen nicht einfach deshalb töten, weil sie keinen Wohnsitz hätten und auf Bettel und Mundraub angewiesen seien. Vielerorts nahm man sie gefangen und verfrachtete sie nach Venedig, wo sie als Galeerensklaven verhandelt wurden. Aber zeitweilig gab es in Süddeutschland mehr Vagabunden, als man auf den Galeeren brauchen konnte. Fast das ganze 18. Jahrhundert hindurch standen allenthalben in Deutschland an Kreuzwegen, Grenzen und Straßen zur Abschreckung die sogenannten »Zigeunerstöcke«. Das waren Holztafeln, auf die ein halbentblößter Zigeuner mit zwei Schergen gemalt war, darunter stand »Straff der Zigeiner«. Im Stadtmuseum Nördlingen ist noch ein solcher Stock zu sehen.

Man wurde indessen trotz aller angewandten Grausamkeiten mit dem Gaunergesindel nicht recht fertig. Schließlich versuchte man es mit humaneren Methoden, versuchte, die Jauner anzusiedeln und zu regelmäßiger Arbeit anzuhalten. Auch das ist nicht restlos gelungen, die Vagabunden waren dagegen, sie wollten nicht arbeiten, sondern weiterhin umherziehen. Etwas mehr Glück hatte man mit den Kindern der Vaganten, man sammelte sie in Waisenhäusern und gewöhnte sie dort an Regelmäßigkeit. Das gelang in einigen Fällen, allerdings nicht immer. Trotzdem ist durch diese Zucht- und Arbeitshäuser manches Gute bewirkt worden. Gegen Ende des 18. Jahrhunderts ist in Ludwigsburg ein solches Heim gegründet worden, das unter dem Heimleiter Schöll, der 1793 ein umfassendes Werk über das Gaunerunwesen schrieb, sehr florierte. Zu seiner Unterhaltung wurde von den Landgemeinden eine Art Steuer erhoben, sie mußten z. B. bei Kaufverträgen einen kleinen Prozentsatz erheben und dorthin abliefern. Wahrscheinlich war ihnen das lieber als die ständige Bedrohung.

J. G., welcher sich durch Erhängen selbst entleibt hat, ist auf das anatomische Theater nach Tübingen geführt worden. Den Fuhrlohn müssen die Erben bezahlen.

Von den Stationen im Leben und im Jahresablauf

Schmieralia waren nicht unüblich

Blättert man in dörflichen Gemeinderechnungen, etwa aus dem 18. Jahrhundert, so fällt einem unter »Ausgaben« ein ständig jährlich wiederkehrender Posten auf. »Neujahrsverehrungen« ist die Überschrift; der Text beginnt weitschweifig und ausholend mit einer Floskel wie »dem alten Herkommen gemäß«, »wie seit alter Zeit üblich« oder »nach alter Observanz«. Weiter heißt es, Schultheiß und Gericht hätten beschlossen, daß auch heuriges Jahr wieder verehrt werde 1. dem . . . . Es folgt nun eine meistens recht lange Liste der höheren Beamten, die mit dem Dorfe in irgendeiner Weise zu tun hatten, an erster Stelle der Vogt oder spätere Oberamtmann, dann der Forstmeister, Stadt- und Amtsschreiber, Amtleute, Amtspfleger, einmal sogar die Stadtknechte der nahegelegenen Stadt. Sie sind untereinander geschrieben und sauber nach Machtbefugnis abgestuft, der Vogt bekam natürlich am meisten, die kleineren Beamten tunlichst weniger, aber zum Schluß kam doch eine ganz schöne Summe heraus. Bei der Gabe für den Vogt tat sich das Unteramt zusammen, das es ja damals als kleinere Verwaltungseinheit noch gab und das aus zwei bis drei Dörfern bestand; »davon hat es hiesigen Ort betroffen . . . « heißt es dann in der Aufstellung, eine Formulierung, die nicht gerade von großer Schenkerfreude zeugt.

Der Brauch ist aus verschiedenen schwäbischen Gegenden bezeugt. Auf der schwäbischen Alb bestand die Neujahrsgabe in der Hauptsache aus Flachs und einer Beigabe an Bargeld. 1729 bekam der Vogt Flachs im Wert von acht Gulden, dazu einen Gulden 30 Kreuzer in Geld, außerdem seine Frau Gemahlin oder »Frau Liebstin« extra zwei Pfund Flachs »an die Kunkel«. Die Frauen wurden nie vergessen, auch wenn ein Beamter unverheiratet war und seine Mutter im Haus hatte; dann bekam diese eben den Flachs. Das »an die Kunkel oder in die Kuche schenken« war sehr beliebt; die Liste im Rechnungsbuch wird dadurch wesentlich verlängert. Manchmal tauchen, besonders bei den Oberbeamten, Vögten oder Forstmeistern, Namen auf, die in der württembergischen Geschichte wohlbekannt sind. Um 1730 war Obervogt in Urach der Graf von Grävenitz, der Bruder der Mätresse Eberhard Ludwigs von Württemberg. Einen solchen Mann, der so »nah am Drücker« war, mußte man sich warmhalten; also schickte jedes Albdörflein seiner Vogtei alljährlich zu Neujahr einen reitenden Boten nach Ludwigsburg, der dem Grafen die Flachs- und Geldgabe der Gemeinde zu überbringen hatte. Um den Eindruck des Geschenkes zu vertiefen, fertigte der Drechsler des Dorfes »eine Lade« an, eine wahrscheinlich bemalte Spanschachtel als geziemende Verpackung, so wie man heute ein hübsches Geschenkpapier mit Bändchen nimmt. Um 1785 überreichten dieselben Gemeinden Geschenke an »Ihro Gnaden Herrn Cammerherrn Obristlieutenant und Forstmeister« von Leutrum, der damals in Urach und ein Verwandter des ersten Gemahls der Franziska von Hohenheim war.

Man merkt es, der Schreiber bricht sich fast die Feder ab, wenn er diese hochtönenden Namen in sein Buch schreibt – einem dörflichen Gemeinderechner kamen sie selten ins Gehege, und er schreibt so unterwürfig wie möglich. Geht man von heutigen Umständen aus, dann könnte man sich auch denken, daß es auf dem Rathaus auch für die kleinen Helfer wie Büttel, Nachtwächter, Feldschützen eine kleine Gabe zur Weihnacht oder zu Neujahr gegeben hätte, sie hätten es wahrscheinlich bitter notwendig brauchen können. Aber da sucht man vergebens in den Rechnungen.

»Geschmiert« wurde natürlich nur nach oben, man dachte sich nichts dabei, besonders auch die Beamten nicht, die diese Geschenke annahmen. Bei ihnen muß sich jeweils zu Neujahr ein ordentlicher Haufen von Geschenken angesammelt haben! Die Sitte war so allgemein üblich, daß man sie beinahe schon als Ordnung empfand, obwohl in den Gesetzbüchern einige Verbote standen. So wendet sich das württembergische Landrecht in der Ausgabe von 1821 gegen das Annehmen von Geschenken durch Beamte, es spricht sogar im Index von »Schmieralia«. Aber Gesetze waren zu damaliger Zeit noch nicht immer dazu da, um befolgt zu werden, außerdem war die Diktion nicht genau genug, sie konnte so und so aufgefaßt werden. In vielen Fällen waren die Geschenke Teile der einst üblichen Naturalbesoldung.

Trotzdem muß viel Mißbrauch getrieben worden sein, von dem in Geschichtsbüchern wenig zu lesen ist. Es gab eine Zeit, da konnte tatsächlich niemand auf ein Amt kommen oder sich um einen Posten bewerben, ohne dem ausschlaggebenden Mann und seiner »Frau Liebstin« ein erkleckliches Geschenk zu bringen. Oft mußte er dabei mit Konkurrenz rechnen: Der wurde berücksichtigt, der das größte Geschenk machte. Carl Theodor Griesinger schreibt in seinen 1883 erschienenen »Silhouetten aus Schwaben« folgendes:

»Die Besoldung eines Decans ist nicht allzu groß, gewöhnlich nicht höher als 14 – 1 500 Gulden. Früher, vor etwelchen Decennien, stand er sich freilich weit besser; denn damals gabs noch einiges »Nebeneinkommen«, das oft mehr abwarf als die Besoldung! Da kam ein Pfarrer und wollte eine bessere Stelle, dort ein Schulmeister und hätte sich gern von einer Klage gereinigt; nun ein Vicar und suchte angestellt zu werden, dann ein Provisor und begehrte Versetzung, darauf ein Bauer und bat, seinen Eheprozeß zu fördern, und von allen diesen kam keiner mit leeren Taschen, und keiner ging mit vollen, und endlich kam gar das Neujahr, das gute Neujahr, und brachte einen Ducaten von jedem Pfarrer und einen Kronentaler von jedem Schulmeister und einen Gulden von jedem Provisor und von Anderen Victualien die Masse!!«

Neujahrslied eines Nachtwächters

Weil wir in dieser Nacht das Jahr zu Ende bringen,
So will ich nach Gebrauch das neue Jahr ansingen.
Drum danket Gott mit mir, der in dem alten Jahr
Uns gab so vieles Gut's und uns recht gnädig war.

Gott woll' Herrn Pfarrer hier das Wort im Munde geben,
Geduld in seinem Amt, gesunden Leib daneben,
Daß viele Seelen sich bekehr'n dies' Jahr,
Und kräftig sei das Wort auf Kanzel und Altar.

Herrn Schultheiß woll' Gott in seinem Amt beistehen,
Daß es nach seinem Spruch in Ordnung möge gehen,
Es woll' der heil'ge Geist sein Herze nehmen ein,
So wird Treuheit und Recht auch im Gerichte sein.

Und der ein Richter ist, befehl' ich Gottes Güte,
Daß Gott im neuen Jahr sein Haus und Hof behüte,
Es nehm' der heil'ge Geist sein Herz zur Wohnung ein,
So wird dann Glück und Recht in allen Sachen sein.

Weil Herr Schullehrer soll' die zarten Lämmlein weiden,
Regier' ihn Gottes Geist, auf daß er's tu mit Freuden;
Geduld und Weisheit woll' ihm Gott geben ein,
So wird der Segen auch in seiner Schule sein.

Gott woll' den Baurenstand mit seiner Hand begleiten,
Daß man in Freuden kann die schönen Äcker schneiden,
Und was der Bauer hat im Feld, bewahre Gott,
Wie auch sein Haus und Hof vor Feuer und Wassersnot.

Wer hier im Dorfe wohnt, der Reichen und der Armen,
Woll' sich der liebe Gott im neuen Jahr erbarmen.
Er nehme sich auch hier der Witwen, Waisen an,
Weil er mit Trost und Rat alleine helfen kann.

Der hier ein Handwerk hat, den wolle Gott beglücken,
Daß seine Sache sich in allem recht mög' schicken.
Ich schließ' die Weiber hier und auch die Kinder ein,
Es woll' der liebe Gott dies' Jahr ihr Helfer sein.

Viel Heil und großes Glück woll' Gott uns allen geben,
wie auch den heil'gen Geist, gesunden Leib daneben.
Das wünsch' als Wächter ich der ganzen Christenschar
In dieser ersten Nacht zum guten, neuen Jahr!

Wehe dem, der schießt

Wenn ein Mensch, auf einer dunklen Wegstrecke alleingelassen, Angst bekommt, dann singt oder pfeift oder johlt er im Weitergehen. Schon ein Kind tut ähnliches. Und so sind die Bräuche, bei welchen Lärm gemacht wird, um irgendeine Unsicherheit zu übertönen, die ältesten und verbreitetsten; fast in jedem Jahrhundert und bei sehr vielen Völkern sind sie in dieser oder jener Form gegeben. Kein Gesetz hat je einmal vorgeschrieben, man solle in der Neujahrsnacht recht tüchtig schießen oder Lärm schlagen. Im Gegenteil, es gab Gesetze dagegen, es wurde immer raisonniert, geschimpft, verboten, gestraft, es passierte auch gelegentlich ein Unglücksfall, aber nichts davon hat bisher den Brauch ganz ausrotten können. In der Neujahrsnacht ist der Mensch an einem Endpunkt angekommen, er hat eine Phase seines Lebens beendet und die nächste noch nicht erfaßt – also macht er zunächst einmal einen schönen Lärm, um die sich innerlich meldenden Fragen zu übertönen. Eine ähnliche Situation ist bei Hochzeiten oder Taufen gegeben, auch da war bekanntlich das Lärmschlagen und Schießen seit alters Brauch und mußte von der geistlichen und weltlichen Obrigkeit bekämpft werden.

Verbote wegen des Schießens und Lärmschlagens in der Neujahrsnacht kehrten alljährlich wieder, milde und energische. Geschossen wurde trotzdem, leicht oder stark. 1701 schon finden sich in den Akten verschiedener württembergischer Dörfer Aufzeichnungen. Es wurden »die ledigen Söhne wieder fürgefordert wegen des schießens in der New Jahrs Nacht«. 1711 werden am 28. 12. »die ledige Pursche« ermahnt, »bey dem Neujahrsfest in der nacht keine Unordnung auff der Gaßen Verführen mit

Schießen und anderem«. 1725 haben die Burschen »wider zweymahliges ernstliches Verbott in der H. Neujahrsnacht umgesungen«.

Im 18. Jahrhundert kostete das Schießen in Württemberg allgemein drei Gulden und fünfzehn Kreuzer. Aber selten ist eine Einnahme aus dieser Strafe in den Gemeinderechnungen verbucht. Man erwischte eben die Burschen meist nicht und konnte infolgedessen auch die drei Gulden nicht kassieren.

Die Gemeinden gingen also dazu über, Wächter aufzustellen, um die Schießer möglichst »in flagranti« zu ertappen. Die Gemeinderechnung in Feldstetten vom Jahr 1795 verzeichnet folgenden Eintrag: »In der Neujahrsnacht wurden einige beurlaubte Soldaten zur Wache wegen dem gewöhnlich in selbiger Nacht geschehenden Schießen aufgestellt. Sie haben beim Lewird (Löwenwirt) verzehrt 54 Kreuzer.« Sie bekamen also keinen Lohn, aber den »Verzöhr« in dieser Nacht, der die Gemeinde meist auch nicht billiger zu stehen kam.

Vielleicht hat sie dieser Verzehr am allzuscharfen Aufpassen gehindert, denn 1812 erhielten sie nur Geld als Lohn, nachdem das Gelage beim Löwenwirt die Gemeinde inzwischen einen Gulden und sechsundvierzig Kreuzer gekostet hatte. Erwischt haben sie offenbar in keiner der angegebenen Nächte jemanden. Oder sie haben aus Solidarität niemanden angezeigt, was auch möglich ist.

Im 19. Jahrhundert wurden die Strafen verstärkt. Im »Polizey- und Ordnungsstrafrecht« heißt es 1835: »Es dürfen nämlich in Städten, Dörfern, in und aus den Häusern, auf der Straße, in Gassen, Gärten in der Neujahrsnacht weder geschossen, noch Raketen angezündet, noch Schwärmer geworfen, Mord- oder Kanonenschläge gelegt noch sonstige Feuerwerke abgebrannt werden bei Strafe von zehn Gulden und Confiscation des Gewehrs eines unberech-

tigten Besitzers«. Aber es half nichts. In der Blaubeurer
Zeitung beklagte man sich 1849 bitter:
»Die Neujahrsnacht ist bei uns nicht ohne bedauerliche
Excesse vorübergegangen. Allen polizeilichen Warnun-
gen, Verboten und Maßregeln gegen das unerlaubte
Schießen zum Trotz knallte es an allen Ecken und Enden
der Stadt von abends acht Uhr bis zum hellen Morgen,
obgleich die aufgestellte Wachmannschaft, zum Theil aus
der Bürgerwehr bestehend, sich alle Mühe gab, diesem
Unfug zu steuern. Dem Stadtdienstmann Schlumperger
ist die Mütze vom Kopf geschossen und mehrere andere
Ungezogenheiten lediglich von jungen Burschen und
Knechten begangen worden.«
Inzwischen war es auch Sitte geworden, daß ein junger
Mann seinem Mädchen »das neue Jahr anschoß«, das
heißt vor dem Haus der Liebsten nachts knallte, was dieser Glück bringen sollte und von ihr auch mit kleinen Gaben belohnt wurde, mit einem »mürben Brot«, ein paar
Schnitz, Zwetschgen oder sogar mit einem Gläschen
Schnaps. Nun war erst recht nicht mehr gegen den Brauch
anzukommen, denn welcher Bursche hätte es sich nicht
zur Ehre angerechnet, seinem Mädchen diesen knalligen
Liebesdienst zu leisten?
Wieder wurden von der Gemeinde Wächter aufgestellt,
nun waren es aber keine Urlauber mehr, sondern Honoratioren aus dem Gemeinderat »Do hot's Scharwächter
g'het em Flecka, dr Schultes, dr Büttel, dr Posthalter, d'
Gmoindrät sand dene Kerle noche g'spronga über Zäu'
ond dur älle Wenkel dure. Des ischt grad des Schöne
gwea, daß ma' hot müasse durgau!« Das habe eine Hetz-
jagd gegeben im Flecken! Es scheint, als habe sie allen,
Verfolgern und Verfolgten, gleichermaßen Spaß gemacht.
Wenn es dann etwa drei Uhr war, einigte man sich auf
Waffenstillstand, dann waren alle Mannen und Helden

müde. »Ond no sand älle mitanand zom Saufa ganga, d'
Scharwächter ond d' Schießer!«
Wenn nicht alles täuscht, so hat die Obrigkeit durch alle
Jahrhunderte hindurch ganz kräftig die Augen zuge-
drückt.

Dote und Dötle

So eindeutig und unveränderlich der Gedanke des Sa-
kramentes der Taufe an sich vor uns steht, so vielfältig
sind die Begleiterscheinungen, die Sitten und Gewohn-
heiten, die dieses Fest im Gebrauch der Menschen und
der Zeiten schon angenommen hat. Wir wundern uns,
wie weit das Pendel ausschwingt – von solennen Festlich-
keiten mit fünfzig und mehr Paten, gold- und silberbe-
stickten Tauftüchern, die wegen allzugroßer Kostbarkeit
schließlich untersagt wurden, bis zu asketisch einfachen
Gängen zum Altar, wo nur die beiden Paten und die Hebamme das Kindlein begleiteten und nachher zu Hause
ein wenig Bier tranken und Weißbrot aßen. Das Fest der
Taufe wurde zu allen Jahrhunderten als eine sehr starke
Weihung empfunden; darum waren die Menschen in seiner Gestaltung auch so erfinderisch. Was am augenfällig-
sten schwankt, ist zunächst die Zahl der Paten.
Erst im 18. Jahrhundert wurden drei Paten für »das gemeine Volk« festgelegt. Leider gab es ständische Unterschiede, denn »Adeliche und Officiers« durften mehrere
haben. Im Schwäbischen hat man sich an dies Gebot gehalten, ja man hat sich auf zwei Gevattern beschränkt, einen Mann und eine Frau, wenn es möglich war, den Bruder des Vaters und die Schwester der Mutter. Gern wählte
man die ehemaligen Brautführerpaare dazu. In der Fami-

lie des Pfarrherrn gab es meist fünf Paten, wie uns die Taufbücher des 17. und 18. Jahrhunderts zeigen.

Hier heißt der Pate Dot, Döte, Dötle, Pfetterich, Götte und die Patin Dote, Dot; originell ist die Unterscheidung im Ulmer Land, wo man eine Rockdot und eine Hosendot kennt. Zu Gevatter bitten war ein wichtiger Gang, und die Ablehnung kam schon einer Beleidigung gleich. Personen, denen etwas Ehrenrühriges anhaftete, wurden nicht zu Paten gebeten, etwa ledige Mütter. Auch schwangere Frauen bat man nicht gern. Dagegen sah man sich gern nach hochgestellten Personen um, und es galt als große Ehre, wenn etwa Herzog Eberhard III. von Württemberg bei seinem jeweiligen Aufenthalt auf Schloß Grafeneck sich herbeiließ, Pate bei Kindern zu werden, die während dieser Besuchszeit geboren wurden. Allerdings mußten es Söhne sein, und sie mußten Eberhard genannt werden. Diese Kinder bekamen allerdings noch einen »Dötle« aus dem Dorf dazu, der dann die eigentlichen Funktionen des Paten übernahm: Weihnachtsgeschenke oder Eier an Ostern gab der Herzog natürlich nicht, wahrscheinlich ließ er es bei einem Patentaler bewenden. Auf der armen Alb schaute man, es läßt sich nicht abstreiten, gern nach reichen Paten aus, die etwas springen lassen konnten. Schultheißen, Gemeinde- und Heiligenpfleger, Wirte oder ihre Frauen bat man gern, auch die Frau Pfarrerin bekam mit der Zeit Dutzende von Patenkindern. Sie sprang auch ein, wenn keine Verwandtschaft da war. Wenn etwa im Bettelhaus ein Kind geboren wurde oder irgendwo auf der Straße, was in der Zeit nach dem Dreißigjährigen Krieg oft vorkam. Der Einfachheit halber blieb man bei denselben Paten für alle Kinder, es wurde nicht gewechselt und die Gevattern mögen manchmal etwas gestöhnt haben, wenn die Kinderschar gar zu rasch anwuchs. Man stößt daher, gelegentlich auch heute noch, auf das nüchterne Abkommen des »Wettbleibens«: Zwei Ehepaare waren bei ihren Kindern gegenseitig Pate und schenkten daher nichts, herüber und hinüber nicht – für die Kinder eine etwas traurige Angelegenheit.

Taufgeschenke haben ja immer eine große Rolle gespielt, und man durfte eigentlich damit nicht knausern. »Bei Taufen und Hochzeiten muß der Geldbeutel leiden« heißt ein gängiger Spruch. Der Pate gab den Patenpfennig oder Patentaler, der fast nie offen überreicht, sondern irgendwie geheimnisvoll eingebunden, eingestrickt und im Taufkissen verborgen war. Es gab im 15. Jahrhundert schon kleine Beutelchen aus Seide extra für diesen Zweck, und im 17. Jahrhundert waren geschriebene Glückwunschbriefe dabei. In manchen Gegenden war es Sitte, daß das Patenkind mit zwei Jahren das »Dotenhäs« bekam, einen vollständigen Anzug samt Strümpfen, Schuhen und Wäsche. Anderswo wieder legte man Wert auf ein beständiges Geschenk aus Silber und schenkte einen Löffel oder Bestecke, wie heute noch.

Außer diesen offiziellen Taufgeschenken gibt es eine lange Liste abergläubischer Beigaben, die dem Kindlein heimlich mit zum Altar gegeben wurden. Wenn man einen Federhalter mit einem Blatt aus dem Neuen Testament ins Kissen legte, sollte das Kind leicht lernen, vielleicht sogar Pfarrer werden! Auch Brot oder Salz praktizierte man in die Ecken des Taufkissens, auf daß es dem Kind nie an Nahrung fehle.

Eine große Rolle bei der Taufe spielte von jeher die Hebamme, sie begleitet noch heute in manchen Dörfern die Taufen. Früher kam sie oft in die Lage, die Not- oder Gähtaufe bei lebensschwachen Kindern zu vollziehen. Auch wenn die heilige Handlung in der Kirche stattfand und der Taufzug wieder nach Hause zurückkehrt, gibt und gab es alle möglichen Bräuche. Da wird ein Seil über die

Straße gespannt, Strohwische werden gelegt, ein gedeck-
ter Tisch mit Wein und Gebäck wird in den Weg gestellt,
an welchem Eltern und Paten sich laben und einen kleinen
Obolus auf einem bereitgestellten Teller zu entrichten haben. Auch bei Seil und Strohwischen müssen sie sich
»loskaufen«, ebenso, wenn die Straße vorher frisch gefegt
wurde. Solche Dinge sind eine Ehre für die Familie, aber
sie muß auch bezahlen, genauso wie in früheren Jahrhunderten das Schießen anläßlich oder während einer Taufe.
Geschossen wurde allerdings nur, wenn der Täufling ein
Bub war. Mädchen waren, wie das Sprichwort sagt, »keinen Schuß Pulver wert«!

Von der Kanzel ra keit

Wir können in den Archivalien evangelischer Gemeinden
um viele Jahrzehnte zurückgehen – wir finden über Gebräuche zur Konfirmation verhältnismäßig wenig. Zu
Taufen und zu Hochzeiten, da arbeitete die Phantasie des
Volkes, da wurde gefestet, geschmückt, geschossen, gespielt, getanzt und geschenkt. Mit der Konfirmation
scheint man sich wenig beschäftigt zu haben, selbst in den
alten Anordnungen für die Geistlichen steht überhaupt
nichts, auch kein Verbot irgendeiner Gepflogenheit – wir
lesen ja aus Verboten viel über einst gewesene Bräuche –,
keine Anordnung für den Pfarrer, den Lehrer, die Abhal-
tung des Gottesdienstes. Lediglich die Tatsache, daß um
1738 die ersten Konfirmandenbüchlein im Besitz dörflicher Familien auftauchen, erinnert uns von den Archivalien her an dies ernste und im Leben des jungen Christen
doch sehr einschneidende und eindrucksvolle Fest.

Auch die mündliche Auskunft bei den alten Leuten ist ziemlich spärlich. Da habe man früher einen Hefenkranz gebacken oder ein mürbes Brot, das sei alles gewesen, »des hat ons scho ebbes deucht«. So viel gefeiert wie heute habe man damals nicht, da sei man halt froh gewesen, wenn wieder eins der Geschwister zum Schaffen entweder heim oder in die Lehre gekommen und »aus der Schüssel« gewesen sei.

Diese Umstellung zur Arbeit ist auf dem Dorf heute noch wichtig. Man sagt in der Mundart meist nicht, ein Kind wird »konfirmiert«, sondern »es kommt uß dr Schul«. Es ist ein ganz plötzliches Erwachsen-Werden, man gehört zu den »Ledigen«, nicht mehr zu den Schulkindern.

Indes fällt uns aus eigener Anschauung doch einiges auf, was den Konfirmationstag festlich heraushebt. Eine Fahrt am Vorabend der Konfirmation durch die Dörfer der Ulmer oder Blaubeurer Alb kann ein kleines Erlebnis werden: Überall sind die Wege zum Kirchtor und dieses selbst mit Tannenbäumchen umstellt, die mit Papierrosen in weiß oder bunt kunstvoll besteckt sind. Auch der Zug der Konfirmanden zwischen diesen Bäumchen hindurch mit dem Geistlichen an der Spitze ist am Tag darauf ein unvergeßliches Bild, auch heute noch, wo die Albtracht der Mädchen mit dem Schappel extra für die Konfirmandinnen längst vergessen ist. Werfen wir einen Blick in die Kirche, so finden wir sie ringsherum ausgeschmückt. Girlanden aus Tannenreis hängen an der Empore, über den Altar ist ein Bogen gespannt, der aus Palmkätzchen geflochten ist, Buketts aus Blumen und Immergrün sind überall verteilt, und auch Altar und Taufstein prangen im Schmuck jungen Grüns. An keinem Fest im ganzen Jahr zeigt die Kirche so überreichen Schmuck!

Auch die Konfirmanden selbst tragen ein Sträußchen, weiße Nelken oder Christrosen. Vorsichtshalber werden dann vor dem Anstecken die feuchten Stiele mit Stanniol umwickelt, um die nagelneuen Anzüge und Kleider nicht zu verderben! Die Ausschmückung der Kirche ist ein Werk der Konfirmanden selbst. Dies ist unumstößlicher Brauch auf der Alb: Die angehenden Konfirmanden ziehen bald nach Weihnachten schon mit Schlitten und Werkzeugen in die Wälder, um das Tannenreis zu holen. Man geht »ins Tannenreis«. Anschließend geht man »zum Flechten«. Da werden die langen Girlanden hergestellt, die dann bogenförmig an der Emporenbrüstung befestigt werden. Wie viele Meter geflochten werden müssen, hat sich längst herumgesprochen.

Die Geschichte mit dem Tannenreis ist so eine Sache. Mancher Geistliche mag wohl staunen, mit welchem Feuereifer die Kinder um den Schmuck ihrer Heimatkirche besorgt sind. Sie sind es auch, dagegen soll nichts gesagt sein, jeder Jahrgang will es schöner haben als der letzte. Trotzdem: Manchem alten Bauern leuchten die Augen, wenn er »vom Tannenreis« erzählt. Ja, das war halt noch schön! Ein ganzer Schwanz von Erlebnissen und Ereignissen ist mit »dem Tannenreis« verbunden. Erstmals dürfen die Buben und die Mädchen außerschulisch und ohne Aufsicht miteinander ausfliegen, erstmals gibt es neben allerlei Streichen und Dummheiten ein leises Fühlungnehmen untereinander, ein Ausstrecken der Fühler unter dem Deckmantel löblicher Betätigung, ein sich Bewußtwerden des wartenden Standes der Ledigen, das früher und teilweise auch heute noch in den Lichtstuben und Kameradschaften seinen Fortgang nahm. Am Sonntag vor dem großen Tag werden die Buben und die Mädchen dann auf der Kanzel vom Geistlichen verlesen – »von der Kanzel ra keit« heißt man diese Gepflogenheit im Volksmund. Eine Rolle spielt auch heute noch der Brief des Konfirmanden an den Paten und die Patin. Es ist und war dabei Sitte, sich für alle Liebe zu bedanken, die diese ihrem Patenkind entgegengebracht haben. Die Konfirmation gilt als offizielle Beendigung der Patenschaft, auch die Geschenke hören nun auf, nachdem der Pate zum Festtag noch ein Gesangbuch, den Schirm, das Hemd oder gar den ganzen »Einschlauf« (Wäsche, Kleider und Schuhe für den Festtag) gestiftet hat.

Die Dorfbewohner nehmen an dem Fest großen Anteil; schon wochenlang vorher werden die Namen aufgeschrieben und jeder Konfirmand, der annähernd zur Verwandtschaft, Freundschaft oder Nachbarschaft gehört, erhält in der Woche vor dem großen Tag ein kleines Geschenk, nützliche Gegenstände, Geld oder Naturalien. Der Bringer erhält als Gegengabe einige Stücke Konfirmationskuchen. Nichtbäuerliche Konfirmandenfamilien dürfen sich dabei noch wochenlanger Vorräte an Mehl, Schmalz und Eiern erfreuen, ein Rest jener schönen und selbstverständlichen dörflichen Hilfsgemeinschaft, die die Kosten einer solch größeren Festlichkeit erleichtern hilft. Konfirmandenfamilien untereinander sind daher auch vom Schenken »befreit«!

Als Roßbuben sind wir geboren

Es ist aus vielen württembergischen Dörfern berichtet, daß die Roßbuben am Pfingstmontag ihren besonderen Tag hatten, an dem es Wettreiten, Umzüge und Festereien gab. »So bishero gestattet worden«, schreibt ein Herr Spezial aus der Balinger Gegend, aber es ärgert ihn; die »Roßbuben, welche allerorten hieroben, am Pfingstmontag nach der Predigt einen sonderbaren Platz auf dem Feld erwählen, dahin sie ganz unsinnig auf den Pferden jagen, allerlei Bosheit und Mutwillen verüben und einen öffentlichen Tanz halten«, haben lange Zeit hindurch die kirchliche Obrigkeit in Atem gehalten, sie benahmen sich absolut nicht so, wie sich das die Geistlichkeit vorstellte, und lange Zeit mußten die Pfarrherrn Berichte schreiben, ob denn die Roßbuben Gottesdienst und Christenlehre besuchten und sich anständig benähmen.

Unter den Roßbuben müssen wir uns die letzten Schuljahrgänge der männlichen Dorfjugend vorstellen, die die väterlichen Gespannrosse zu bestimmten Zeiten auf die Allmand trieben und ihre Kurzweil dabei hatten, gute Reiter schon und Söhne der vermögenden Bauern. Wer reich war, hatte Pferde und meistens auch die Roßbuben dazu, und man hätte wahrscheinlich viel kürzeren Prozeß mit ihren jugendlichen Tollheiten gemacht, wenn sie nicht zu dieser vermögenden Schicht gehört hätten, auf die man doch eben auch in vielen Dingen angewiesen war. So schimpfte man zwar, aber man drückte auch einmal ein Auge zu und beließ den Roßbuben ihren Pfingstmontag, auf den sie sich das ganze Jahr freuten.

Pfarrer E. Haußmann aus Donnstetten zwischen Urach und Laichingen beschreibt ein solches Roßbubenfest genauer. Er meint, in seinem Dorf halte man seit jeher besonders viele Pferde (im Jahre 1530 waren es 53 und 1718 noch 40 Pferde), insofern stünden auch die Buben im Mittelpunkt des dörflichen Interesses, ganz im Unterschied zu den angestellten Roßhirten, die Gemeindebedienstete waren und die Muttertiere und Fohlen den Sommer hindurch zu hüten hatten. Dies waren ältere und verheiratete Leute ärmeren Standes ohne alle Privilegien.

Die Roßbuben indessen durften am Sonntag vor Pfingsten ein Wettreiten abhalten. In manchen Dörfern existieren noch Flurnamen wie »Rennweg« oder »Reitweg«, es gab also eine bestimmte Strecke für dieses Rennen, und es ist anzunehmen, daß das in Donnstetten auch so war.

Der Sieger in diesem Wettreiten durfte am Pfingstmontag darauf beim Umzug durch das Dorf den Pfingstmaien tragen, eine mit farbigen Tüchern geschmückte Birke; der zweite Sieger trug einen »Bogenhafen« zum Einsammeln von Eiern mit sich, der dritte einen solchen für das Schmalz. Ein vierter trug eine Fahne aus einem »nußhekkenen« Stecken und einem roten Taschentuch, an dem unten ein Geldbeutel befestigt war, und ein fünfter das »Reisigbüschele«. Die andern wanderten ohne Emblem mit, man zog im Dorf herum und in die einzelnen Höfe, wobei der Sieger und Maienträger einen Gruß sprach:
»Wir treten herzu und also fest
Und grüßen den Hausvater
und all seine Gäst',
Grüßen wir den ersten
und den andern nicht,
so sind wir auch keine
rechten Roßbuben nicht.
Als Roßbuben sind wir geboren,
In unserm Land wächst Wein
und Koren (Korn)
Wein und Koren wie rotes Gold,
Das dem Hausvater und der
Hausmutter ins Herz 'nein rollt.
Holla! Kaufet au mei'm Vetter
a Reisbüschele a!«

Das Reisbüschele kostete einen Sechser, dieser wurde in den Geldbeutel unter der Fahne eingelegt; dazu erhielten die Buben Eier und Schmalz, aus denen eine der Bubenmütter einen großen Eierkuchen briet. Dies Roßbubenfest in Donnstetten hat sich lange erhalten.

Erst im Jahre 1868 fand der damalige Pfarrer, es handele sich um Bettelei und somit wurde das Roßbubenfest in Donnstetten abgeschafft. Sie werden wohl ein bißchen gemault haben! Heute hätte man fast Anlaß zu einem Fest, wenn man noch bei einem Albbauern ein Pferd sieht.

Es zehre jeder seinen Pfennig selbst

Jedermann weiß, wie Hochzeiten in unseren Dörfern gefeiert werden. Nach der kirchlichen Trauung geht man ins Gasthaus, dort wird mit den nächsten Verwandten, die »in der Zech« sind, also vom Brautpaar freigehalten werden, das Mittagsmahl eingenommen, späterhin auch ein Kaffee. Abends kommen dann die Nachbarn, Freunde, Altersgenossen und sonstigen Dorfbewohner, es gibt meist Bratwürste, Salat und Wecken, die aber von diesen abendlichen Gästen selbst bestellt und bezahlt werden; außerdem »schenkt« man, das Brautpaar bekommt ein Geldgeschenk.

Landfremde Leute können manchmal diese Bräuche nicht verstehen, ja, sie verübeln es den Brautleuten, daß sie nicht alle Gäste freihalten. Man hat schon mancherlei dafür und dawider angebracht und die Schwaben gar der »Entenklemmerei«, des Geizes, bezichtigt – zu Unrecht, wie wir sehen werden.

Ursprünglich war nämlich ganz das Gegenteil der Fall; die Bauernhochzeiten wurden so großartig gefeiert, daß es manchmal drei Tage lang hoch herging und der Wein sozusagen in Strömen floß – und alles auf Kosten des Brautpaars, das dabei in vielen Fällen Schulden auf den Hals bekam, die es erst in einigen Jahren abbezahlen konnte.

Diesem Übelstand steuerte das Gesetz. In jeder Landschaft, sei sie nun geistlicher, ritterschaftlicher oder herzoglich württembergischer Besitz gewesen, gab es Hochzeitsgesetze, immer wieder, oft in rasch wechselnder Folge. Die Nichtbefolgung war mit strengen Strafen belegt; außerdem wurden amtliche Hochzeitsschauer bestellt, die schwören mußten, daß sie ein genaues Auge haben und keine Mißstände übersehen würden.

Man mußte sich also fügen. Es war festgelegt, wieviel Tische oder Tafeln von der Hochzeitsgesellschaft belegt werden durften; dabei gab es Abweichungen nur nach der Zahl der Verwandtschaft; war sie besonders groß, wurde ein weiterer Tisch genehmigt, aber es gab eine Liste, wer eingeladen und freigehalten werden durfte: »Nämlich sie mögen laden ihrer beiderseits Vatter, Mutter, Ehni, Ahna und andere Eltern aufsteigender Linien, auch ihrer Vatter und Mutter, Geschwisterigt und derselben Kinder deßgleichen ihr, der Eheleute selbst eigene Kinder, auch ihr der Eheleut Geschwisterigt und dero Kinder und aller solcher verwandter Personen Ehegemächt« – so heißt es im württembergischen Landrecht. Festgesetzt war außerdem die Zahl der Gänge beim Essen und die Zeit, die eine Hochzeit dauern durfte, nämlich nicht mehr als anderthalb Tage.

Diese Beschränkung war natürlich zu hart, man wollte ja auch Bekannte und Freunde und Schulkameraden auf der Hochzeit haben. Das Gesetz hatte auch ein Einsehen. »Wo aber jemanden auß der Freundschafft für sich selbst erscheinen oder zuschlagen wurd, dann den jungen Eheleuten zu Ehren mit ihnen zu Kirchen und dem Einsegnen und einer Mahlzeit zugeht, was niemand verbotten sondern erlaubt ist, soll er ein Gulden Straf zahlen, halb dem Herzog, halb dem Armenkasten«. Statt dieser Strafe bezahlten diese Gäste nun ihre Zeche selbst, das geht aus dem weiteren Gesetzestext hervor, der dem Hochzeits-schauer anempfiehlt, er solle aufpassen, es werde oft auch nur zum Schein so gehandhabt, als »zehre jeder seinen Pfennig selbst«.

Die Teilung in zahlende und nichtzahlende Gäste ist also keine Erfindung der Leute, sondern eine Folge der Geset-ze. Wollte man außer der engsten Verwandtschaft noch weitere Gäste haben, so mußten sie selbst für sich auf-kommen, wenn man nicht Strafe zahlen wollte. Und wer tut das schon gern!

Und das Gesetz mischte sich in alles! Auch die »Hoch-zeitsschenke« hatte es erfaßt. Vater und Mutter, die Groß-eltern und Geschwister durften nicht mehr schenken als einen Gulden; Witwer und Witwen ein Pfund Heller, le-dige Personen zehn Schilling. Wurde auf der Hochzeit ein Tanz gehalten, so sollte ein »ehrlicher betagter bescheide-ner« Mann von der »Freundschaft« neben dem Büttel be-stellt werden, um aufzupassen, daß man nicht »unge-schickt und unziemlich spränge, drehe, herumwerfe und schreie, sondern gute züchtige Ordnung halte«. Hatte sich beim Brautpaar bereits Nachwuchs angemeldet, durften Tanz und Spiel nicht gehalten werden, das war ein Gebot der Kirche. Tat man es dennoch, wurde man, diesmal vom Kirchenkonvent, mit Geldstrafe oder Arrest belegt. Auch das »fälschliche« Tragen des Kranzes wurde bestraft.

Natürlich gehören alle diese Gesetze längst der Vergan-genheit an, viele davon sind völlig vergessen. Aber die Teilung der Hochzeitsgäste in zahlende und nichtzah-lende hat sich offenbar so gut eingebürgert, daß man bis zu unseren Tagen dabei geblieben ist.

Die Leichensägerin

Mit »Sägen« hat der Beruf glücklicherweise nichts zu tun; es hieß in manchen Gegenden auch »Leichensagerin« und umschreibt damit die Tätigkeit dieser Frauen etwas klarer. Immerhin aber sprechen die württembergischen Urkunden auch in der Schriftsprache von der »Sägerin«, man kam offenbar damals noch nicht auf Nebengedanken bei einem so traurigen Beruf.

»Im schwarzen Gewand einer Dahingeschiedenen, eine Lüsterschürze an, einen Wollschal oder ein Kopftuch umgebunden, im Hochsommer einen breitrandigen schwarzen Strohhut, auch aus der Hinterlassenschaft einer Verewigten, außerdem mit einem dickbauchigen Henkelkorb am Arm walteten diese alten Leichensägerinnen oder Bitterinnen ihres Amtes« so schildert ein Bericht aus dem vorigen Jahrhundert das Auftreten dieser Frauen.

Ihre Tätigkeit an sich ist sehr viel älter. Schon im Mittelalter kannte man die »Einwicklerinnen« oder »Einnäherinnen«, die als Leichenbesorgerinnen amtierten und den Leichnam in einer Zeit, als man noch kaum Särge kannte, mit Binden und Leinwand umhüllten. Das Wort »d'Einnähere« kursierte bis vor einiger Zeit noch in abgelegenen Orten. Daraus entwickelte sich dann die Funktion einer Leichenschauerin. Gesetze vom Jahre 1780 geben hierfür genaue Anweisungen. Ursprünglich war das Amt mit dem der Hebamme gekoppelt, erst eine Verordnung von 1811 trennte die beiden Ämter. Als die Leichenschau dann von Männern übernommen wurde, blieb der Frau die Aufgabe der Mitteilung des Todesfalls.

Innerhalb des Dorfes ging sie von Haus zu Haus und brachte die traurige Nachricht überallhin. Waren auswärtige Verwandte zu benachrichtigen, organisierte sie Boten. Da es damals kein Telefon und kaum Zeitungen gab, gedruckte Anzeigen nicht üblich und auch zu teuer waren, mußte alles auf Schusters Rappen erledigt werden. Sie zog sich also, wie oben erwähnt, Trauerkleider an. Es war Sitte, daß man ihr aus dem Nachlaß weiblicher Verstorbener Kleidungsstücke gab. Wenn sie also längere Zeit im Dienst war, besaß sie ein ganzes Arsenal dieser Ausrüstungsgegenstände und konnte sich ausstaffieren. Böse Zungen sagen, man habe sie auch »Heulendes Elend« genannt .

So kam sie also ins Haus, wurde überall freundlich aufgenommen und um die näheren Umstände befragt. »Der Herr X . . . ., dr Johannes isch g'storba. Im Geigergässle hot er g'wohnt ond sei' Frau läßt zur Leich saga, am Deinstig om oins werd' er vergraba« – so ungefähr lautete die erste Mitteilung, die möglichst schnell und wehmütig vorgetragen wurde. Rasch kamen die Familienmitglieder herbei. »Ja, der! Ja was! Ja so schnell! Was hot em g'fehlt? Aischt ächtafuffzge! Ja was tut jetzt die Frau –« so ungefähr wurde gefragt. Auch nähere Umstände lieferte die Leichensägerin bereitwillig; allerdings soll es welche gegeben haben, die ihre Redseligkeit in Einklang brachten mit den Gaben an Eiern, Schmalz oder Mehl, die inzwischen in ihrem Korb verstaut wurden. Je nach der Menge gab sie Auskunft, viel oder wenig; war man besonders neugierig, mußte man auch ein Schälchen Kaffee am Küchentisch investieren, um die Zunge zu lösen. Dann lieferte sie Dreingaben, über Krankheit, Erbschaft, weitere Aussichten, was sie im Trauerhaus aufgeschnappt hatte. Manche Familien wurden bevorzugt benachrichtigt. Das waren engere Verwandte und Nachbarn, denen die Sägerin bedeutete, daß sie »in der Klag« seien. Das hieß, daß man im Trauerzug weiter vorn zu gehen und noch einige Wochen Trauer zu tragen hatte; diese Bräuche waren von

Ort zu Ort verschieden. Auf alle Fälle standen die Leute »in der Klag« dem Verstorbenen näher als die übrigen Dorfbewohner.

Manchmal waren mit der Mitteilung, man sei »in der Klag«, ganz delikate Andeutungen verbunden. War zum Beispiel eine junge Frau von kleinen Kindern weggestorben, so mußte der Ehemann schon sehr bald einen Ersatz suchen. Es konnte vorkommen, daß seine Wahl schon getroffen war und daß dann der Familie der Zukünftigen ebenfalls »Klag angesagt« wurde, was diese dann schon richtig auffaßte und danach handelte. Das war eine Werbung und doch keine, sie durfte ja auch noch lang nicht ausgesprochen werden, wenn man dem Anstand der Trauer Genüge leisten wollte. War das auf solche Weise angesprochene Mädchen einverstanden, kam es schon nach kurzer Zeit zum Helfen, bis dann nach dem Trauerjahr geheiratet werden konnte.

Es waren fast durchweg ältere Frauen, die sich für das Amt einer Leichensägerin bewarben. Sie waren damit Angestellte der Gemeinde und oft sehr froh, ihr »Brot am Tod« zu haben; Altersrenten für Frauen gab es damals noch keine. Die Aufgabe, auch wenn sie etwas makaber war, stellte doch noch einen gewissen Lebensinhalt dar und ergab ein Zubrot zur oft mehr als geringen und armseligen Haushaltsführung. Man kann sich vorstellen, wie sie auflebten, wenn irgendwo ein Lebenslicht ausgegangen war – was dem einen seine Eule, ist dem andern seine Nachtigall, sagt ein altes Sprichwort. Die »Leichensägerin« trauerte und weinte wohl äußerlich, wie es ihres Amtes war; daheim dann füllte sie ihren Schmalzhafen und den Eierkorb und hatte wieder eine Weile zu leben.

Mein Leib liegt nun im Grabe

Bei dem Wort Friedhof denkt man in unserer Zeit an eine Stätte, in der die Toten ihren Frieden, den Frieden Gottes, gefunden haben. Man denkt nicht mehr daran, daß ursprünglich die Friedhöfe auch Asylorte waren, Plätze, die der Gerichtsbarkeit entzogen waren und innerhalb derer niemand belangt werden durfte. Die Vorstellung von der Unverletzlichkeit des Friedens im Gotteshaus und auf dem Kirchhof lebt weiter in den vielen Wehrkirchen, die wir kennen. Dorthin konnte man sich in Zeiten der Gefahr zurückziehen und verschanzen, die Mauern waren mächtig, mit Schießscharten versehen, und die Unterbringung der Habe war gesichert.

Friedhöfe, die um eine Kirche her angelegt sind, sind im allgemeinen älter als Begräbnisplätze außerhalb des Ortes. Lagen sie von der Siedlung entfernt, so waren meist seuchenpolizeiliche Gründe für die Platzwahl ausschlaggebend gewesen. Pestkranke durften nicht innerhalb des Ortes beerdigt werden.

Auch Selbstmörder durften in alter Zeit nicht in geweihter Erde liegen, man begrub sie irgendwo an der Markungsgrenze und man kann heute noch manchmal einen Flurnamen finden, der auf den Namen eines solchen Unglücklichen zurückgeht. Das abergläubische Volk hatte die Vorstellung, daß eine Gemeinde, die einen Selbstmörder auf ihrem Friedhof begrabe, dem Hagelschlag ausgesetzt sei. Als später in Württemberg eine herzogliche Verordnung die Beerdigung solcher Toten bei Mitternacht, an einem entlegenen Ort des Kirchhofs und ohne Beisein des Geistlichen veranlaßte, ging die Durchführung nicht ohne schweren Widerstand vor sich. Der pietistische Pfarrer Kuhn in Zainingen kämpfte 1729 einen schweren Kampf mit den Einwohnern seines Dorfes, die nicht zulassen wollten, daß ein Forstknecht, der sich selbst erschossen hatte, auf ihrem Gottesacker zu liegen kam. Sieben Jahre lang würden ihre Fluren vom Hagel heimgesucht, meinten sie. Das Vogtamt konnte die Beerdigung nur unter schärfsten Drohungen erzwingen. Der Hagel ist ausgeblieben. –

Die »Nutzung« des Friedhofes – wenn man von einer solchen überhaupt sprechen mag – gehörte nach altem Gemeinderecht dem Mesner. Er durfte dort Gras mähen, Obst und Gemüse pflanzen und gelegentlich auch Leinwand bleichen. Natürlich bekämpften die Pfarrherrn solche Entweihung energisch; aber in den sparsamen Zeiten, wo man, etwa auf der Alb, auf jedes Gräslein angewiesen war, kamen sie oftmals mit ihren Argumenten nicht durch. Einer empfiehlt einmal, die Gräber mit hohen eisernen Einfassungen versehen zu lassen, damit des Mesners Hühner nicht allzuviel Schaden anrichten könnten; die Gitter wurden dann auch angebracht.

Daß der Kirchhof in den Augen des Volkes eigentlich eine unheimliche Stätte darstellt, beweisen die zahlreichen Sagen, die sich mit umgehenden Geistern, auferstandenen Toten, Wiedergängern beschäftigen. Dagegen scheint die Legende von jenem Pfarrherrn, der an bestimmten Tagen um Mitternacht seinen Toten eine Predigt hielt, einen tieferen Sinn zu haben.

Da sich geistliche und weltliche Behörden so oft mit strengen Bestimmungen der Friedhöfe annahmen, stellt man sich die Frage, ob es nicht auch Verordnungen für die Grabzeichen gegeben habe. Dies ist kaum der Fall. Die Art der Monumente für die Toten war in neuerer Zeit weitgehend dem Geschmack der Hinterbliebenen überlassen. Früher freilich wurde das Totenkreuz dem Begräbniszug vorangetragen und dann am Kopfende des Grabes aufgesteckt; so kam es, daß es ehemals nur Kreuze als Grabzeichen gab und daß sie aus einem Material sein mußten, das getragen werden konnte. Holz und Eisen bot sich an, das letztere nicht massiv verarbeitet.

Es gibt einige Kirchhöfe in Württemberg, die diese Art alter Handwerkskunst noch bewahrt haben. Seltsamerweise können sie von Dorf zu Dorf ganz verschieden sein, selbst wenn die Tracht, der Hausrat und der ganze Lebenszuschnitt ähnlich sind. Schmiedeeiserne Kreuze, in Bayern und Österreich teilweise zu hoher Vollendung gelangt, heute noch gepflegt und fremden Besuchern zur Besichtigung empfohlen, gab es in etwas einfacherer, aber doch sehr geschlossener Form auch in Württemberg. Das Heimatmuseum in Langenau zeigt prachtvolle Stücke, freilich ihrer ursprünglichen Bestimmung entfremdet; da und dort kann man noch in entlegenen Winkeln der Albfriedhöfe ein ähnliches finden. Bald werden sie ganz verschwunden sein. Auf dem schon erwähnten Kirchhof in Zainingen ist die alte Tradition noch lebendiger; dort kann man heute noch eine Anzahl handgeschmiedeter und bemalter Kreuze sehen, die sehr altertümlich mit Sternen, Rosen, Tulpen, ja mit Kröten verziert sind, den alten Totentieren. Mehrere Generationen einer Schmiedfamilie waren hier am Werk, und da ein eisernes Kreuz mit frischer Bemalung immer wieder neu hergerichtet werden kann, wurden diese Kreuze mehrmals verwendet, und die stilistische Form solcher Denkmale ist oft um ein Jahrhundert älter als der Tote, der darunter schlummert.

Grabkreuze aus Holz waren früher wohl am häufigsten. Da sie am schnellsten verwittern, finden wir heute nicht mehr viele davon. Steinkirchen bei Künzelsau soll vor 40 Jahren noch lauter bemalte Kreuze gehabt haben, dies ist aber nur schriftlich überliefert. Manche Notiz in alten Gemeindeakten spricht von hölzernen Totenmalen.

Eine ausgezeichnete Ausnahme macht der Friedhof in Ballendorf im Kreis Ulm. Hier stehen heute noch einige Holzkreuze in Reih und Glied wie in früherer Zeit, und es gibt wohl keinen Gottesacker in ganz Württemberg für den solche Kreuze bis zum Jahr 1952 noch im Dorf angefertigt und gesetzt wurden. Drei Schreinermeister, J. Miller, G. Hiller und A. Claus, haben eine sehr eindrucksvolle, ernste und würdige Form dieser letzten Liebeszeichen geschaffen, und jeder Besucher ist betroffen und gemahnt von einer Gleichheit und Brüderlichkeit, wie sie sonst kaum mehr anzutreffen ist. Wie hochgestelzte Häuslein sehen die Ballendorfer Kreuze zunächst aus, regelmäßig und sauber nebeneinandergesetzt: Grundform ist das Kreuz, Pfahl und Querarm, darüber breitet sich eine Dachform; groß in der Mitte steht die Schrifttafel, von der die Gestaltung des Ganzen ausgeht. Sie ist nachdrücklich eingerahmt und von gedrechselten Säulen umstellt; gedrechselt ist auch der Knauf oder die »Krone« in der Dachmitte. Die anderen Verzierungen sind flächig, das Eichenholz ist ausgesägt und bemalt. Die dominierende Farbe ist schwarz, die Querleisten sind heller und kleine Zackenmotive bunt. Das kleine Giebelfeld zwischen Dach und Tafel trägt die Jahreszahl und die Initialen des Toten. Vielleicht könnte der Kunstgeschichtler Einflüsse der Barockzeit, des Empire und des Klassizismus feststellen; das zu untersuchen, ist hier nicht unsere Aufgabe. Interessant ist die Überlieferung, ein Ballendorfer Schreinergeselle habe die Form einmal aus Bayern mitgebracht; sie sei früher einfacher gewesen und dann von den drei obenerwähnten Schreinereien ausgebaut und reichhaltiger gestaltet worden. Auch die Texte auf den Schrifttafeln schrieb ursprünglich der Schreiner, später ein Malermeister aus Dettingen auf weißgestrichenen Grund, der dann unter Glas gefaßt wurde. In der Mitte kam der

Name, darunter die Lebensdaten, darüber ein Bibel-
spruch, ein Gesangbuchvers oder gar ein von den Hinter-
bliebenen selbst verfaßter Denkvers. Alles beschließt viel
Liebe, persönliches Wirken und echte Anteilnahme in
sich ein, und auch der fremde Besucher liest nicht ohne
Ergriffenheit die Zeilen für eine tote Mutter:
»Mein Leib liegt nun in meinem Grabe,
Laßt mich in Euren Herzen ruhn.
Gott, dem ich Euch befohlen habe,
Wird überschwenglich an Euch thun
Bis er Euch auch zu mir gebracht.
Ihr Kinder, alle guthe Nacht!«

O, wenns no Kirbesamstig wär

Ursprünglich hatte jede Kirche in Dörfern und Städten ihr
eigenes Kirchweihfest, naturgemäß am Jahrtag der Einweihung. Das hatte zur Folge, daß den ganzen Sommer
und Herbst hindurch immer irgendwo Kirbe war und die
großen Genießer reichlich Gelegenheit zum Feiern hatten, wenn sie von Ort zu Ort wanderten. Um dem vorzu-
beugen, hat die Obrigkeit den Termin einheitlich auf den
dritten Sonntag im Oktober gelegt; dies galt bei den Leuten zwar als »Allerweltskirbe«, aber es kehrte doch ein
wenig Ordnung ein. Bekanntlich wollte schon Luther die
Kirch-Weihfeste ganz austilgen, »sintemal sie nichts anders sein als rechte Tabern« (Trinkstuben). In Württemberg gibt es mehrere General-Rescripte vom Anfang des
18. Jahrhunderts, wonach »das Tanzen und jede andere
Üppigkeit an den Kirchweihsonntagen durchaus nicht zu
gestatten« sei. Lediglich der Kirchweihmontag sollte den

ledigen Leuten »zu einer Lustbarkeit« vergönnt werden, aber unter »strenger Ahndung der Exzesse«.

Die eigentliche Einweihung einer Kirche war ja etwas ganz anderes. In evangelischen Gemeinden trug man feierlich die vasa sacra in die neue Kirche, der Ortspfarrer und die Geistlichen der benachbarten Orte beteiligten sich daran. Der Spezialsuperintendent hielt die Festpredigt, man feierte das Abendmahl und womöglich eine Trauung oder Taufe, und der Tag wurde weiterhin festlich und würdig begangen. Erst aus den Jahrestagen dieses Festes ist dann das entstanden, was man die schwäbische Kirbe nennt, ein lustiger Sonntag mit viel Essen, Trinken und »Lustbarkeiten«, dem Tanz am Montag und den Märkten an vielen Orten; oft dauert die Freude noch die halbe Woche durch, am Dienstag ist Nachkirchweih und am Mittwoch Kirbebegraben. Gerade in protestantischen Gemeinden war bei der Kirbe alles auf den Beinen. Die Katholiken hätten ja »ihre« Fastnacht, hieß es.

»O, wenns no Kirbesamstig wär, mittags om drui, Ond i stünd en de Küchla dren bis zu de Knui« – dieser Stoßseufzer einer bäuerlichen Hausfrau veranschaulicht etwas von der Backorgie, die alljährlich stattfindet. Kuchen und Küchle gibt es in jedem schwäbischen Dorf in Riesenmengen, fünfzig pro Haus ist noch keine Zahl. Vielleicht ist man in der letzten Zeit etwas kalorienbewußter geworden, aber die Tage der Monsterproduktion liegen noch nicht lange zurück. Man brauchte einfach Kuchen, zum Essen, Verschenken, Austeilen an Bekannte, Verwandte, Stadtgäste, Dienstboten, Hausarme, Nachbarn. Bekannt ist der Spruch des Knechts, der am Kirbemontagmorgen dreizehn Stücke als Vesper mit aufs Feld bekommt und nachher bruttelt: »I han bloß dreizeh Stückle kriegt, ond die drhoim hent esse derfa, so viel se hent wölla«. Die Kirbezeit ist eine Zeit des Mitteilens, und wer an der Kirbe nicht freigebig ist, der ist es nie. Die wenigen Orte in Schwaben, die dies Fest nicht halten dürfen, haben sich offenbar auch schwer gegen dies ungeschriebene Gesetz vergangen. In Betzingen und Langenau haben sie in diesen Tagen einen Bettelmann verhungern lassen, in Weilheim schlugen sich zwei Landfahrer tot, weil die Leute so hartherzig waren. In Tübingen und Bietigheim haben sich sogar zwei Weiber mit den Kuchenschüsseln totgeschlagen, und die Hepsisauer haben ihre Kirbe sogar um einen Kuckuck verkauft – wie das zustande kam, steht allerdings nicht geschrieben.

Auf der Alb hat jedes Dorf sein Kirbefest und feiert es auch. Es wird nicht so tief hineingelangt wie im Unterland, aber backen tun die Älblerinnen auch und nicht wenig. Vielleicht machen sie es einfacher, was das Einzelstück betrifft – noch vor Jahrzehnten gab es die »dünnen« Kuchen, wenn man sparen mußte, aus Weißbrotteig und mit Obst oder Zwiebeln belegt, Platz genannt oder »Plaatz«, langgezogen gesprochen in Laichingen und Merklingen, kurz und knapp von Feldstetten bis Zainingen und Böhringen. »S'Plaatz isch g'storba« seufzte man in Laichingen, wenn der dünne Kuchen gar war. Suppingen und Seißen warten mit einer Spezialität auf: dem »Flammplatz«. Man brauchte dazu den »Platzer«, eine kuchenblechgroße Holzplatte am langen Stiel zum Eingeben in den Holzbackofen. Die Platte wurde gut bemehlt, mit dünn ausgezogenem Weißbrotteig belegt und mit Apfelstücken, Butterflocken, Rahm, Kümmel, Speck oder Grieben verziert. Das Kunststück war nun, den Kuchen blitzschnell auf die noch brennend heißen Steine des Backofens zu bringen, wo er schnell fertig und dann noch warm als Kirbevorschmack verzehrt wurde. Da es im Oktober oft schon kühl ist, hat man etwas Warmes gern. Das Gebäck wird auch »Platzer-Platz« genannt.

Ist dann der Sonntag vorbei mit Schmausen und Besuchen, dann quieksen am Montagmorgen schon die Schweinchen in der Frühe den Markt ein – das große Kauferlebnis für Frauen, Männer, Kinder. Diese dürfen mit auf den Kirbemarkt – in Mehrstetten wurde er extra »Kindermarkt« genannt. Zum Laichinger Kirchweihmarkt kommt die halbe Alb, und die Zeitungen sind voll mit Inseraten, zu denen die Wirte auf ihren Wein mit warmem Zwiebelkuchen und Tanzmusik hinweisen, es wird gekauft, gegessen, getrunken.

Es gibt eigentlich, zum Verdruß der Geistlichkeit, kaum mehr eine Beziehung zum ursprünglichen Sinn des Festes der Kircheneinweihung; keine Festlichkeit im Laufe des Jahres hat sich mehr von der eigentlichen Bedeutung gelöst. Mag es die Herbstzeit mit sich bringen, der Abschluß der Feldarbeit, die Einnahmen, die man von verkauftem Heu und Getreide in der Tasche und von den Kartoffeln noch in Aussicht hat, daß sich »die Kirbe« so verselbständigt hat und ein Bauernfest geworden ist. Wer die Schwere der Bauernarbeit kennt, freut sich mit. »Man soll den Bauern ihre Kirbe und den Weibern ihren Kaffee lassen«, sagt ein altes Sprichwort.

Heut heißt mer's Party

Gegen den Herbst, wenn Rüben, Kartoffeln und Gärten abgeerntet waren, freuten sich die Dorfleute von einst wieder auf den Winter. Sie schimpften nicht wie die Städter auf Nässe und Kälte, sie zogen sich, froh, daß die Feldarbeit getan war, hinter Vorräten und Holzbeigen in eine Art Winterschlaf zurück. Nun mußte man nicht mehr

»hinaus«, man konnte spinnen, nähen, stricken, basteln, Garbenbänder flechten und gemütlich zusammensitzen. Für die jungen Leute war die Lichtstube die Krönung der Gemütlichkeit. Diese Einrichtung, auch Kunkelstube, Kunkelhaus, Spinnstube, Abenddorf, Hofstube, Heimgarten, Lichtgang, Lichtkarz, Schwätzbank, Winkelhaus, »Ebahihaus« genannt, ist viele Jahrhunderte alt. Hervorgegangen aus der Einsicht, daß die einst gar nicht so selbstverständliche abendliche Heizung und Beleuchtung eines Raumes nicht so teuer wird, wenn mehrere Personen an ihr teilhaben, waren die Lichtstuben ursprünglich einfach aus Sparsamkeit entstanden:

Meist kamen die jungen Mädchen – aber sie zogen, und das war das Ärgernis, auch Burschen nach. Es gibt, landschaftlich verschieden, noch zahlreiche Variationen dieses an sich einfachen Vorgangs; mancherorts gab es Zusammenkunftsorte für die Männer, sie spannen auch, z. B. im Ulmischen, oder die gesetzteren Jahrgänge mit festen Eheabsichten trafen sich zu »Pärleslichtstuben«, aber fast überall war das böse »Zusammenschlupfen« beider Geschlechter strengstens verboten.

Es war hauptsächlich die Pfarrerschaft, die hinter diesen Verboten stand. Lichtstuben bildeten, besonders seit der Einführung der Kirchenkonvente durch Valentin Andreä, einen ständigen Stein des Anstoßes für die Geistlichkeit. Diese führte einen ebenso edlen wie zermürbenden Kampf gegen die verderbliche Sitte – mancher Seelenhirt ist bei Nacht und Nebel und mit fliegenden Rockschößen in den schneebedeckten Straßen umhergerannt, um die bösen Buben aus den Lichtstuben zu vertreiben. Sie glaubten, der ganzen Unmoral des Dorfes damit steuern zu können, sie hätten am liebsten die ganze Einrichtung ausgerottet, gelegentlich haben sie es sogar geschafft, aber ein strahlender Sieg war ihnen doch nicht beschieden.

Lichtstuben hat es da und dort bis in unsere Zeit hinein gegeben, und erst der Zweite Weltkrieg brachte ihr endgültiges Verschwinden.

Kämpfe hatten die Geistlichen auch mit der weltlichen Obrigkeit auszufechten, mit den Dorfvätern, die zwar in die Tonart einstimmen mußten, im Grunde aber toleranter waren. Die Bauern im Gemeinderat hatten nicht vergessen, daß sie auch einmal jung gewesen waren, Lichtstuben besucht und selige Erinnerungen heimgetragen hatten – sie waren der Meinung, daß man der Jugend ihre Freude nicht verwehren solle, daß sie schließlich eine Gelegenheit haben müsse, zusammenzukommen. »Früher hot mer's Lichtstub g'hoißa, heut heißt mer's Party«, sagte jüngst ein alter Bauer. Eine Kette nicht endenwollender Streitigkeiten zieht sich durch die Jahrhunderte, ein Für und ein Wider, dem beiderseits unsre Achtung und Zustimmung nicht ganz aberkannt werden kann. Stellenweise allerdings führte die Bekämpfung der Lichtstuben zu Härten, zu Ausweisung lediger Mütter, zu Zuchthaus- und Geldstrafen und letzten Endes zur Eingrenzung des Spinnereiwesens, auf das die Zunft der Leinenweber angewiesen war. In manchen württembergischen Weberorten ging die Spinnerei so zurück, daß teures Garn eingeführt werden mußte und die ohnehin armen Weberfamilien die Leidtragenden waren. Der soziale Gesichtspunkt war weithin ausgeklammert. Andererseits ist vieles vom Anstand und der Ehrbarkeit des württembergischen Volkes von heute der jahrhundertelangen Erziehung und Anstrengung seiner evangelischen Pfarrer zu verdanken; vielleicht haben sie damit ein Gegengewicht gelegt gegen das Hochspielen der sittlichen Lockerung, das sich unsere Zeit angelegen sein läßt. Vielleicht –

Am Anfang war der Maien

Der Weihnachtsbaum in unseren Bauernhäusern ist eine verhältnismäßig junge Erscheinung. »Verhältnismäßig« – man wird etwa das Ende des vorigen Jahrhunderts annehmen dürfen. Alte Leute erzählen noch davon, man habe in ihrer Jugend grüne Zweige in der Wohnstube aufgehängt oder aufgesteckt, man habe sie auch etwas verziert mit Äpfeln, Backwerk und Nüssen – das habe man den »Christmaien« geheißen, »en Moia« in der Mundart. Die Verbindung von Christfest und Mai will uns hier wunderlich vorkommen, aber die Bezeichnung »Maien« galt im Mittelalter ganz allgemein für grünes Laub, grüne Zweige, ob sie nun vom Nadel- oder Laubholz stammten, und die zahlreichen Verbote in den alten Forstordnungen »wider das schädliche Maienhauen« betreffen nicht nur die Frühlingszeit, sondern das ganze Jahr, also auch die »Maien« im Winter.

Auch das Aufstecken der grünen Zweige zum Weihnachtsfest ist eine mittelalterliche Erscheinung. Sebastian Brant spricht 1494 in seinem »Narrenschiff« davon: »Und wer nit grien tannriss steckt in syn huss, der meynt, er leb das ganze jar nit uss«. Unsere Großeltern haben also mit ihren Christmaien die mittelalterliche Sitte bis in die Neuzeit herein fortgesetzt.

Der eigentliche Christbaum war im Mittelalter noch unbekannt. Das berühmte Bild, das die Familie Martin Luthers unter dem brennenden Baum zeigt, ist ein Anachronismus; denn erst 1605 findet sich die erste Erwähnung eines weihnächtlichen »Dannenbaums«, damals im Elsaß: . . . . »daran hencket man rosen aus vielfältigem Papier geschnitten, Äpfel, flache kleine Kuchen. . . « 1659 erzählt Liselotte von der Pfalz in ihren Memoiren von Buchsbäumen, die man auf die Gabentische stelle und an jedem Zweig ein Kerzchen befestige, was allerliebst aussehe.

Langsam tauchen in der Literatur weitere Beschreibungen von Christbäumen auf, Goethe erwähnt 1774 in Werthers Leiden einen brennenden Baum, Jean Paul in seinen Werken einige Jahre später. Die Sitte scheint zuerst in höfischen, später in bürgerlichen Kreisen Eingang gefunden zu haben. In Berlin stand 1780 der erste Christbaum; in Wien und Graz 1813, in Danzig 1815.

In Württemberg hören wir erstmals in einem Gesetz vom 14. Januar 1788 etwas: ».... und ist die Abschneidung der Gipfel von jungen Tannen zu den sogenannten Christ- oder Christkindleinsbäumen und der Handel mit solchen bei Strafe von 6 Gulden und 30 Kreuzers verboten. . . .«

Im Polizeigesetz von 1814 ist derselbe Wortlaut wiederholt.

Jedoch bereits 1849 inseriert ein Kaufmann Isaak Autenrieth im Blaubeurer Oberamtsblättchen »Der Blaumann«, daß man Christkindlesbäume bei ihm haben könne, und ein Konditor namens Schäfer bietet Wachslichter dazu an. Zu dieser Zeit scheint also das Verbot, mindestens was was den Verkauf anlangte, aufgehoben worden zu sein, und dem Siegeszug des Christbaums, zunächst in städtischen Kreisen, war nichts mehr in den Weg gelegt.

Auf den Dörfern nahm man den neuen Brauch noch nicht so schnell an. In Suppingen und Laichingen auf der Münsinger Alb gab es auch im 20. Jahrhundert noch Familien, die nach wie vor nach dem hergebrachten Brauch den »Christmaien« steckten. Man fürchtete im Bauernhaus die brennenden Kerzen wegen der Brandgefahr; Vorsichtige stellten zwar einen Baum auf, zündeten aber die Lichter nicht an. Die Angst war insofern berechtigt, als man ja einst auf dem Land Wohnhäuser und Scheuern in reiner

Holzbauweise erstellte und mit Stroh deckte; da war ein Brand nicht leicht zu löschen. Städtische Häuser waren massiver gebaut und mit Ziegeln gedeckt, da konnte man mit ruhigerem Herzen Wachslichter entzünden. Darin liegt wahrscheinlich der Grund, daß der Lichterbaum auf dem Land nicht so rasch publik wurde wie in der Stadt. Heute nun hat jede Familie ihren Christbaum. Die einstmals drohende Forstwirtschaft hat sich auf den Brauch eingestellt und züchtet ganze Fichtenkulturen zum Zweck des Verkaufs als Christbäume. Stehlen allerdings läßt sie sich auch keinen, da straft sie so gut wie 1788. Es gab vor kurzer Zeit noch Leute, sonst aus ganz anständigen Kreisen, die waren der festen Überzeugung, ein rechter Christbaum müsse »geklaut« sein. Woher dieser Nebenbrauch kommt, läßt sich leider nicht feststellen. Und inzwischen zieht ja auch jeder Bundesbürger brav den Geldbeutel!

Vom Wetter

Beim Zurückdatieren von alten Bräuchen ist man bis vor einigen Jahrzehnten noch sehr großzügig verfahren. »Alte Römer« oder später »alte Germanen« waren in Windeseile bemüht, wenn man versuchte, jährlich wiederkehrende Brauchhandlungen zu erklären. Daß man dabei oft ganze Jahrhunderte übersprang, von denen man nichts wußte, drang breiten Bevölkerungsschichten und wahrscheinlich auch oft den Schreibern heimatkundlicher Literatur selbst nicht ins Bewußtsein. Heute ist man kritischer geworden und beschränkt sich bei Untersuchungen auf das Vorhandene. Dies war vorauszuschicken, denn es handelt sich im folgenden tatsächlich um einen Brauchkomplex, der sich vom 6. Jahrhundert an bis zur Gegenwart kontinuierlich belegen läßt.

Das »Losen« in den »Lostagen«, also den zwölf Nächten vom Christfest bis zum 6. Januar, ist heute den älteren Leuten in den Albdörfern noch gut bekannt. Im Bericht eines Lehrers, dem sogenannten Konferenzaufsatz von 1900 lesen wir vom Albort Feldstetten: »An den Tagen nach Weihnachten »glosset« an jedem Tag ein Monat des kommenden Jahres, d. h. so wie an dem entsprechenden Tag das Wetter ist, so wird es auch sein in dem entsprechenden Monat«. Manch alter Bauer schreibt das Wetter in dieser Zeitspanne immer noch genau auf. Ist etwa der 27. 12. sehr kalt, dann gibt es einen kalten März. Regnet es am 2. 1., dann wird der September naß; regnet es aber nur morgens, dann hat die zweite Septemberhälfte noch Aussichten auf Trockenheit. Scheint die Sonne am 29. 12., dann wird der Wonnemonat sonnig.

Man kann in diesen zwölf Tagen in den Dörfern manchmal merkwürdige Gespräche hören, die man nicht begreift, wenn man um diesen Zusammenhang nicht weiß. »Was isch heut für a Maunet?« »Ha heut isch dr Juli.« »Ha des wär jo et schlecht.« Meist folgt dann noch eine etwas zweifelnde Bemerkung, daß man ja nicht wisse, ob das immer stimme, es könne auch anders kommen. Die Alten hätten halt so gesagt, sich das nicht nehmen lassen.

Es gibt oder gab auch Leute, die auf eine andere Version des Wetterorakels schwörten: auf den Zwiebelkalender. Dazu legte man 12 weiße Zwiebelschalen auf einen Teller, versah sie mit den Monatsnamen, bestreute sie mit Salz und stellte sie in der Christnacht vor das Fenster. Je nachdem, wie sich die Schalen am anderen Morgen mit Wasser gefüllt hatten oder nicht, konnte man auf das Wetter der bestimmten Monate schließen.

Früher muß auch der Brauch allgemein verbreitet gewesen sein, den Walther in seiner »Schwäbischen Volkskunde« beschreibt: »Der Bauer macht sich am Christmorgen mit Kreide 12 Kreise an die Türpfosten . . . . Regnet oder schneit es am Vormittag, so füllt der Hausherr das erste Viertel des Kreises mit der Kreide aus: Die erste Woche des betreffenden Monats wird regnerisch sein.« Hier wurde noch genauer gerechnet; ein Tagesviertel war gleich einer Woche eines Monats.

Man kann sich denken, wie wichtig diese Art von Wetterprognose für den Bauern in einer Zeit war, wo es noch kein Barometer und keine Wettervorhersagen in Zeitungen, Rundfunk und Fernsehen gab. Ob es immer gestimmt hat, berichtet uns freilich niemand; aber es ist schließlich das Schicksal eines jeden Wetterberichts, daß er gelegentlich falsch prophezeit. Gewisse Unsicherheitsfaktoren haben sich bis jetzt nicht ausschalten lassen.

Der Landmann jedenfalls gab sich gerne der Vorstellung hin, etwas Festes in Händen zu halten; am liebsten würde er seine Arbeit, die vom Wetter bedingt ist, das ganze Jahr über sauber wie in Schächtelchen ordnen und einteilen. Den guten Petrus zu überlisten, das Wetter eines ganzen Jahres vorauswissen und berechnen zu können, das wäre für einen Bauern fast so, als ob er eine Schüssel mit Goldstücken fände. Deshalb hat er es auch immer ein bißchen probiert und probiert's heute noch. Er zählt z. B. auch die Märznebel und rechnet damit, daß sie in hundert Tagen als Gewitter wiederkommen, er glaubt ein wenig an den Hundertjährigen Kalender und an eine Gesetzmäßigkeit, die mit der modernen meteorologischen Forschung nicht viel zu tun hat.

Daß die »Lostage« sehr alt sind, läßt sich aber nicht nur psychologisch erklären. Plinius und Cassianus Bassus aus Didymos berichten, daß man auch im alten Griechenland schon die Gewohnheit hatte, aus der Witterung der »dies brumalis« auf die Witterung des ganzen Jahres zu schließen. Wir wissen, daß die antike Kultur auch das Volksleben, etwa über die Klöster des Mittelalters, beeinflußt hat. Im 10. und 11. Jahrhundert drang vom italienischen Süden eine von der Astrologie nicht unwesentlich geprägte Volksreligiosität bei uns ein, die ihren Niederschlag in einem Büchlein fand, das sich »Bauernpraktik« nannte und ab 1500 in vielen deutschen Bauernhäusern zu finden war. Die Erstausgabe stammt von 1508, von 1530–90 folgten 29 weitere Auflagen, im 17. Jahrhundert 7, im 18. Jahrhundert 10 und im 19. noch 2 weitere Auflagen.

Der Text auf der Titelseite lautet: »Die weisen und klugen Meister und Sternschauer haben funden, wie man in der heiligen Christnacht mag sehen und anmercken an dem Wetter wie das ganz Jahr in Wirkung seie.« Das dritte Kapitel »von der zeyt zu Weyhenachten« bringt wieder Regeln zur Bestimmung des Jahres aus dem Wetter und dem Wind der Christnacht.

Hier stand es also schwarz auf weiß, und was gedruckt war, mußte auch wahr sein. Natürlich können wir Heutigen das Büchlein nicht ernst nehmen. Es handelt sich nach Bächtold-Stäubli um ein »krauses« Schriftchen, das teilweise aus Vergil zusammengeflickt ist, teils andere heidnische Weisheiten im christlichen Mantel darbot, wie wir das bei ähnlichen Zauberbüchlein oft erleben, wo die Namen Gottes und Christi zu abergläubischen Anwendungen gebraucht werden.

Daß die heidnische Prophetie der zwölf Nächte trotzdem nicht in Vergessenheit geriet, hängt wieder mit der Eigenart des Landmannes zusammen, der gern das eine tut und das andre nicht läßt.

Quellenliteratur

Ungedruckt: Archivalien aus 20 württembergischen Stadt- und Dorfgemeinden

Gedruckt:

Bächtold-Stäubli: Handwörterbuch des deutschen Aberglaubens

Bechtel, Heinrich: Wirtschaftsgeschichte Deutschlands, München 1952

Brandt, A. von: Werkzeug des Historikers, Stuttgart 1959

Brecht, Martin: Kirchenordnung und Kirchenzucht in Württemberg vom 16.–18. Jahrhundert, Stuttgart 1967

Buck, M. R.: Oberdeutsches Flurnamenbuch, Bayreuth 1931

Christlieb, W. C.: Handbuch für Beamte, Ortsvorsteher etc., Munderkingen 1823

Communordnung in dem Herzogthum Württemberg, Stuttgart 1758

Cynosura ecclesiastica, Stuttgart 1687

Dölker, Helmut: Von Ganslosen zu Auendorf. In: Stuttg. Ev. Sonntagsblatt, Herbst 1969

Engel, Theodor: Unsere schwäbische Alb, Ulm 1900

Ernst, Viktor: Die Entstehung des deutschen Grundeigentums, Stuttgart 1926

–: Die Entstehung des niedrigen Adels, Stuttgart 1916

Forst-, Mühl- und Zehendordnung, Stuttgart 1614

Gehring: Württ. ländl. Rechtsquellen, Stuttgart 1941

Grotefend: Taschenbuch der Zeitrechnung, Hannover 1960

Hammer, Otto: Schwäbisches Beamtentum, Stuttgart 1923

Hartmann, Johann Georg: Geseze des Herzogthums Wirtemberg, Stuttgart 1792

Hasselhorn, Martin: Der altwürttembergische Pfarrstand im 18. Jahrhundert, Stuttgart 1958

Heimberger, Heiner: Der Schlieriegelbau zwischen Neckar und Main, Badische Heimat, Jg. 33 Heft 4

Heß, Dieter: Familien- und Erbrecht im württ. Landrecht, Stuttgart 1969

Hornberger, Theodor: Der Schäfer, Stuttgart 1955

Jobst, Albrecht: Ev. Kirche und Volkstum, Stuttgart 1938

Keinath, Walter: Orts- und Flurnamen in Württemberg, Stuttgart 1951

Knapp, Theodor: Der Bauer im heutigen Württemberg, Stuttgart 1902

Kolb, Christian: Geschichte des Gottesdienstes in der ev. Kirche, Stuttgart 1913

Landordnung, Württembergische, Ausgabe von 1621

Landrecht, Württembergisches, Ausgabe von 1610

Memminger: Oberamtsbeschreibungen, Tübingen 1825

–: Beschreibung von Württemberg, Stuttgart 1841

Moser, Rudolph: Vollständige Beschreibung von Württemberg, Stuttgart 1843

Moser, Hugo: Schwäbischer Volkshumor, Stuttgart 1950

Müller, Ernst: Kleine Geschichte von Württemberg, Stuttgart 1963

Oberamtsbeschreibung Münsingen, Stuttgart 1912

Ölhafen, Gottlieb: Beiträge zur Geschichte von Laichingen, 3 Hefte, Laichingen 1959

Pflug, Johann Baptist: Aus der Räuber- und Franzosenzeit Schwabens, Weißenhorn 1966

Reyscher, Friedrich Christian Ludwig: Wirksamkeit und Behandlung der Kirchenkonvente, Reutlingen 1826

Reyscher, August Ludwig (Hrsg.): Vollständige, historisch und kritisch bearbeitete Sammlung der württ. Gesetze, 19 Bde. 1828–1851, Tübingen 1848

Sattler, Christian Friederich: Historische Beschreibung des Herzogthums Württemberg, Neudruck Stuttgart 1948

Schäfer, Gerhard: Kleine württembergische Kirchengeschichte, Stuttgart 1964

Schröder, Karlheinz: Weinbau und Siedlung in Württemberg, Remagen 1953

Schwab, Gustav: Die Neckarseite der Schwäbischen Alb, Neudruck Tübingen 1960

Stemplinger, Eduard: Antiker Volksglaube, Stuttgart 1948

Thoman, Nikolaus: Weißenhorner Historie, Tübingen 1876

Treue, Wilhelm: Kulturgeschichte des Alltags, München 1952

Wintterlin: Württ. Ländliche Rechtsquellen, Stuttgart 1910

Württembergische Jahrbücher f. Volkskunde